油田开发常用指标计算手册

朱金龙　王瑞东　陆　辉　郑本祥　编著

石油工业出版社

内 容 提 要

本书分采油地质、油田开发、自喷采油、机械采油、注水工艺、采油采气测试、井下作业等七个方面介绍目前油田开发系统十余个工种所涉猎的常用指标。

本书可作为岗位培训、技能鉴定、技能大赛的参考用书，还可供管理干部、技术人员、大专院校师生参考使用。

图书在版编目（CIP）数据

油田开发常用指标计算手册／朱金龙等编著．— 北京：石油工业出版社，2017.3
ISBN 978-7-5183-1767-7

Ⅰ.①油… Ⅱ.①朱… Ⅲ.①油田开发－统计指标－计算方法－手册 Ⅳ.①F426.22-62

中国版本图书馆 CIP 数据核字（2017）第 010457 号

出版发行：石油工业出版社
　　　　　（北京安定门外安华里 2 区 1 号楼　100011）
　　　网　　址：www.petropub.com
　　　编辑部：（010）64523712
　　　图书营销中心：（010）64523633
经　　销：全国新华书店
印　　刷：北京中石油彩色印刷有限责任公司

2017 年 3 月第 1 版　2017 年 3 月第 1 次印刷
787×1092 毫米　开本：1/16　印张：17.25
字数：440 千字

定价：88.00 元
（如发现印装质量问题，我社图书营销中心负责调换）
版权所有，翻印必究

前　言

　　本书内容涵盖了采油工、采气工、集输工、井下作业工、采油地质工、采油测试工、采气测试工、采油化验工、热力司炉工、注水泵工、抽油机安装工等多个工种于一身的综合性计算类书籍。收录了各类计算公式392条和计算题439道。弥补了上述各工种职业技能鉴定试题库中计算题题量偏少、深度不够、知识面偏窄的不足。它是上述工种技能培训与考核的必不可少的参考书籍之一。例如，在抽油井井筒管理方面记述了一定数目的计算公式与计算题目，对提高抽油井井筒效率、延长油井免修期，理顺动液面、沉没度、采油压差与增产挖潜的关系，颇为实用，这是本书的亮点之一。又如，在压力与压差方面，通过注采系统压差示意图，理顺和明晰了开发系统中从注水井到采油井的各种压力、压差的关系与变化规律，这也是本书的一个亮点。

　　俗话说，"说者易，做者难；做者易，算者难"。计算工作，对油田开发管理的重要性是不言而喻的。本书由中国石油吉林油田公司采油技能专家朱金龙、王瑞东、陆辉编写，郑本祥参与了第二篇油田开发基础和第四篇机械采油工艺技术的编写工作，并对全书进行了审定和把关，在此表示衷心感谢！

　　本书不仅可作为上述十余个工种岗位员工技能培训、技能鉴定、技能大赛的参考用书，而且还可作为相关单位管理干部、技术人员业务深造的参考用书。

　　由于编者水平有限，错误在所难免，望读者朋友批评指正。

目 录

第一章 采油地质基础 …………………………………………………… (1)
 第一节 储层物理性质 ………………………………………………… (1)
 第二节 油藏流体性质 ………………………………………………… (12)
 第三节 储量 …………………………………………………………… (19)

第二章 油田开发基础 …………………………………………………… (26)
 第一节 开发技术指标及名词术语 …………………………………… (26)
 第二节 各种压力压差 ………………………………………………… (61)
 第三节 油水井资料录取 ……………………………………………… (71)
 第四节 井网布置和注水方式 ………………………………………… (82)
 第五节 常用采油地质图及动态分析曲线简介 ……………………… (88)

第三章 自喷井采油工艺技术 …………………………………………… (94)
 第一节 自喷井井身结构和井口装置 ………………………………… (94)
 第二节 管网流程和地面设备 ………………………………………… (100)
 第三节 压力表 ………………………………………………………… (120)
 第四节 油田化学 ……………………………………………………… (121)
 第五节 自喷井管理 …………………………………………………… (125)
 第六节 常用工具及管阀附件 ………………………………………… (129)

第四章 机械采油工艺技术 ……………………………………………… (134)
 第一节 抽油机 ………………………………………………………… (134)
 第二节 抽油杆 ………………………………………………………… (151)
 第三节 深井泵 ………………………………………………………… (154)
 第四节 电动机及相关电工常识 ……………………………………… (160)
 第五节 抽油井管理和维护措施 ……………………………………… (164)
 第六节 电动潜油泵采油和螺杆泵采油 ……………………………… (181)

第五章 油田注水工艺技术 ……………………………………………… (195)
 第一节 注水名词解释 ………………………………………………… (195)
 第二节 注水井分层配注 ……………………………………………… (204)
 第三节 注水井分层测试 ……………………………………………… (205)
 第四节 注入水水质 …………………………………………………… (210)
 第五节 注水计量仪表 ………………………………………………… (212)

第六章　采油采气测试基本知识及资料分析 …………………………………………（215）
第一节　示功图测试 ………………………………………………………………（215）
第二节　动液面测试 ………………………………………………………………（221）
第三节　高压试井相关知识 ………………………………………………………（226）

第七章　井下作业相关知识与计算 ………………………………………………（240）
第一节　常见的井下作业环节 ……………………………………………………（240）
第二节　测卡点 ……………………………………………………………………（247）
第三节　其他井下作业相关概念 …………………………………………………（252）

附表 …………………………………………………………………………………（259）

参考文献 ……………………………………………………………………………（270）

第一章 采油地质基础

第一节 储层物理性质

一、相关概念及其计算公式

在地下能够储存和渗滤流体的岩石称为储层。储层具有孔隙性和渗透性两个主要特征。

1. 孔隙性

岩石中未被胶结物充填的地方就形成了孔隙。岩石的孔隙形状千变万化，错综复杂，有的孔隙相互连通，有的孔隙互不连通，孤立存在。

1）孔隙的孔径

岩石孔隙按孔径大小可以分为超毛细管孔隙、毛细管孔隙和微毛细管孔隙。其中，超毛细管孔隙和毛细管孔隙为岩石的主要储渗空间。

（1）超毛细管孔隙：孔隙直径大于 0.5mm 或裂缝宽度大于 0.25mm，流体可在其中自由流动。

（2）毛细管孔隙：孔隙直径为 0.0002~0.5mm 或裂缝宽度为 0.0001~0.25mm，流体在其中不能自由流动，只有当外力大于毛细管力时，流体才能在其中流动。

（3）微毛细管孔隙：孔隙直径小于 0.0002mm 或裂缝宽度小于 0.0001mm，流体在地层条件下不能流动。

2）孔隙的连通性

地层孔隙按连通情况可分为有效孔隙和无效孔隙。

（1）有效孔隙：有效孔隙是指那些相互连通的，流体可在其中流动的孔隙。油层的有效孔隙越多，说明储油性能越好，产油能力越强。

（2）无效孔隙：无效孔隙是指那些互不连通的孔隙、微毛细管孔隙或被微毛细管孔隙所包围的孔隙，流体在其中不能流动。

2. 孔隙度

岩石中孔隙体积占岩石总体积的百分数称为储油岩石的孔隙度。其计算公式为：

$$\phi = \frac{V_p}{V_f} \times 100\% \tag{1-1}$$

式中 ϕ——储油岩石的孔隙度；

V_p——岩石中的孔隙体积；

V_f——岩石的总体积。

孔隙度按照孔隙的连通情况可分为有效孔隙度和绝对孔隙度。

（1）有效孔隙度：有效孔隙度是指岩石中互相连通的流体可在其中流动的有效孔隙体

积占岩石总体积的百分数。在没有特殊说明的情况下,一般所说的孔隙度都是指有效孔隙度。在实验室一般用煤油测得。

(2) 绝对孔隙度:绝对孔隙度是指岩石总的孔隙体积占岩石总体积的百分数。在实验室一般用空气测得。其计算公式为:

$$\phi_t = \frac{V_{tp}}{V_f} \times 100\% = \frac{V_f - V_s}{V_f} \times 100\% = \left(1 - \frac{V_s}{V_f}\right) \times 100\% \qquad (1-2)$$

式中　ϕ_t——绝对孔隙度;
　　　V_{tp}——岩石总孔隙体积;
　　　V_s——岩石固相颗粒体积;
　　　V_f——岩石总体积。

3. 含流体饱和度

作为主要储油岩石的沉积岩,成岩后的孔隙空间完全被地下水所充满。油气由生油层向储层运移的过程中,油和气将储层孔隙中的部分水驱走,占据了原来被地层水所占据的孔隙空间,形成了油、水两相或油、气、水三相共存的油气藏。

1) 含油饱和度

储油岩石孔隙中所含油的体积占岩石中有效孔隙体积的百分数是含油饱和度。油藏在未开发时的原始状态下测得的油藏岩石含油饱和度称为原始含油饱和度。油藏在开发结束时测得的油藏岩石含油饱和度称为残余油饱和度。

含油饱和度计算公式:

$$S_o = \frac{V_o}{V_p} \times 100\% = \frac{V_o}{\phi V_f} \times 100\% \qquad (1-3)$$

式中　S_o——含油饱和度;
　　　V_o——孔隙中油的体积;
　　　V_p——岩石中的孔隙体积;
　　　ϕ——储油岩石的孔隙度,%;
　　　V_f——岩石总体积。

2) 含水饱和度

含水饱和度是岩石孔隙中所含水的体积占岩石中有效孔隙体积的百分数。其计算公式为:

$$S_w = \frac{V_w}{V_p} \times 100\% = \frac{V_w}{\phi V_f} \times 100\% \qquad (1-4)$$

式中　S_w——含水饱和度;
　　　V_w——孔隙中水的体积。
其余符号含义同前文。

3) 含气饱和度

含气饱和度是指岩石孔隙中所含气的体积占岩石中有效孔隙体积的百分数。其计算公式为:

$$S_g = \frac{V_g}{V_p} \times 100\% = \frac{V_g}{\phi V_f} \times 100\% \tag{1-5}$$

式中　S_g——含气饱和度；

　　　V_g——孔隙中气的体积。

其余符号含义同前文。

4）束缚水饱和度

（1）束缚水。油气藏在形成时未被油气驱走而残留在岩石孔隙中的水称为束缚水。

（2）束缚水饱和度。岩石孔隙中束缚水体积占岩石总孔隙体积的百分数称为束缚水饱和度。其计算公式为：

$$S_{wr} = \frac{V_{wr}}{V_p} \times 100\% = \frac{V_{wr}}{\phi V_f} \times 100\% \tag{1-6}$$

式中　S_{wr}——束缚水饱和度；

　　　V_{wr}——束缚水的体积。

其余符号含义同前文。

5）含油饱和度、含水饱和度、含气饱和度和束缚水饱和度之间的关系

（1）当地层压力大于饱和压力时，岩石孔隙中只有油、水两相，其饱和度关系是：

$$S_o + S_w = 1 \tag{1-7}$$

（2）在油藏未被开发的原始条件下，原始含油饱和度为：

$$S_o = 1 - S_{wr} \tag{1-8}$$

（3）当地层压力小于饱和压力时，岩石中有油、气、水三相，其饱和度关系是：

$$S_o + S_w + S_g = 1 \tag{1-9}$$

（4）饱和压力是指地层原油在压力降低到天然气开始从原油中分离出来时的压力。饱和压力是衡量油藏弹性能量大小的重要参数之一。饱和压力越低，油层弹性能量越大，越有利于放大生产压差来提高油井产量和油田采油速度。但饱和压力低，井筒内脱气点高，能量损失大，油井自喷能力差。

4. 渗透性

在采油过程中，油层中的流体都要通过岩石中的孔隙渗流到井底。油井产能的高低（也即渗流量的多少）与油层岩石的渗透性有关。在一定压差下岩石允许流体通过的性质称为储油岩石的渗透性。渗透性的大小用渗透率来衡量。

1）达西及达西定律

达西是指以法国水文工程师亨利·达西（Henry Darcy）名字命名的渗透率单位。1达西（符号D）表示黏度为1mPa·s的流体，在压差为0.1MPa，通过截面积为1cm²、长度为1cm的岩样，所得流量为1cm³/s时的岩心渗透率。$1D = 1\mu m^2$，$1mD = 10^{-3} \mu m^2$。

达西定律，即黏度为μ的流体，在压差为$\Delta p = p_1 - p_2$的作用下，通过长度为L、截面积为A的岩石，所测出的流体流量为Q，其公式为：

$$Q = K \times \frac{A(p_1 - p_2)}{\mu L} \tag{1-10}$$

即

$$K = \frac{Q\mu L}{A(p_1 - p_2)}$$

2）绝对渗透率

当岩石中只有一种流体在饱和状态下，且流体不与岩石发生任何物理化学反应时，岩石允许流体通过的能力是岩石的绝对渗透率。实验室一般用高压氮气测绝对渗透率。绝对渗透率可由达西定律求得：

$$K = \frac{10Q\mu L}{\Delta p A} \tag{1-11}$$

式中　K——储油岩石渗透率，μm^2；
　　　L——岩心的长度，cm；
　　　A——岩心的截面积，cm^2；
　　　Q——通过岩心的流量，cm^3/s；
　　　Δp——岩心两端的压差，MPa；
　　　μ——流体的黏度，$mPa \cdot s$。

3）有效渗透率

当岩心被两种或两种以上流体所饱和时，岩石允许某种流体通过的能力，称为该相流体的有效渗透率或相渗透率。其计算公式如下：

（1）油的有效渗透率。

$$K_o = \frac{10Q_o\mu_o L}{\Delta\rho A} \tag{1-12}$$

（2）水的有效渗透率。

$$K_w = \frac{10Q_w\mu_w L}{\Delta\rho A} \tag{1-13}$$

（3）气的有效渗透率。

$$K_g = \frac{10 \times 2Q_g\mu_g L}{A(p_1^2 - p_2^2)} \tag{1-14}$$

式中　K_o，K_w，K_g——分别为岩心对油、水、气的有效渗透率，μm^2；
　　　Q_o，Q_w，Q_g——分别为通过岩心的油、水、气的体积流量，cm^3/s；
　　　μ_o，μ_w，μ_g——分别为油、水、气的黏度，$mPa \cdot s$；
　　　p_1，p_2——分别为岩心入口处和出口处压力，MPa。

当岩石中存在多相流体时，各相有效渗透率之和小于绝对渗透率。因为相与相之间存在着相界面和附加毛细管力，流动时相互干扰；多相流动产生贾敏效应，增加了附加阻力，使岩石对各相流体的渗透能力减小了。

当液—液或液—气两相在岩石孔隙中渗流时，当液珠或气泡流动到毛细管孔道窄口处遇阻，欲通过则需克服毛细管阻力，这种现象称为贾敏效应。

4）相对渗透率

多相流体共渗时，岩石的有效渗透率与绝对渗透率的百分比，称为该相流体的相对渗透率。油、气、水的相对渗透率计算公式分别为：

（1）油的相对渗透率。

$$K_{ro} = \frac{K_o}{K} \times 100\% \tag{1-15}$$

（2）气的相对渗透率。

$$K_{rg} = \frac{K_g}{K} \times 100\% \tag{1-16}$$

（3）水的相对渗透率。

$$K_{rw} = \frac{K_w}{K} \times 100\% \tag{1-17}$$

当岩心中存在油、水两相时，两相相对渗透率之和小于1。

$$K_{ro} + K_{rw} < 1 \tag{1-18}$$

当岩心中存在油、气、水三相时，其三相相对渗透率之和小于1，而且比两相渗透率之和还要小。

$$K_{ro} + K_{rg} + K_{rw} < 1 \tag{1-19}$$

5）裘皮公式

继达西之后，另一个水利学家裘皮，在达西定律的基础上，模拟地层—油井系统，在油层流体呈单相（指油层中只有一种流体或者是气体以溶解状态溶解于油中没有分离出来）、稳定、径向流动情况下，如图1-1所示，得出了达西定律的另一种表达式——裘皮公式，也称平面径向流达西公式，即：

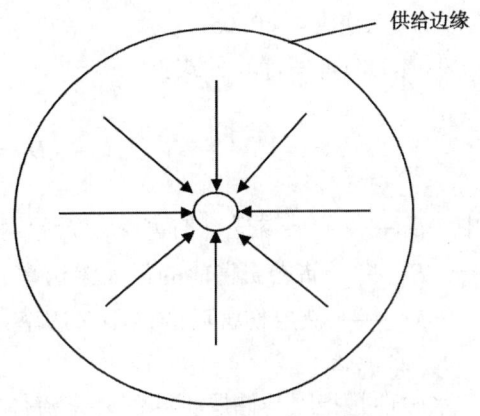

图1-1 平面径向流示意图

$$Q = \frac{2\pi Kh}{\mu B \ln\frac{r_k}{r_c}} \Delta p \tag{1-20}$$

式中 Q——油井的稳定产量，cm^3/s；

K——油层渗透率，μm^2；

h——油层有效厚度，cm；

μ——地层原油黏度，$mPa \cdot s$；

B——原油体积系数，无量纲；

r_k——供给半径（假设油层是圆形的，只有一口生产井，该井位于圆形油层中心，从中心到油层供给边界的距离为供给半径或叫供油半径），cm；

r_c——井筒半径，cm；

Δp——生产压差，MPa。

5. 油层的敏感性

油层的敏感性是指油层的速敏性、水敏性、盐敏性、酸敏性和碱敏性这5个主要的油层敏感性。另外，还有体积流量敏感性、应力敏感性和湿润性等。

1）速敏性

速敏性是指流体流动速度变化引起储层中速敏性矿物微粒移动，堵塞孔隙喉道而造成储层渗透率下降的现象。储层开始产生敏感时的最小流速称为临界速度。储层开始产生敏感时的最小颗粒粒度称为临界粒度。

渗透率伤害率是指因速敏性导致储层渗透率下降的程度，即储层伤害前最大渗透率K_{max}与伤害后最小渗透率K_{min}之差与伤害前最大渗透率K_{max}之比。根据渗透率伤害率大小，对储层伤害程度分为6级。

（1）强速敏：>0.70；

（2）中等偏强速敏：0.70~0.50；

（3）中等速敏：约0.50；

（4）中等偏弱速敏：0.50~0.30；

（5）弱速敏：0.30~0.05；

（6）无伤害：<0.05。

渗透率伤害率计算公式：

$$D_K = \frac{K_{max} - K_{min}}{K_{max}} \tag{1-21}$$

式中　D_K——储层渗透率伤害率，无量纲；

K_{max}——储层伤害前的最大渗透率，μm^2；

K_{min}——储层伤害后的最小渗透率，μm^2。

2）水敏性

水敏性是指因与储层不匹配外来流体的进入而引起黏土膨胀、分散、运移而导致储层渗透率下降的现象。

水敏指数是指评价水敏程度的指标，即储层伤害前渗透率与伤害后渗透率之差与伤害前渗透率之比。根据水敏指数的大小，对储层伤害程度分为6级。

（1）极强水敏：>0.90；

（2）强水敏：0.90~0.70；

（3）中等偏强水敏：0.70~0.50；

（4）中等偏弱水敏：0.50~0.30；

（5）弱水敏：0.30~0.05；

（6）无伤害：<0.05。

水敏指数计算公式：

$$I_{ww} = \frac{K_i - K_w}{K_i} \tag{1-22}$$

式中 I_{ww}——储层水敏指数，无量纲；
　　　K_i——储层伤害前的渗透率，μm^2；
　　　K_w——储层伤害后的渗透率，μm^2。

3）盐敏性

盐敏性是指在含盐度下降过程中，因黏土水化膨胀以及晶层扩张增大而导致储层渗透率下降的现象。

当注入流体的盐度逐渐减小到某一值时，储层渗透率下降的幅度明显增大，此盐度称为临界盐度，用符号 S_c 表示，单位为 mg/L。

盐敏性评价是指用临界盐度对储层盐敏性进行等级划分：

（1）用标准盐水（复合盐）评价盐敏性。
①无盐敏：$I_{ww} \leq 0.05$；
②弱盐敏：$S_c \leq 1000$；
③中等偏弱盐敏：$1000 < S_c < 2500$；
④中等盐敏：$2500 \leq S_c \leq 5000$；
⑤中等偏强盐敏：$5000 < S_c < 10000$；
⑥强盐敏：$10000 \leq S_c < 30000$；
⑦极强盐敏：$S_c \geq 30000$。

（2）用盐水 NaCl（单盐）评价盐敏性。
①无盐敏：$I_{ww} \leq 0.05$；
②弱盐敏：$S_c \leq 5000$；
③中等偏弱盐敏：$5000 < S_c < 10000$；
④中等盐敏：$10000 \leq S_c \leq 20000$；
⑤中等偏强盐敏：$20000 < S_c < 40000$；
⑥强盐敏：$40000 \leq S_c < 100000$；
⑦极强盐敏：$S_c \geq 100000$。

4）酸敏性

酸敏性是指酸液进入储层后，与储层中的酸敏性矿物发生化学物理反应而产生凝胶或沉淀，也可能释放出微粒，导致储层渗透率下降的现象。

储层开始产生敏感时的 pH 值称为临界 pH 值。超过此值时就会产生酸敏或碱敏。

酸敏指数是指储层酸化前的渗透率与酸化后的渗透率之差与酸化前渗透率之比。

计算公式：

$$I_a = \frac{K_i - K_{in}}{K_i} \tag{1-23}$$

式中 I_a——储层酸敏指数，无量纲；
　　　K_i——储层酸化前的渗透率，μm^2；
　　　K_{in}——储层酸化后的渗透率，μm^2。

根据酸敏指数的大小，对储层伤害程度分为 4 级。
（1）强酸敏：>0.70；
（2）中等酸敏：0.70~0.30；

(3) 弱酸敏：0.30~0.05；
(4) 无伤害：<0.05。

5) 碱敏性

碱敏性是指碱液进入储层后，与储层中的碱敏性矿物发生化学物理反应而产生沉淀，造成储层渗透率下降的现象。

碱敏指数是指储层注碱溶液前后的渗透率之差与注碱溶液前的渗透率之比。

计算公式：

$$I_b = \frac{K_s - K_{sb(min)}}{K_s} \tag{1-24}$$

式中 I_b——储层碱敏指数，无量纲；

K_s——KCl 盐水测定的储层岩样渗透率，μm^2；

$K_{sb(min)}$——不同 pH 值碱溶液测定的储层岩样渗透率，μm^2。

按碱敏指数大小，对储层伤害程度分为 4 级。

(1) 强碱敏：>0.70；
(2) 中等碱敏：0.70~0.30；
(3) 弱碱敏：0.30~0.05；
(4) 无伤害：<0.05。

6) 体积流量敏感性

体积流量敏感性是指随注入水量的增大，胶结物被溶解而引起储层渗透率变化的现象。

体积敏感指数是指初始注水时储层渗透率与注 50 倍孔隙体积的水时储层渗透率之差与初始注水时储层渗透率之比。计算公式：

$$I_q = \frac{K_L - K_{Lp}}{K_L} \tag{1-25}$$

式中 I_q——储层体积敏感指数，无量纲；

K_L——储层初始注水时渗透率，μm^2；

K_{Lp}——储层注 50 倍孔隙体积水时渗透率，μm^2。

按体积敏感指数大小，对储层伤害程度分为 4 级。

(1) 强体积敏感：$I_q \geq 0.70$；
(2) 中等偏强体积敏感：$0.50 \leq I_q < 0.70$；
(3) 中等偏弱体积敏感：$0.30 < I_q < 0.50$；
(4) 弱体积敏感：$I_q \leq 0.30$。

7) 应力敏感性

应力敏感性是指储层岩石所受压力改变时，孔喉通道变形、裂缝闭合或张开，导致储层渗透能力改变的现象。

8) 润湿性

储层岩石的润湿性是指岩石—油—水体积中，其中一种流体在其分子力的作用下，沿固体表面驱走另一种流体的现象。它是储层的基本特性之一，对油、气、水在孔隙中的分布、驱油效率、最终采收率等都有明显影响。

润湿接触是指在油、水、岩石三相交点上，从选择性润湿流体表面作切线与岩石表面所成的夹角，一般用符号 θ 表示，如图 1-2 所示。它的大小表示岩石表面为液体选择润湿的程度。θ 一般规定从极大性的流体（水）那一面算起。$\theta<90°$ 为水湿，$\theta>90°$ 为油湿，$\theta=90°$ 为中性。

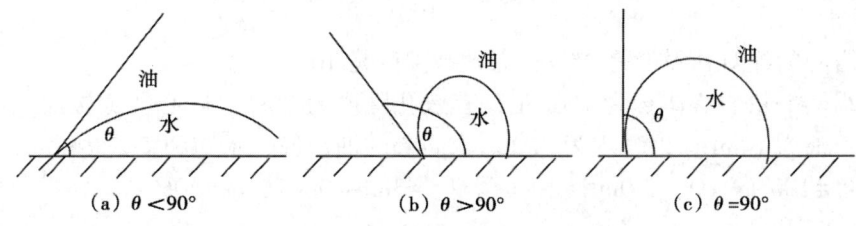

图 1-2　润湿接触角示意图

油层岩石中存在两种或两种以上流体时，能优先润湿岩石的流体称为润湿相，不能优先润湿岩石的流体称为非润湿相。若水为润湿相，则油为非润湿相；若油为润湿相，则水为非润湿相。

润湿性按 θ 角大小分为：$0°\sim75°$ 为水湿、$75°\sim105°$ 为中性和 $105°\sim180°$ 为油湿 3 种。也可分为强水湿、弱水湿、中性、弱油湿、强油湿 5 种。

润湿指数分为水湿指数和油湿指数，是指用自吸驱替法评价岩石润湿性的两个参数（表 1-1）。

$$水湿指数 = \frac{自吸水排油量}{自吸水排油量+水驱排油量} \qquad (1-26)$$

$$油湿指数 = \frac{自吸油排水量}{自吸油排水量+油驱排水量} \qquad (1-27)$$

表 1-1　润湿指数与润湿性的对应关系

润湿指数	润湿性				
	亲油	弱亲油	中性	弱亲水	亲水
油湿指数	0.8~1	0.6~0.7	两指数相近	0.3~0.4	0~0.2
水湿指数	0~0.2	0.3~0.4		0.6~0.7	0.8~1

润湿性反转（又称润湿性转化），是指储层在一定条件下亲水性和亲油性的互相转化现象。经很多油田的开发实践证明，油层岩石长期被注入水冲刷后，其亲油性可转变为亲水性。这对提高驱油效率和提高最终采收率十分有利。

二、例题

[**例 1-1**]　一块岩心总体积为 $100cm^3$，总孔隙容积为 $25cm^3$，其中连通孔隙容积为 $10cm^3$。求该岩心的绝对孔隙度和有效孔隙度是多少？

已知：$V_f=100cm^3$，$V_{tp}=25cm^3$，$V_p=10cm^3$。

求：ϕ 和 ϕ_t。

解：

$$\phi = \frac{V_p}{V_f} \times 100\% = \frac{10}{100} \times 100\% = 10\%$$

$$\phi_t = \frac{V_{tp}}{V_f} \times 100\% = \frac{25}{100} \times 100\% = 25\%$$

答：该岩心的绝对孔隙度是 25%，有效孔隙度是 10%。

[例1-2] 一块岩心体积为 100cm³，有效孔隙度为 20%。岩心孔隙被油气饱和，饱和度试验测得：油为 10mL，束缚水为 3mL。求岩心的油、气、水饱和度是多少？

已知：$V_f = 100\text{cm}^3$，$V_o = 10\text{mL} = 10\text{cm}^3$，$V_w = 3\text{mL} = 3\text{cm}^3$，$\phi = 20\%$。

求：S_o，S_w 和 S_g。

解：

$$V_p = V_f \phi = 100 \times 20\% = 20\text{cm}^3$$

$$S_o = \frac{V_o}{V_p} \times 100\% = \frac{10}{20} \times 100\% = 50\%$$

$$S_w = \frac{V_w}{V_p} \times 100\% = \frac{3}{20} \times 100\% = 15\%$$

$$S_g = 1 - S_o - S_w = 1 - 15\% - 50\% = 35\%$$

答：岩心的油、气、水饱和度分别为 50%，35% 和 15%。

[例1-3] 在油层中孔隙内有油水两相流体共同存在时，分别测得油的流量为 2cm³，黏度为 15mPa·s；水的流量为 6cm³，黏度为 1mPa·s，而岩石的面积同为 5cm²，岩石长度同为 2cm，岩石两端压差同为 8MPa，求油相和水相的渗透率是多少？

已知：$Q_o = 2\text{cm}^3$，$Q_w = 6\text{cm}^3$，$\mu_o = 15\text{mPa·s}$，$\mu_w = 1\text{mPa·s}$，$A_o = A_w = 5\text{cm}^2$，$L_o = L_w = 2\text{cm}$，$\Delta p = 8\text{MPa}$。

求：K_o 和 K_w。

解：

$$K_o = \frac{10 Q_o \mu_o L_o}{\Delta p A_o} = \frac{10 \times 2 \times 15 \times 2}{8 \times 5} = 0.15\text{D} = 0.15\mu\text{m}^2$$

$$K_w = \frac{10 Q_w \mu_w L_w}{\Delta p A_w} = \frac{10 \times 6 \times 1 \times 2}{5 \times 8} = 0.03\text{D} = 0.03\mu\text{m}^2$$

答：油相和水相的渗透率分别为 $0.15\mu\text{m}^2$ 和 $0.03\mu\text{m}^2$。

[例1-4] 气体流量为 250cm³，气体黏度为 0.2mPa·s，气体通过岩石长度为 2cm，气体通过岩石面积为 5cm²，岩石入口处压力为 9MPa，出口处压力为 1MPa，求岩石对空气的渗透率是多少？

已知：$Q_g = 250\text{cm}^3/\text{s}$，$\mu_g = 0.2\text{mPa·s}$，$A = 5\text{cm}^2$，$L = 2\text{cm}$，$p_1 = 9\text{MPa}$，$p_2 = 1\text{MPa}$。

求：K_g。

解：

$$K_g = \frac{10 \times 2 Q_g \mu_g L p_2}{A(p_1^2 - p_2^2)} = \frac{10 \times 2 \times 250 \times 0.2 \times 2 \times 1}{5 \times (9^2 - 1^2)} = 0.05\text{D} = 0.05\mu\text{m}^2$$

答：岩石对空气的渗透率是 $0.05\mu m^2$。

[例1-5] 某井日产液10t，含水40%，地层压力3MPa，井底流压1MPa，井距200m，井筒折算半径0.1m，地层原油黏度32mPa·s，油层有效厚度23m，地层原油体积系数1.13，原油密度$0.9t/m^3$。求油相和水相渗透率是多少？

已知：$Q=10t/d$，$f_w=40\%$，$p_1=3MPa$，$p_2=1MPa$，$\mu_o=32mPa \cdot s$，$\mu_w=1mPa \cdot s$，$B_o=1.13$，$B_w=1$，$h=23m=2300cm$，$\rho_w=1t/m^3$，$R_k=200m/2=100m=10000cm$，$r_c=0.1m=10cm$，$\rho_o=0.9t/m^3$。

求：K_o 和 K_w。

解：

$$Q_o = \frac{10^6 Q(1-f_w)B_o}{86400\rho_o} = \frac{10^6 \times 10(1-40\%) \times 1.13}{0.9 \times 86400} = 87.191 cm^3/s$$

$$Q_w = \frac{10^6 Qf_w B_w}{86400\rho_w} = \frac{10^6 \times 10 \times 40\% \times 1}{1 \times 86400} = 46.296 cm^3/s$$

由裘皮公式得：

$$Q = \frac{2\pi Kh\Delta p}{2.3\mu B \lg\left(\frac{r_k}{r_c}\right)}$$

$$K = \frac{2.3Q\mu B \lg\left(\frac{r_k}{r_c}\right)}{2\pi h\Delta p}$$

$$K_o = \frac{2.3Q_o\mu_o B_o \lg\left(\frac{r_k}{r_c}\right)}{2\pi h\Delta p} = \frac{2.3 \times 87.191 \times 32 \times 1.13 \times \lg\left(\frac{10^4}{10}\right)}{2 \times 3.1416 \times 2300 \times (3-1)} = 0.75268\mu m^2 = 752.68mD$$

$$K_w = \frac{2.3Q_w\mu_w B_w \lg\left(\frac{r_k}{r_c}\right)}{2\pi\Delta hp} = \frac{2.3 \times 46.296 \times 1 \times 1 \times \lg\left(\frac{10^4}{10}\right)}{2 \times 3.1416 \times 2300 \times (3-1)} = 0.01105\mu m^2 = 11.05mD$$

答：油相和水相渗透率分别是752.68mD和11.05mD。

[例1-6] 某采油工接管一口油井，手头只有如下资料数据：静压13MPa、流压8MPa，油层有效厚度15m，井距200m，井筒折算半径0.1m，地层原油体积系数1.15，地层原油黏度23mPa·s。实验室测得该井岩心油相渗透率$800\mu m^2$，水相渗透率$15\mu m^2$。试问：依据现有资料，您如何测算该井的产能情况？

已知：$r_k=200m/2=100m=10^4 cm$，$r_c=0.1m=10cm$，$h=15m=1500cm$，$B_w=1$，$p_e=13MPa$，$p_{wf}=8MPa$，$\mu_o=23mPa \cdot s$，$\mu_w=1mPa \cdot s$，$B_o=1.15$，$K_o=800\mu m^2$，$K_w=15\mu m^2$。

求：Q_o 和 Q_w。

解：

$$\Delta p = p_e - p_{wf} = 13 - 8 = 5MPa$$

由裘皮公式，得：

$$Q_{o} = \frac{2\pi K_{o} h \Delta p}{\mu_{o} B_{o} \ln\left(\frac{r_{k}}{r_{c}}\right)} = \frac{2 \times 3.1416 \times 800 \times 1500 \times 5}{23 \times 1.15 \times \ln\left(\frac{10^{4}}{10}\right)} = 206564.82 \text{cm}^{3}/\text{s} = 2.4 \text{t/d}$$

$$Q_{w} = \frac{2\pi K_{w} h \Delta p}{\mu_{w} B_{w} \ln\left(\frac{r_{k}}{r_{c}}\right)} = \frac{2 \times 3.1416 \times 15 \times 1500 \times 5}{1 \times 1 \times \ln\left(\frac{10^{4}}{10}\right)} = 102443.24 \text{cm}^{3}/\text{s} = 1.2 \text{t/d}$$

答：据测算该井产能为：产油 2.4t/d，产水 1.2t/d。

[**例 1-7**] 甲区块评价井岩心测试含油饱和度为 35%，已知地层压力大于饱和压力。问该井油层含水饱和度是多少？

已知：$p > p_{b}$，$S_{o} = 35\%$。

求：S_{w}。

解：

由 $p > p_{b}$，得知：

$$S_{o} + S_{w} = 1$$

由 $S_{o} + S_{w} = 1$，得：

$$S_{w} = 1 - S_{o} = 1 - 35\% = 65\%$$

答：该井油层含水饱和度是 65%。

[**例 1-8**] 某溶解气驱动油藏的地层压力小于饱和压力，实验室测得评价井岩心的含油饱和度为 52%，含水饱和度为 16%，求该井油层的含气饱和度是多少？

已知：$p < p_{b}$，$S_{o} = 52\%$，$S_{w} = 16\%$。

求：S_{g}。

解：

由 $p < p_{b}$，得知：

$$S_{o} + S_{w} + S_{g} = 1$$

由 $S_{o} + S_{w} + S_{g} = 1$，得：

$$S_{g} = 1 - S_{o} - S_{w} = 1 - 52\% - 16\% = 32\%$$

答：该井油层的含气饱和度是 32%。

第二节　油藏流体性质

一、相关概念及其计算公式

油藏流体是指储存在油藏中的油、气、水。这些流体因储存在具有高温高压的地层孔隙中，并且溶解有天然气，因此，与地面原油性质存在很大差异。

1. 原油的物理性质

1）饱和压力

在温度不变时，地层原油降低到开始脱气时的压力称为饱和压力。用 p_{b} 表示，单位是

MPa。

2) 原始溶解气油比

在地层原始状况下单位质量（或体积）原油所能溶解的天然气量称为原始溶解气油比。用 R_{si} 表示，单位是 m³/m³ 或 m³/t。

3) 生产气油比

油井生产时，每采出 1t 原油伴随采出的天然气量是生产气油比。单位是 m³/t。

4) 原油密度

单位体积原油所具有的质量叫原油密度。其计算公式：

$$\rho_o = \frac{M_o}{V_o} \tag{1-28}$$

式中 ρ_o——原油密度，kg/m³ 或 t/m³；
M_o——原油质量，kg 或 t；
V_o——原油体积，m³。

5) 原油相对密度

在标准条件（20℃ 和 0.101MPa）下，一定体积原油质量与同体积 4℃ 时的纯水质量之比值为原油相对密度。其计算公式：

$$d_o = \frac{\rho_o}{\rho_w} \tag{1-29}$$

式中 d_o——原油相对密度，无量纲；
ρ_w——4℃ 时纯水的密度，kg/m³ 或 t/m³。

其余符号含义同前文。

6) 原油体积系数

原油在地层条件下所占的体积与其在地面标准状况（20℃ 和 0.101MPa）下所占的体积之比为原油体积系数。原油体积系数都大于 1，一般为 1.05~1.8。其计算公式为：

$$B_o = \frac{V_o}{V_{os}} \tag{1-30}$$

式中 B_o——原油体积系数，无量纲；
V_o——原油在地下所具有的体积，m³；
V_{os}——原油在地面脱气后所具有的体积，m³。

7) 原油压缩系数

单位体积的地层原油，当压力每增加单位压力时，原油体积的变化率是原油压缩系数。其计算公式为：

$$C_o = \left(\frac{-1}{V_o}\right)\left(\frac{\Delta V_o}{\Delta p}\right) \tag{1-31}$$

式中 C_o——原油压缩系数，MPa⁻¹；
V_o——压力改变前原油的体积，m³；
ΔV_o——压力改变后原油体积的改变量，m³；

Δp——压力的改变量，MPa。

8) 原油收缩率

单位体积的地层原油在地面条件下减少的体积占地层原油体积的百分数是原油收缩率。其计算公式为：

$$收缩率 = \frac{\Delta V_o}{V_o} \times 100\% \qquad (1-32)$$

式中 ΔV_o——从地层条件变化到地面条件下原油减少的体积，m³；
V_o——地层条件下原油的体积，m³。

9) 原油溶解系数

在一定温度和压力条件下，增加单位压力时，单位体积（或质量）原油中所溶解的天然气量为原油溶解系数。其计算公式为：

$$a = \frac{R_{si}}{p} \qquad (1-33)$$

式中 a——溶解系数，m³/(t·MPa) 或 m³/(m³·MPa)；
R_{si}——溶解气油比，m³/t 或 m³/m³；
p——压力，MPa。

10) 原油热膨胀系数

温度每增加 1℃，单位体积原油的体积变化率叫原油热膨胀系数。其计算公式为：

$$热膨胀系数 = \left(\frac{1}{\Delta T}\right)\left(\frac{\Delta V_o}{V_o}\right) \qquad (1-34)$$

式中 ΔV_o——温度改变后原油体积的改变量，m³；
V_o——温度改变前原油的体积，m³；
ΔT——温度的改变量，℃。

2. 地层水的物理性质

1) 地层水压缩系数

当压力每改变 1MPa 时，地层水体积的变化率为地层水压缩系数。其计算公式为：

$$C_w = \left(\frac{-1}{V_w}\right)\left(\frac{\Delta V_w}{\Delta p}\right) \qquad (1-35)$$

式中 C_w——地层水压缩系数，MPa^{-1}；
Δp——压力的改变量，MPa；
ΔV_w——地层水体积的变化量，m³；
V_w——压力改变前地层水的体积，m³。

2) 地层水体积系数

地层水在地层条件下所占的体积与其在地面标准状况（20℃和0.101MPa）下所占的体积之比为地层水体积系数。地层水体积系数接近于1，实际应用中一般取1。其计算公式为：

$$B_w = \frac{V_w}{V_{ws}} \qquad (1-36)$$

式中 B_w——地层水体积系数，无量纲；
V_w——地层水在地下的体积，m^3；
V_{ws}——地层水在地面所占的体积，m^3。

3）地层水矿化度

地层水中各种矿物盐的浓度叫矿化度。单位是 mg/L。

3. 天然气的物理性质

1）爆炸性

天然气在空气中的含量达到 5%～15% 时，当混合气体遇到火源就会发生爆炸，这就是天然气的爆炸性，也称天然气的爆炸浓度或爆炸极限。

2）天然气体积系数

天然气在地层条件下所占的体积与其在地面标准状况（20℃和 0.101 MPa）下所占的体积之比为天然气体积系数。天然气体积系数是一个远远小于 1 的数。其计算公式为：

$$B_g = \frac{V_g}{V_{gs}} \tag{1-37}$$

式中 B_g——天然气体积系数，无量纲；
V_g——天然气在地层条件下所占的体积，m^3；
V_{gs}——天然气在地面标准状况下所占的体积，m^3。

3）天然气弹性压缩系数

当压力每改变 1MPa 时，天然气体积的变化率是天然气弹性压缩系数。其计算公式为：

$$C_g = \left(\frac{-1}{V_g}\right)\left(\frac{\Delta V_g}{\Delta p}\right) \tag{1-38}$$

式中 C_g——天然气压缩系数，MPa^{-1}；
Δp——压力的改变量，MPa；
ΔV_g——压力改变后天然气体积的变化量，m^3；
V_g——压力改变前天然气的体积，m^3。

4）天然气密度

单位体积天然气所具有的质量叫天然气密度。其计算公式为：

$$\rho_g = \frac{M_g}{V_g} \tag{1-39}$$

式中 ρ_g——天然气密度，kg/m^3；
M_g——天然气所具有的质量，kg；
V_g——天然气的体积，m^3。

5）天然气相对密度

天然气相对密度是指在某一温度、压力下天然气的密度与标准状况（20℃和 0.101 MPa）下干燥空气的密度之比。其计算公式为：

$$d_g = \frac{\rho_g}{\rho_a} \tag{1-40}$$

式中 d_g——天然气相对密度，无量纲；
ρ_g——天然气的密度，kg/m³；
ρ_a——干燥空气的密度，kg/m³。

二、例题

[例1-9] 实验室小王正在做高压取样的溶解气试验，模拟地层条件下的压力25MPa，当压力第一次降低5MPa时，样品无气泡析出。当第二次降低6MPa时，仍无气泡析出。第三次降低5MPa时，又无气泡析出。第四次降低2MPa时，还无气泡析出。第五次降低0.52MPa时，开始有少量气泡析出。问该样品的饱和压力是多少？

已知：$p=25\text{MPa}$，$\Delta p_1=5\text{MPa}$，$\Delta p_2=6\text{MPa}$，$\Delta p_3=5\text{MPa}$，$\Delta p_4=2\text{MPa}$，$\Delta p_5=0.52\text{MPa}$。

求：p_b。

解：
依据饱和压力定义，得：

$$p_b = p - \Delta p_1 - \Delta p_2 - \Delta p_3 - \Delta p_4 - \Delta p_5 = 25 - 5 - 6 - 5 - 2 - 0.52 = 6.48\text{MPa}$$

答：该样品的饱和压力是6.48MPa。

[例1-10] 实验室测得某区块2m³原油在地层条件下的溶解气量为138m³，求该区块的原始气油比是多少？

已知：$V_o=2\text{m}^3$，$V_g=138\text{m}^3$。

求：R_{si}。

解：

$$R_{si} = \frac{V_g}{V_o} = \frac{138}{2} = 69\text{m}^3/\text{m}^3$$

答：该区块的原始气油比是69m³/m³。

[例1-11] 某井组2月份产油100t，产气3500m³，求该井组生产气油比是多少？

已知：$V_g=3500\text{m}^3$，$V_o=100\text{t}$。

求：E_{go}。

解：

$$E_{go} = \frac{V_g}{V_o} = \frac{3500}{100} = 35\text{m}^3/\text{t}$$

答：该井组生产气油比是35m³/t。

[例1-12] 一方箱内盛有2.3m³原油，称重（净重）为1955kg。问原油密度是多少？

已知：$M_o=1955\text{kg}=1.955\text{t}$，$V_o=2.3\text{m}^3$。

求：ρ_o。

解：

$$\rho_o = \frac{M_o}{V_o} = \frac{1.955}{2.3} = 0.85\text{t}/\text{m}^3$$

答：原油密度是0.85t/m³。

[例1-13] 某深井高压物性取样10⁴L，在地面标准状况下测得样品为8659.65L。问该

井原油体积系数是多少?

已知：$V_o = 10^4 L$，$V_{os} = 8659.65L$。

求：B_o。

解：

$$B_o = \frac{V_o}{V_{os}} = \frac{10^4}{8695.65} = 1.15$$

答：该井原油体积系数是1.15。

[例1-14] 某实验室测得数据：原油样1m³，压力增加15MPa时，样品体积改变量为$-1.035 \times 10^{-2} m^3$，求该样品压缩系数是多少?

已知：$V_o = 1m^3$，$\Delta V_o = -1.035 \times 10^{-2} m^3$，$\Delta p = 15MPa$。

求：C_o。

解：

$$C_o = \left(\frac{-1}{V_o}\right)\left(\frac{\Delta V_o}{\Delta p}\right) = \left(\frac{-1}{1}\right)\left(\frac{-1.035 \times 10^{-2}}{15}\right) = 6.9 \times 10^{-4} MPa^{-1}$$

答：该样品压缩系数为$6.9 \times 10^{-4} MPa^{-1}$。

[例1-15] 某实验室高压物性取样做收缩率试验，取高压样品200L，在地面条件下减少到174.92L，求该样品的原油收缩率是多少?

已知：$V_o = 200L$，$\Delta V_o = 200L - 174.92L = 25.08L$。

求：收缩率。

解：

$$收缩率 = \frac{\Delta V_o}{V_o} \times 100\% = \frac{25.08}{200} \times 100\% = 12.54\%$$

答：该样品的原油收缩率是12.54%。

[例1-16] 某实验室测得4m³原油在压力增加到10MPa时，溶解天然气量为2800m³，求该样品原始溶解系数是多少?

已知：$p = 10MPa$，$V_o = 4m^3$，$V_g = 2800m^3$。

求：α。

解：

$$R_{si} = \frac{V_g}{V_o} = \frac{2800}{4} = 700 m^3/m^3$$

$$a = \frac{R_{si}}{p} = \frac{700}{10} = 70 m^3/(m^3 \cdot MPa)$$

答：该样品原始溶解系数是$70 m^3/(m^3 \cdot MPa)$。

[例1-17] 某实验室做原油热膨胀试验，取原油样1L，加热至70℃时，体积增加$3.5 \times 10^{-5} L$，求该样品的热膨胀系数是多少?

已知：$\Delta T = 70℃ - 20℃ = 50℃$，$V_o = 1L$，$\Delta V_o = 3.5 \times 10^{-5} L$。

求：热膨胀系数。

解：

$$热膨胀系数 = \left(\frac{1}{\Delta T}\right)\left(\frac{\Delta V_o}{V_o}\right) = \left(\frac{1}{50}\right)\left(\frac{3.5 \times 10^{-5}}{1}\right) = 7 \times 10^{-7} ℃^{-1}$$

答：该样品的热膨胀系数是 $7 \times 10^{-7} ℃^{-1}$。

[例1-18] 某实验室做地层水压缩系数试验，取样 10L，压力增加到 10MPa 时体积变化 -3×10^{-3} L，求该样品的压缩系数是多少？

已知：$V_w = 10L$，$\Delta p = 10MPa$，$\Delta V_w = -3 \times 10^{-3}L$。

求：C_w。

解：

$$C_w = \left(\frac{-1}{V_w}\right)\left(\frac{\Delta V_w}{\Delta p}\right) = \left(\frac{-1}{10}\right)\left(\frac{-3 \times 10^{-3}}{10}\right) = 3 \times 10^{-5} MPa^{-1}$$

答：该样品的压缩系数是 $3 \times 10^{-5} MPa^{-1}$。

[例1-19] 某探井取得地层水样品 10L，经检测，其中含 Na^+ 51480mg，Cl^- 9037mg，SO_4^{2-} 18700mg，Ca^{2+} 8310mg，Mg^{2+} 8000mg，求该样品矿化度是多少？

已知：$Na^+ = 51480mg$，$Cl^- = 9037mg$，$SO_4^{2-} = 18700mg$，$Ca^{2+} = 8310mg$，$Mg^{2+} = 8000mg$，$V = 10L$。

求：矿化度。

解：

总离子含量

$$\Sigma = Na^+ + Cl^- + SO_4^{2-} + Ca^{2+} + Mg^{2+} = 54180 + 9037 + 18700 + 8310 + 8000 = 176860mg$$

$$矿化度 = \frac{\Sigma}{V} = \frac{176860}{10} = 17686 mg/L$$

答：该样品矿化度是 17686mg/L。

[例1-20] 某采油井组室内长 8m，宽 6m，高 4m，已知泄漏天然气量 $10 \sim 15 m^3$，问室内天然气浓度是否达到爆炸范围？应采取何种措施？

已知：$a = 8m$，$b = 6m$，$c = 4m$，$V_g = 10 \sim 15 m^3$。

求：天然气浓度。

解：

$$V = abc = 8 \times 6 \times 4 = 192 m^3$$

$$天然气浓度 = \frac{V_g}{V} \times 100\% = \frac{10 \sim 15}{192} \times 100\% = 5.21\% \sim 7.81\%$$

因为天然气爆炸范围为 5%~15%，经计算该室内天然气浓度为 5.21%~7.81%，所以室内天然气浓度已达到爆炸范围。

答：室内天然气浓度已达到爆炸范围。应采取措施：首先是任何人不准吸烟或动用明火或有产生火花的行为动作，应立即打开门窗通风，并切断天然气泄漏源。

[例1-21] 某井油层有效渗透率 0.72D，有效厚度 30m，求该井产能系数是多少？

已知：$h = 30m$，$K = 0.72D = 0.72 \mu m^2$。

求：Kh。

解：
$$Kh = 0.72 \times 30 = 21.6 \mu m^2 \cdot m$$
答：该井产能系数是 $21.6 \mu m^2 \cdot m$。

第三节 储 量

一、相关概念及其计算公式

1. 油气田按油气产量及储量分级

1）油气田按产量分级

按DZ/T 0217—2005《石油天然气储量计算规范》规定，千米井深稳定日产油、气表示符号分别为 Q_o 和 Q_g，单位分别为：$m^3/(km \cdot d)$ 和 $10^4 m^3/(km \cdot d)$。

（1）$Q_o \geq 15 m^3/(km \cdot d)$，为高产油田；$Q_g \geq 10 \times 10^4 m^3/(km \cdot d)$，为高产气田；

（2）$5 m^3/(km \cdot d) \leq Q_o < 15 m^3/(km \cdot d)$，为中产油田；$3 \times 10^4 m^3/(km \cdot d) \leq Q_g < 10 \times 10^4 m^3/(km \cdot d)$，为中产气田；

（3）$1 m^3/(km \cdot d) \leq Q_o < 5 m^3/(km \cdot d)$，为低产油田；$0.3 \times 10^4 m^3/(km \cdot d) \leq Q_g < 3 \times 10^4 m^3/(km \cdot d)$ 为低产气田；

（4）$Q_o < 1 m^3/(km \cdot d)$，为特低产油田；$Q_g < 0.3 \times 10^4 m^3/(km \cdot d)$，为特低产气田。

2）油气田按储量分级

按《石油天然气储量计算规范》规定，石油、天然气可采储量分别以 N 和 G 表示，单位分别为：$10^4 t$ 和 $10^8 m^3$：

（1）$N \geq 25000 \times 10^4 t$，为特大型油田；$G \geq 2500 \times 10^8 m^3$，为特大型气田；

（2）$2500 \times 10^4 t \leq N < 25000 \times 10^4 t$，为大型油田；$250 \times 10^8 m^3 \leq G < 2500 \times 10^8 m^3$，为大型气田；

（3）$250 \times 10^4 t \leq N < 2500 \times 10^4 t$，为中型油田；$25 \times 10^8 m^3 \leq G < 250 \times 10^8 m^3$，为中型气田；

（4）$25 \times 10^4 t \leq N < 250 \times 10^4 t$，为小型油田；$2.5 \times 10^8 m^3 \leq G < 25 \times 10^8 m^3$，为小型气田；

（5）$N < 25 \times 10^4 t$，为特小型油田；$G < 2.5 \times 10^8 m^3$，为特小型气田。

2. 地质储量

地质储量是指在地层原始状态下油（气）藏中油（气）的总储藏量。单位 $10^4 t$。

1）预测储量

预测储量是指在地震详探及其他方法提供的圈闭内，经过预探井钻探，获得油气流或油气显示后所计算的地质储量。

2）远景资源量

远景资源量是指根据地质、地球物理、地球化学等资料，用统计法或类比法估算的尚未发现的油气流的地质储量。

3）控制储量

控制储量是指预探阶段完成后，在一口以上探井中获得工业油气流，初步查明圈闭形态，确定油气藏类型和储层沉积类型，大体搞清了含油（气）层厚度，评价了储层产能大小和油气质量，在此基础上计算的地质储量。控制储量可以作为进一步评价钻探和编制中、长期勘探规划的依据。

4）探明储量

探明储量是指评价钻探（详探）阶段完成或基本完成后计算的地质储量。探明储量是在现代技术和经济条件下可提供开采并能获得经济效益的可靠储量,是编制油(气)田开发方案和油(气)田开发建设投资决策的依据。

5) 开发探明储量(Ⅰ类)

开发探明储量(Ⅰ类)是指油(气)田投入开发,已完成开发钻井和地面设施建设后所计算的地质储量。

6) 未开发探明储量(Ⅱ类)

未开发探明储量(Ⅱ类)是指油(气)藏已完成详探或评价钻探,但未投入开发所计算的地质储量。

7) 基本探明储量(Ⅲ类)

基本探明储量(Ⅲ类)是指油(气)藏已完成地震精查或三维地震,经评估钻探后,对油(气)藏类型、储层性质等已基本认识清楚,并取得储量计算各项参数后计算的地质储量。

8) 表内储量

表内储量是指在目前开采技术和经济条件下,开采后可获得经济效益的地质储量。

9) 表外储量

表外储量是指在目前开采技术和经济条件下,开采后不能获得经济效益,但开采技术、原油价格提高后,或油田采取加密调整、压裂改造等措施后可获得经济效益的地质储量。

10) 开发储量

开发储量是指已投入开发的地质储量。

11) 可采储量和剩余可采储量

可采储量是指在现代化开采工艺技术和经济条件下,可以从油(气)藏中采出的油(气)储量。符号为 N_c。

剩余可采储量是指截止某一时间,还剩下的油(气)可采储量。符号为 N_y。

12) 单储系数

单储系数是指油(气)藏单位体积所含的地质储量。一般用 $1km^2$ 的面积与 $1m$ 厚度的体积所含的地质储量来表示。单位是 $10^4 t/(km \cdot m)$ 或 $10^8 m^3/(km \cdot m)$。符号为 N_β。

13) 储量丰度

储量丰度是指油(气)藏单位含油(气)面积内的地质储量。按《石油天然气储量计算规范》规定:油田储量丰度的单位是 $10^4 m^3/km^2$;气田储量丰度的单位是 $10^8 m^3/km^2$。油田储量丰度的符号是 Ω_o;气田储量丰度的符号是 Ω_g。

(1) 高丰度:$\Omega_o > 80 \times 10^4 m^3/km^2$,$\Omega_g \geq 10 \times 10^8 m^3/km^2$;

(2) 中丰度:$25 \times 10^4 m^3/km^2 \leq \Omega_o < 80 \times 10^4 m^3/km^2$,$3 \times 10^8 m^3/km^2 \leq \Omega_g < 10 \times 10^8 m^3/km^2$;

(3) 低丰度:$8 \times 10^4 m^3/km^2 \leq \Omega_o < 25 \times 10^4 m^3/km^2$,$0.3 \times 10^8 m^3/km^2 \leq \Omega_g < 3 \times 10^8 m^3/km^2$;

(4) 特低丰度:$\Omega_o < 8 \times 10^4 m^3/km^2$,$\Omega_g < 0.3 \times 10^8 m^3/km^2$。

14) 特殊储量

特殊储量是指根据流体性质、开发难度及经济效益等因素,在开采上需要采取特殊工艺措施的储量。它包括稠油储量、高凝油储量、产量低经济效益很差的储量、非烃类气田(硫化氢、二氧化碳、氮气)储量及超深层储量等。

3. 储量计算

储量计算是指在油(气)田勘探、开发的各个阶段中,利用取得的油(气)静态和动态资料来计算油（气）藏地质储量和可采储量的工作和方法。常用的储量计算方法有容积法、物质平衡法、压降法和统计法。

1）容积法

容积法是指利用油（气）静态资料和参数，以确定油（气）藏储油（气）体积来计算油（气）地质储量的主要方法。其计算公式为：

$$N = \frac{100 A_o h \phi (1 - S_{wi}) \rho_o}{B_{oi}} \tag{1-41}$$

$$G = 0.01 A_g h \phi (1 - S_{wi}) \times \frac{T_{sc} p_i}{p_{sc} T Z_i} \tag{1-42}$$

式中　N——石油地质储量，$10^4 t$；

A_o——含油面积，km^2；

h——油（气）层平均有效厚度，m；

ϕ——油（气）层平均有效孔隙度；

S_{wi}——油（气）层平均原始含水饱和度；

ρ_o——平均地面原油密度，t/m^3；

B_{oi}——平均原始原油体积系数；

G——天然气地质储量，$10^8 m^3$；

A_g——含气面积，km^2；

T——气层温度，K；

T_{sc}——地层标准温度，K；

p_{sc}——地面标准压力，MPa；

p_i——原始地层压力，MPa；

Z_i——原始气体压缩系数。

2）物质平衡法

物质平衡法是指利用物质平衡方程来计算油（气）田储量的一种方法。实践表明，油（气）田开发后，地层压力下降1MPa以上，采出程度大于10%，利用生产动态资料所计算的储量比较可靠。不同驱动类型所用的方程式各不相同，气顶驱、天然水驱、人工水驱和溶解气驱、混合驱油的计算公式为：

$$N = \frac{N_p [B_t + (R_p - R_{si}) B_g] - W_e - W_i B_w + W_p B_w}{B_t - B_{ti} + m B_{ti} \left(\dfrac{B_g}{B_{gi}} - 1 \right)} \tag{1-43}$$

式中　N——石油地质储量，$10^4 m^3$；

N_p——累计产油量，$10^4 m^3$；

B_t——压力为 p 时的油、气两相体积系数，无量纲；

B_{ti}——压力为 p_i 时地层油单相体积系数，无量纲；

B_g——压力为 p 时天然气体积系数，无量纲；

B_{gi}——压力为 p_i 时天然气体积系数，无量纲；

R_p——累计生产气油比，m^3/m^3；

R_{si}——压力为 p_i 时天然气溶解气油比，m^3/m^3；

B_w——压力为 p 时地层水体积系数，无量纲；

W_e、W_i、W_p——分别为入侵水、注入水和产出水累计产量，$10^4 m^3$；

m——原始气顶体积与油藏含油部分原始体积之比。

3）压降法（压力图解法）

压降法是利用单位压力降所采出的气量为一常数的基本原理来计算定容封闭式气田储量常用的一种方法。实质上是定容封闭式气田特定的物质平衡法，或称压力图解法、直线外推法。其计算公式为：

$$G = \frac{G_p \dfrac{p_i}{Z_i}}{\dfrac{p_i}{Z_i} - \dfrac{p}{Z}} \tag{1-44}$$

式中　G——天然气地质储量，$10^8 m^3$；

G_p——天然气累计产量，$10^8 m^3$；

p_i——原始地层压力，MPa；

p——目前地层压力，MPa；

Z_i——原始天然气偏差系数；

Z——目前地层压力下的天然气偏差系数。

4. 采出程度

采出程度也叫目前采收率，指油（气）田截止某一时间的累计产油（气）量占地质储量的百分数。计算公式为：

$$R = \frac{N_p}{N} \times 100\% \tag{1-45}$$

$$R = \frac{G_p}{G} \times 100\% \tag{1-46}$$

式中　R——油（气）田采出程度，%；

N——油田地质储量，$10^4 t$；

N_p——油田截至某一时间的累计产油量，$10^4 t$；

G——气田地质储量，$10^8 m^3$；

G_p——气田截至某一时间的累计产气量，$10^8 m^3$。

5. 采收率

采收率是指油（气）田采出的油（气）量占地质储量的百分数。符号为 E。

1）阶段采收率

阶段采收率是指油（气）田某一开采阶段累计采出的油（气）量占地质储量的百分数。

2）无水采收率

无水采收率是指油（气）田无水采油（气）阶段采出的油（气）量占地质储量的百分数。符号为 E_{Ro}。

3) 最终采收率

最终采收率是指油（气）田开发终了时累计采出的油（气）量占地质储量的百分数。符号为 E_R。

6. 油田产率

油田产率也称单位压降产量。指油田平均地层压力下降 0.1MPa 所能采出的油量。油田产率是分析和判断油田驱动类型的重要指标。弹性驱动油田，油田产率为常数；溶解气驱动油田，油田产率随开发时间的延长而降低。油田产率的变化标志着驱动方式的改变。

7. 极限含水

极限含水是指油井或油田在经济上失去开采价值时的含水率。目前，一般采用极限含水为 98%。它是油井或油田报废的重要指标。

8. 水油比和极限水油比

水油比是指日产水量与日产油量之比。单位为 m^3/t 或 m^3/m^3。它是表示油田产水程度的指标。

由于产水量的上升，使油田失去继续开采价值的水油比叫极限水油比。目前，一般采用极限水油比为 49%。它是确定油田开发年限和油田报废的一个指标。

二、例题

[例 1-22]　某井地质储量为 10^5t，2004 年初投产，截至 2010 年累计产油 7800t，2011 年产油 1200t，求该井到 2011 年底的采出程度是多少？

已知：$N = 10^5$t，$\Sigma Q_{2010} = 7800$t，$Q_{2011} = 1200$t。

求：R。

解：

$$N_p = \Sigma Q_{2010} + Q_{2011} = 7800 + 1200 = 9000t$$

$$R = \frac{N_p}{N} \times 100\% = \frac{9000}{10^5} \times 100 = 9\%$$

答：该井到 2011 年底采出程度是 9%。

[例 1-23]　某采油厂地质储量 2432×10^4t，假如最终采收率为 40%，2011 年底累计采出原油 472.8×10^4t，如果 2012 年以后每年平均生产 25×10^4t 原油。问该厂预计还可以开发多少年？

已知：$N = 2432 \times 10^4$t，$E_R = 40\%$，$Q = 25 \times 10^4$t，$\Sigma Q = 472.8 \times 10^4$t。

求：n。

解：

由 $E_R = \frac{N_c}{N} \times 100\%$，得最终采收量 N_c：

$$N_c = NE_R = 2432 \times 10^4 \times 40\% = 972.8 \times 10^4 t$$

$$n = \frac{N_c - \Sigma Q}{Q} = \frac{972.8 \times 10^4 - 472.8 \times 10^4}{25 \times 10^4} = 20a$$

答：该厂预计还可以开采 20 年。

[**例1-24**] 某油田地质储量 $2400×10^4$t，无水期累计采油量 $300×10^4$t，到油田开发终了报废时累计产油 $984×10^4$t，求该油田的无水采收率和最终采收率是多少？

已知：$N=2400×10^4$t，$Q_o=300×10^4$t，最终采收量 $N_c=984×10^4$t。

求：E_{Ro} 和 E_R。

解：

$$E_{Ro} = \frac{Q_o}{N} \times 100\% = \frac{300 \times 10^4}{2400 \times 10^4} \times 100\% = 12.5\%$$

$$E_R = \frac{N_c}{N} \times 100\% = \frac{984 \times 10^4}{2400 \times 10^4} \times 100\% = 41\%$$

答：该油田的无水采收率和最终采收率分别是 12.5% 和 41%。

[**例1-25**] 某井组地质储量 $15×10^4$t，假如最终采收率为 40%，2011 年底采出程度为 20%，求剩余可采储量是多少？

已知：$N=15×10^4$t，$E_R=40\%$，$R=20\%$。

求：N_y。

解：

$$N_c = NE_R = 15 \times 10^4 \times 40\% = 6 \times 10^4 \text{t}$$

$$Q = NR = 15 \times 10^4 \times 20\% = 3 \times 10^4 \text{t}$$

$$N_y = N_c - Q = 6 \times 10^4 - 3 \times 10^4 = 3 \times 10^4 \text{t}$$

答：剩余可采储量为 $3×10^4$t。

[**例1-26**] 某区块地质储量 $1000×10^4$t，含油面积 4.4km^2，油层厚度基本一致，都在 4m 左右。求该区块的单储系数和单位面积储量是多少？

已知：$A_o=4.4\text{km}^2$，$h=4\text{m}$，$N=10^3×10^4$t。

求：单储系数 N_β 和单位面积储量 N_A。

解：

$$N_\beta = \frac{N}{A_o h} = \frac{10^3 \times 10^4}{4.4 \times 4} = 56.81818 \times 10^4 \text{t/(km}^2 \cdot \text{m)}$$

$$N_A = \frac{N}{A_o} = \frac{10^3 \times 10^4}{4.4} = 227.2727 \times 10^4 \text{t/km}^2$$

答：该区块的单储系数为 $56.81818×10^4\text{t/(km}^2\cdot\text{m)}$；单位面积储量为 $227.2727×10^4\text{t/km}^2$。

[**例1-27**] 某油田含油面积 50.8km^2，平均油层有效厚度 4.6m，平均有效孔隙度 0.22，束缚水饱和度 0.04，平均地层原油体积系数 1.159，地面平均原油密度 0.885t/m^3。请用容积法计算该油田的地质储量。

已知：$A_o=50.8\text{km}^2$，$h=4.6\text{m}$，$\phi=0.22$，$S_{wi}=0.04$，$\rho_o=0.885\text{t/m}^3$，$B_{oi}=1.159$。

求：N。

解：

$$N = \frac{100 A_o h \phi (1-S_{wi}) \rho_o}{B_{oi}} = \frac{100 \times 50.8 \times 4.6 \times 0.22 \times (1-0.04) \times 0.885}{1.159} = 3769 \times 10^4 \text{t}$$

答：该油田的地质储量为3769×10⁴t。

[**例1-28**] 某气田含气面积400km²，平均气层有效厚度52m，平均有效孔隙度0.18，平均原始含水饱和度0.03，气层温度29℃，气田平均原始地层压力32MPa，原始气体压缩系数0.92。请用容积法计算该气田的地质储量。

已知：$A_g = 400 \text{km}^2$，$h = 52\text{m}$，$\phi = 0.18$，$S_{wi} = 0.03$，$T = 29℃ = 302\text{K}$，$p_{sc} = 0.101 \text{MPa}$，$p_i = 32\text{MPa}$，$Z_i = 0.92$，$T_{sc} = 293\text{K}$。

求：G。

解：

$$G = 0.01 A h_g \phi (1 - S_{wi}) \left(\frac{T_{sc} p_i}{p_{sc} T Z_i} \right)$$

$$= 0.01 \times 400 \times 52 \times 0.18 \times (1 - 0.03) \times \frac{293 \times 32}{0.101 \times 302 \times 0.92}$$

$$= 12134 \times 10^8 \text{m}^3$$

答：用容积法计算该气田的地质储量为12134×10⁸m³。

第二章 油田开发基础

第一节 开发技术指标及名词术语

一、相关概念及其计算公式

1. 采油（液、水）速度
1) 采液速度
采液速度是指油田年产液量与地质储量的百分比。
2) 采油速度
采油速度是指油田年产油量与地质储量的百分比。计算公式为：

$$v_\mathrm{D} = \frac{q_\mathrm{oa}}{N} \times 100\% \tag{2-1}$$

式中　v_D——采油速度，%；
　　　q_oa——年采油量，t；
　　　N——地质储量，t。
3) 采水速度
采水速度是指油田年产水量与地质储量的百分比。

2. 注水速度
注水速度是指油田年注水量与地质储量的百分比。

3. 水线推进速度
水线推进速度是指单位时间内（一般用年来计算）水线的推进距离。单位为 m/a。

4. 注水程度
注水程度又称注入孔隙体积倍数，是指累计注水量体积与油层孔隙体积之比。它表示人工注水补充能量的大小。

5. 驱动指数
驱动指数是指油（气）田开发过程中评价各种驱油（气）能力大小的指标。
1) 水驱动指数
水驱动指数是指地层水浸体积占总采出液体体积的百分数。
2) 弹性驱动指数
弹性驱动指数是指岩石和流体的弹性膨胀体积占总采出液体体积的百分数。
3) 溶解气驱动指数
溶解气驱动指数是指溶解气膨胀体积占总采出液体体积的百分数。
4) 气顶气驱动指数
气顶气驱动指数是指气顶气膨胀体积占总采出液体体积的百分数。

6. 存水率和阶段存水率

存水率也叫净注率,是指未采出的累计注水量与累计注水量之比。它是衡量注入水利用率的指标。存水率越高,注入水的利用率越高。计算公式为:

$$R_w = \frac{W_i - W_p}{W_i} \times 100\% \tag{2-2}$$

式中　R_w——存水率,%;
　　　W_i——累计注水量,m³;
　　　W_p——累计产水量,m³。

油田某一开采时期的存水率叫阶段存水率。

7. 耗水率

耗水率是指注水开发油田每采出1t原油所伴随采出的水量。它是衡量注入水利用率的一个有用指标。耗水率低,说明注入水利用率高,可减少注水量,降低注水成本。

8. 水驱指数

水驱指数是指每采出1t原油在地下的存水量。单位m³/t。它表示每采出1t原油与地下存水量的比例关系。水驱指数越大,需要的注水量越大。计算公式为:

$$R_{wo} = \frac{W_i - W_p}{\dfrac{N_p B_o}{\rho_o}} \tag{2-3}$$

式中　R_{wo}——水驱指数,m³/t;
　　　N_p——累计产油量,t;
　　　B_o——原油体积系数,无量纲;
　　　ρ_o——地面原油密度,t/m³。

其余符号含义同前文。

9. 产量递减率

产量递减率是指单位时间(月或年)产量递减的百分数。它是衡量油(气)田稳产程度的重要指标。

1)老井产油量综合递减率

老井产油量综合递减率反映油田老井在采取增产措施情况下的产量递减速度。综合递减率为正值时表示产量递减,为负值时表示产量递增。计算公式为:

$$D_z = \frac{AT - (B - C)}{AT} \times 100\% \tag{2-4}$$

或

$$D_z = 1 - \frac{B - C}{AT} \times 100\% \tag{2-5}$$

式中　D_z——综合递减率,%;
　　　A——上年末(12月)标定日产油水平,t;
　　　T——当年1~n月的日历天数,d;
　　　AT——老井当年1~n月的累计产油量(是用标定日产油水平折算的,计算年递减时为365A，是老井应产的年产油量，它与计划产量有区别），t；

B——当年1~n月的累计核实产油量［计算年递减时用年核实产油量（与计划部门上报的产量一致）］，t；

C——当年新井1~n月的累计产油量（计算年递减时用新井年产油量），t。

2) 老井产油量自然递减率

老井产油量自然递减率反映油田老井在未采取增产措施情况下的产量递减速度。自然递减率越大，说明产量下降越快，稳产难度越大。计算公式为：

$$D_i = \frac{AT-(B-C-D)}{AT} \times 100\% \quad (2-6)$$

或

$$D_i = 1 - \frac{B-C-D}{AT} \times 100\% \quad (2-7)$$

式中 D_i——自然递减率，%；

D——老井当年1~n月的累计措施增产量［计算年递减时用老井年措施增产量，老井是指上年末（12月末）已投产的油井，新井是指当年投产的油井］，t。

其余符号含义同前文。

10. 含水率和综合含水

1) 含水率和平均含水率

含水率也称含水百分数。是指油井日产水量与日产液量之比。计算公式为：

$$f_w = \frac{q_w}{q_L} \times 100\% \quad (2-8)$$

$$\bar{f}_w = \frac{\sum f_w}{n} \times 100\% \quad (2-9)$$

式中 f_w——含水率，%；

q_w——油井日产水量，m³或t；

q_L——油井日产液量，m³或t；

$\bar{f}_w$——平均含水率，%；

n——井数，口。

2) 综合含水

综合含水是指油田（或井组、区块）月产水量占月产液量的百分数。

11. 含水上升速度和含水上升率

1) 含水上升速度

含水上升速度是指一定时间内油井含水率或油田综合含水的上升值。符号f_{wv}。可按月、季和年计算，分别称月含水上升速度、季含水上升速度、年含水上升速度。它是评价油井或油田开发效果好坏的重要指标。用某时间间隔内含水上升的绝对值表示。

2) 含水上升率

每采出1%的地质储量含水率上升的值叫含水上升率。它是评价油田开发效果的重要指标。含水上升率越小，油田开发效果越好。计算公式为：

$$I_{NW} = \frac{\Delta f_w}{\Delta R} \times 100\% \tag{2-10}$$

式中 I_{NW}——含水上升率,%;
　　Δf_w——阶段末、初含水率之差,%;
　　ΔR——阶段末、初采出程度之差,%。

12. 日产油能力和日产油水平

1) 日产油能力

日产油能力 $q_{o实际}$ 是指月产油量与当月实际生产天数的比值,又称日产能力。单位 t/d。

2) 日产油水平

日产油水平 $q_{o日历}$ 是指月产油量与当月日历天数的比值,又称日产水平。单位 t/d。

13. 原油计量误差

原油计量误差又叫输差,是指井口产油量和核实产油量之差与井口产油量的百分数。计算公式为:

$$K = \frac{q_{ow} - q_{or}}{q_{ow}} \times 100\% \tag{2-11}$$

式中 K——输差,%;
　　q_{ow}——井口产油量,t/d 或 t;
　　q_{or}——核实产油量,t/d 或 t。

14. 时率

1) 采油(气)时率

采油(气)时率是指油(气)井实际开井生产时间与日历时间之比。计算公式为:

$$T_{OK} = \frac{T_O - T'_O}{T_O} \times 100\% \tag{2-12}$$

式中 T_{OK}——采油时率,%;
　　T_O——计算时段(月)总井数乘日历时数,h;
　　T'_O——计算时段(月)总停井时数,h。

2) 注水时率

注水时率是指注水井实际开井生产时间与日历时间之比。计算公式为:

$$T_{WK} = \frac{T_W - T'_W}{T_W} \times 100\% \tag{2-13}$$

式中 T_{WK}——注水时率,%;
　　T_W——计算时段(月)总井数乘日历时数,h;
　　T'_W——计算时段(月)总停井时数,h。

15. 油(气、水)井利用率

油(气、水)井利用率是指正常生产的油(气、水)井数与油(气、水)井总数之比。

16. 油、水井生产指数

1) 采液（油、水）指数

采液（油、水）指数是指油井在单位生产压差下的日产液（油、水）量。计算公式：

$$J_o = \frac{q_o}{p_e - p_{wf}} \quad \text{（适用于油层内无游离气状态）} \tag{2-14}$$

$$J_o = \frac{q_o}{(p_e - p_{wf})^n} \quad \text{（适用于油层内脱气状态）} \tag{2-15}$$

$$J_L = \frac{q_L}{p_e - p_{wf}} \tag{2-16}$$

$$J_w = \frac{q_w}{p_e - p_{wf}} \tag{2-17}$$

式中　J_o，J_L，J_w——分别为采油指数、采液指数和采水指数，t/(MPa·d)；

q_o，q_L，q_w——分别为采油量、采液量和采水量，t/d；

p_e——静压，MPa；

p_{wf}——流压，MPa；

n——油井指示曲线指数或称渗滤特性指数。

2) 比采液（油、水）指数

比采液（油、水）指数是指单位油层有效厚度和单位生产压差下油井的日产液（油、水）量。计算公式为：

$$J_{oh} = \frac{q_o}{h(p_e - p_{wf})} \tag{2-18}$$

$$J_{Lh} = \frac{q_L}{h(p_e - p_{wf})} \tag{2-19}$$

$$J_{wh} = \frac{q_w}{h(p_e - p_{wf})} \tag{2-20}$$

式中　J_{oh}，J_{Lh}，J_{wh}——分别为比采油、比采液指数和比采水指数，t/(m·MPa·d)；

h——油层有效厚度，m。

其余符号含义同前文。

3) 采气指数

采气指数也称产气指数，是指在不同生产压差下气井的日产气量。计算公式为：

$$J_g = \frac{q_g}{(p_e^2 - p_{wf}^2)^n} \tag{2-21}$$

式中　J_g——产气指数，m³/(MPa·d)；

q_g——产气量，m³/d；

p_e——静压，MPa；

p_{wf}——流压，MPa。

n为渗流指数,是表征气体流动特征的常数。当只存在层流时,$n=1$;当只存在紊流时,$n=0.5$;当流动从层流向紊流过渡时,$0.5<n<1$。故只存在层流时,其公式为:

$$J_g = \frac{q_g}{p_e^2 - p_{wf}^2} \tag{2-22}$$

4) 比采气指数

比采气指数也称比产气指数,是指单位气层有效厚度和不同生产压差下气井的日产气量。计算公式为:

$$J_{gh} = \frac{q_g}{h_g(p_e^2 - p_{wf}^2)} \tag{2-23}$$

式中　J_{gh}——比采气指数,$m^3/(m \cdot MPa \cdot d)$;

　　　h_g——气层有效厚度,m。

其余符号含义同前文。

5) 注水井吸水指数

注水井吸水指数是指在单位注水压差下的日注水量。其公式为:

$$I_w = \frac{q_{iw}}{p_{ws} - p_e} \tag{2-24}$$

不便测注水井静压时,可用测吸水指示曲线的方法求得:

$$I_w = \frac{\Delta q_{iw}}{\Delta p_{ws}} \tag{2-25}$$

式中　I_w——吸水指数,$m^3/(MPa \cdot d)$;

　　　q_{iw}——注水量,m^3/d;

　　　p_{ws}——井底压力,MPa;

　　　p_e——静压,MPa;

　　　Δq_{iw}——两种工作制度日注水量之差,m^3/d;

　　　Δp_{ws}——两种工作制度井底压力之差,MPa。

6) 视吸水指数

视吸水指数是指注水井日注水量与注水井井口压力之比。计算公式为:

$$I_w'' = \frac{q_{iw}}{p_{iwh}} \tag{2-26}$$

式中　I_w''——视吸水指数,$m^3/(MPa \cdot d)$;

　　　q_{iw}——日注水量,m^3/d;

　　　p_{iwh}——井口压力,MPa。

7) 比吸水指数

比吸水指数是指单位油层有效厚度和单位注水压差下注水井的日注水量。计算公式为:

$$I_w' = \frac{q_{iw}}{h(p_{ws} - p_e)} \tag{2-27}$$

式中 I'_w——比吸水指数，$m^3/(m \cdot MPa \cdot d)$；
q_{iw}——日注水量，m^3/d；
p_{ws}——井底压力，MPa；
p_e——静压，MPa；
h——油层有效厚度，m。

17. 油井、气井和水井生产强度

1) 采油（液、水）强度

采油（液、水）强度是指油层单位有效厚度的日产油（液、水）量。计算公式为：

$$Q_{ot} = \frac{Q_o}{h} \qquad (2-28)$$

$$Q_{Lt} = \frac{Q_L}{h} \qquad (2-29)$$

$$Q_{wt} = \frac{Q_w}{h} \qquad (2-30)$$

式中 Q_{ot}、Q_{Lt}、Q_{wt}——分别为采油、采液和采水强度，$t/(m \cdot d)$；
Q_o、Q_L、Q_w——分别为产油量、产液量和产水量，t/d；
h——油层有效厚度，m。

2) 注水强度

注水强度是指油层单位有效厚度的日注水量。计算公式为：

$$h_w = \frac{Q_w}{h} \qquad (2-31)$$

式中 h_w——注水强度，$m^3/(m \cdot d)$；
Q_w——注水井日注水量，m^3/d；
h——油层有效厚度，m。

3) 采气强度

采气强是指气井单位有效厚度气层的日产气量。单位 $m^3/(m \cdot d)$。

18. 气油比

气油比也叫生产气油比，是指每采出 1t 原油而伴随采出的天然气量。它是衡量油层有无脱气的重要指标，要求气油比始终保持在原始气油比附近。

1) 综合气油比

综合气油比是指实际产气量与产油量之比。单位 m^3/t。它是反映溶解气驱油能量利用和变化情况的指标。

2) 累计生产气油比

累计生产气油比是指累计产气量与累计产油量之比。计算公式为：

$$E_{go} = \frac{q_{gm}}{q_{om}} \qquad (2-32)$$

或

$$E_{go} = \frac{q_{gm}}{q_{Lm} - q_{wm}} \tag{2-33}$$

式中 E_{go}——气油比，m^3/t；

q_{gm}——累计产气量，m^3；

q_{om}——累计产油量，t；

q_{Lm}——累计产液量，t；

q_{wm}——累计产水量，t。

19. 注采关系

1）注采比

注采比是指注入剂（水或气）的地下体积与采出物（油、气、水）的地下体积之比。可分为月注采比、季注采比和年注采比。计算公式为：

$$R_{IP} = \frac{Q_{iw} - Q}{\dfrac{Q_o B_o}{\rho_o} + Q_w} \tag{2-34}$$

式中 R_{IP}——注采比，无量纲；

Q_{iw}——注水量，m^3；

Q——溢流量，m^3；

Q_o——原油产量，t；

B_o——原油体积系数，无量纲；

ρ_o——原油密度，t/m^3；

Q_w——产水量，t。

2）累计注采比

累计注采比是指注入剂（水或气）累计注入量的地下体积与累计采出物（油、气、水）地下体积之比。它是检查油层注采平衡状况的重要指标。累积注采比为 1 时叫注采平衡；大于 1 时叫超注；小于 1 时叫欠注，即出现地下亏空。计算公式为：

$$R_{IPC} = \frac{V_i}{V_p} \tag{2-35}$$

式中 R_{IPC}——累计注采比，无量纲；

V_i——累计注入剂地下体积，m^3；

V_p——累计采出物地下体积，m^3。

3）储采比

储采比是指油（气）田年初剩余可采储量与当年产油（气）量之比。

20. 混合液密度

混合液密度是指油井产出的油水混合液的密度。计算公式为：

$$\rho = \rho_w f_w + (1 - f_w)\rho_o \tag{2-36}$$

式中 ρ——混合液密度，kg/m^3 或 t/m^3；

ρ_w——水的密度，一般取 1，kg/m^3 或 t/m^3；

ρ_o——原油密度，kg/m³ 或 t/m³；
f_w——含水率，%。

21. 油层厚度及界限

1）砂岩厚度

砂岩厚度是指包括含油（气）与不含油（气）的所有砂岩层的厚度，单位 m。

2）有效厚度

有效厚度是指含有油（气）的砂岩油层或其他岩性油层的厚度，单位 m。

3）吸水厚度

吸水厚度是指注水井能够吸水的部分油层的厚度，单位 m。

4）油层顶部深度

油层顶部深度也叫油层顶界，是指油井中所有油层最上部的深度，单位 m。

5）油层底部深度

油层底部深度也叫油层底界，是指油井中所有油层最下部的深度，单位 m。

6）油层中部深度

油层中部深度简称油层中部，是指油井中所有油层的中间点深度，在数值上等于油层顶界与油层底界的算术平均数，单位 m。

22. 地层系数与流动系数

1）地层系数

地层系数是指油层有效渗透率与有效厚度的乘积，单位 $\mu m^2 \cdot m$。

2）流动系数

流动系数是指地层系数与地层原油黏度的比值，单位 $\mu m^2 \cdot m/mPa \cdot s$。

23. 液面

1）动液面

动液面是指油井油套环形空间波动的液面。自井口向下直至波动液面的深度叫动液面深度，单位 m。自井底向上直至波动液面的这段液柱高度叫动液面高度，单位 m。

2）静液面

静液面是指油井关井后，动液面恢复到不再上升时的液面叫静液面。其深度叫静液面深度，单位 m，可能为正值或负值。为正值时，表示静液面在井口以下；为负值时，表示静液面在井口以上，此时如果套管阀门不关严，油套环形空间的井液将溢出地面，这种情况下要求静液面深度必须用套管压力折算。计算公式为：

$$H_J = \frac{-100 p_t}{\rho} \tag{2-37}$$

式中 H_J——静液面深度，m；
p_t——套管压力，MPa；
ρ——环形空间混合液密度，kg/m³ 或 t/m³。

24. 砂面与砂面深度

油（气、水）井油套环形空间的砂柱顶面叫砂面。

油（气、水）井油套环形空间的砂柱顶面的深度叫砂面深度，单位 m。现场一般所说的砂面大多指砂面深度。

25. 泵挂深度和沉没度

1) 泵挂深度

泵挂深度是指深井泵下入的深度，单位 m。

2) 沉没度

沉没度是指深井泵沉入动液面以下的深度，单位 m。在数值上等于泵挂深度减去动液面深度。

26. 等差数列和等比数列

1) 等差数列

等差数列是指一个数列自第二项起每一项都与它前面相邻一项相差一个常数的数列。

等差数列的通项公式：

$$a_n = a_1 + (n-1)d \qquad (2-38)$$

等差数列的前 n 项和公式：

$$S = \frac{1}{2}n(a_1 + a_n) = \frac{1}{2}n[2a_1 + (n-1)d] \qquad (2-39)$$

2) 等比数列

等比数列是指一个数列自第二项起每一项都是它前面相邻一项的常数倍的数列。

等比数列的通项公式：

$$a_n = a_1 q^{n-1} \qquad (2-40)$$

等比数列的前 n 项和公式：

$$S = \frac{a_1(1-q^n)}{1-q} \qquad (2-41)$$

27. 水淹厚度和水淹厚度系数

1) 水淹厚度

水淹厚度是指见水油层已被水淹的厚度，单位 m。

2) 水淹厚度系数

水淹厚度系数是指见水油层水淹厚度与该层全层有效厚度之比。它是衡量油层垂向水淹状况的指标，水淹厚度系数越大，采收率越高。计算公式为：

$$a_h = \frac{h_w}{h} \times 100\% \qquad (2-42)$$

式中　a_h——水淹厚度系数，%；

　　　h_w——见水层已被水淹的厚度，m；

　　　h——全层的有效厚度，m。

28. 扫油面积系数

扫油面积系数也叫水淹面积系数，是指单层井组（区块、油田）水淹面积与该井组（区块、油田）控制面积之比。它反映平面矛盾的大小。它是衡量油层平面水淹状况的指标，扫油面积系数越大，采收率越高。计算公式为：

$$a_A = \frac{A_w}{A} \times 100\% \tag{2-43}$$

式中 a_A——扫油面积系数，%；

A_w——单层水淹面积，m^2 或 km^2；

A——单层控制面积，m^2 或 km^2。

29. 单层突进系数

单层突进系数是指多油层油井内渗透率最高的油层的渗透率与全井权衡平均渗透率的比值。它反映层间矛盾的大小。单层突进系数越大，说明层间差异越大。计算公式为：

$$a_k = \frac{K_{max}}{K_h} = \frac{K_{max}}{\dfrac{K_1 h_1 + K_2 h_2 + \cdots + K_n h_n}{h_1 + h_2 + \cdots + h_n}} \tag{2-44}$$

式中 a_k——单层突进系数，无量纲；

K_{max}——井内渗透率最高的油层的渗透率，μm^2；

K_h——全井权衡平均渗透率，μm^2；

$h_1, h_2, \cdots, h_n$——各层的有效厚度，m；

$K_1, K_2, \cdots, K_n$——各层的渗透率，μm^2。

30. 平面突进系数

平面突进系数也叫平面"舌进"系数，是指边水或注入水"舌进"时平面上最大水线推进距离与平均水线推进距离之比。它反映油层在平面上渗透性的差别。平面突进系数越大，平面矛盾越突出。计算公式为：

$$a_L = \frac{L_w}{\overline{L}_w} \tag{2-45}$$

式中 a_L——平面突进系数，无量纲；

L_w——平面上最大水线推进距离，m；

$\overline{L}_w$——平均水线推进距离，m。

31. 水驱油效率

水驱油效率也叫扫油体积系数，又叫注入水波及体积系数，是指存水量（累计注水量与累计产水量之差）地下体积与油层有效孔隙体积之比值。它反映层内矛盾的大小，也反映注入水波及程度或水洗程度的大小。计算公式为：

$$a_v = \frac{W_i - V_p}{V_\phi} \tag{2-46}$$

式中 a_v——水驱油效率，无量纲；

W_i——累计注水量，m^3；

V_p——累计产水量，m^3；

V_ϕ——油层有效孔隙体积，m^3。

二、例题

[例 2-1] 某井地质储量 $10×10^4$t，2001 年投产，截至 2010 年累计采油 7800t。2011 年采油速度为 1.2%。求该井 2011 年底的采出程度是多少？

已知：$N=10^5$t，$\Sigma Q_{2010}=7800$t，$v_D=1.2\%$。

求：R。

解：

$$Q_{2011} = Nv_D = 10^5 × 1.2\% = 1200\text{t}$$

$$Q = \Sigma Q_{2010} + Q_{2011} = 7800 + 1200 = 9000\text{t}$$

$$R = \frac{Q}{N} × 100\% = \frac{9000}{10^5} × 100\% = 9\%$$

答：该井 2011 年底的采出程度是 9%。

[例 2-2] 某油田地质储量 $8700×10^4$t，开发到 2009 年累计采油 $288×10^4$t。2010 年产油 $66×10^4$t，2011 年产油 $84×10^4$t。请计算：2012 年按 2.0% 的采油速度生产一年，至 2012 年底的油田累计采油量是多少？此时采出程度是多少？

已知：$N=87×10^6$t，$\Sigma Q_{2009}=288×10^4$t，$v_D=2\%$，$Q_{2010}=66×10^4$t，$Q_{2011}=84×10^4$t。

求：ΣQ 和 R。

解：

$$Q_{2012} = Nv_D = 87 × 10^6 × 2\% = 174 × 10^4\text{t}$$

$$\Sigma Q = \Sigma Q_{2009} + Q_{2010} + Q_{2011} + Q_{2012} = 288 × 10^4 + 66 × 10^4 + 84 × 10^4 + 174 × 10^4 = 612 × 10^4\text{t}$$

$$R = \frac{\Sigma Q}{N} × 100\% = \frac{612 × 10^4}{87 × 10^6} × 100\% = 7.03\%$$

答：至 2012 年底的油田累计采油量是 $612×10^4$t。此时采出程度是 7.03%。

[例 2-3] 某油田地质储量 $5000×10^4$t，若最终采收率为 50%，截至 2010 年累计产油 $90×10^4$t。2011 年产油 $10×10^4$t，如果从 2012 年起每年按 2.0% 的采油速度生产，问该油田还能开采多少年？

已知：$N=5×10^7$t，$\Sigma Q_{2010}=90×10^4$t，$v_D=2\%$，$Q_{2011}=10×10^4$t，$E_R=50\%$。

求：n。

解：

$$N_y = NE_R - \Sigma Q_{2010} - Q_{2011} = 5 × 10^7 × 50\% - 90 × 10^4 - 10 × 10^4 = 2400 × 10^4\text{t}$$

2012 年起的年采油量为：

$$Q = Nv_D = 5 × 10^7 × 2\% = 100 × 10^4\text{t}$$

$$n = \frac{N_y}{Q} = \frac{2400 × 10^4}{100 × 10^4} = 24\text{a}$$

答：该油田还能开采 24 年。

[例 2-4] 某厂地质储量 $3000×10^4$t，截至 2010 年已采油 $300×10^4$t，该厂"十二五"

期间按2.0%的采油速度生产，问该油田"十二五"末的采出程度是多少？

已知：$N=3\times10^7$t，$\Sigma Q_{2010}=300\times10^4$t，$v_D=2\%$。

求：R。

解：

"十二五"末的采油量为：

$$Q = 5 \times N \times v_D = 5 \times 3 \times 10^7 \times 2\% = 300 \times 10^4 \text{t}$$

$$R = \frac{\Sigma Q}{N} \times 100\% = \frac{\Sigma Q_{2010} + Q}{N} \times 100\% = \frac{300 \times 10^4 + 300 \times 10^4}{3 \times 10^7} \times 100\% = 20\%$$

答：该油田"十二五"末的采出程度是20%。

[例2-5] 某油田地质储量4000×10^4t，若最终采收率为35%，2010年采油量油40×10^4t，年末含水20%，到2010年累计采油200×10^4t，如果从2010年以后原油产量年递减2%，年含水上升速度3%。求：（1）"十二五"末的年产油量、含水率和采出程度分别是多少？（2）"十三五"末的年产油量、含水率和采出程度分别是多少？（3）哪年开采完？

已知：$N=4\times10^7$t，$\Sigma Q_{2009}=200\times10^4$t，$D_z=2\%$，$Q_{2010}=40\times10^4$t，$E_R=35\%$，$f_{wv}=3\%$，$f_w=20\%$。

求：（1）Q_{12}，f_{w12}和R_{12}；

（2）Q_{13}，f_{w13}和R_{13}；

（3）n。

解：（1）

$$Q_{12} = Q_{2010}(1-D_z)^5 = 40 \times 10^4 \times (1-2\%)^5 = 36.157 \times 10^4 \text{t}$$

$$f_{w12} = f_w + 5f_{wv} = 20\% + 5 \times 3\% = 35\%$$

由等比数列前n项和公式得"十二五"期间的产油量：

$$Q_{十二五} = \frac{Q_{2010}(1-D_z)[1-(1-D_z)^5]}{1-(1-D_z)} = \frac{40 \times 10^4 \times (1-2\%)[1-(1-2\%)^5]}{1-(1-2\%)}$$

$$= 188.315 \times 10^4 \text{t}$$

$$\Sigma Q_{12} = \Sigma Q_{2009} + Q_{十二五} + Q_{2010} = (200 + 188.315 + 40) \times 10^4 = 428.315 \times 10^4 \text{t}$$

$$R_{12} = \frac{\Sigma Q_{12}}{N} \times 100\% = \frac{428.315 \times 10^4}{4 \times 10^7} \times 100\% = 10.71\%$$

（2）

$$Q_{13} = Q_{2010}(1-D_z)^{10} = 40 \times 10^4 \times (1-2\%)^{10} = 32.683 \times 10^4 \text{t}$$

$$f_{w13} = f_w + 10f_{wu} = 20\% + 10 \times 3\% = 50\%$$

由等比数列前n项和公式得"十二五"和"十三五"期间的产油量：

$$Q_{10} = \frac{Q_{2010}(1-D_z)[1-(1-D_z)^{10}]}{1-(1-D_z)} = \frac{40 \times 10^4 \times (1-2\%)[1-(1-2\%)^{10}]}{1-(1-2\%)} = 358.537 \times 10^4 \text{t}$$

$$\Sigma Q_{13} = \Sigma Q_{2009} + Q_{10} + Q_{2010} = (200 + 358.537 + 40) \times 10^4 = 598.537 \text{t}$$

$$R_{13} = \frac{\Sigma Q_{13}}{N} \times 100\% = \frac{598.537 \times 10^4}{4 \times 10^7} \times 100\% = 14.96\%$$

(3) 到 2010 年底的剩余可采储量：

$$N_y = NE_R - \Sigma Q_{2009} - Q_{2010} = 4 \times 10^7 \times 35\% - 200 \times 10^4 - 40 \times 10^4 = 1160 \times 10^4 t$$

由等比数列前 n 项和公式得，从 2011 年起至开采完的 n 年间累计采油量 N_c：

$$N_c = \frac{Q_{2010}(1-D_z)[1-(1-D_z)^n]}{1-(1-D_z)} = \frac{40 \times 10^4 \times (1-2\%)[1-(1-2\%)^n]}{1-(1-2\%)}$$

由题意可知：$N_y = N_c$，即：

$$\frac{40 \times 10^4 \times (1-2\%)[1-(1-2\%)^n]}{1-(1-2\%)} = 1160 \times 10^4$$

解方程，得：

$$n \approx 44a$$

答：(1) "十二五"末的年产油量是 $36.157 \times 10^4 t$、含水率是 35%、采出程度是 10.71%；(2) "十三五"末的年产油量是 $32.683 \times 10^4 t$、含水率是 50%、采出程度是 14.96%；(3) 约 44 年，即到 2054 年开采完。

[例 2-6] 某油田地质储量 $4000 \times 10^4 t$，若最终采收率为 35%，2010 年采油量油 $40 \times 10^4 t$，年末含水 20%，到 2010 年累计采油 $200 \times 10^4 t$，如果从 2010 年以后原油产量年递减 1000t，年含水上升速度 3%。求：(1) "十四五"末的年产油量、含水率和采出程度分别是多少？(2) 哪年开采完？

已知：$N = 4 \times 10^7 t$，$\Sigma Q_{2009} = 200 \times 10^4 t$，$Q_{2010} = 40 \times 10^4 t$，$E_R = 35\%$，$f_{wv} = 3\%$，$f_w = 20\%$，$D = 0.1 \times 10^4 t$。

求：(1) Q_{2025}，f_{w2025} 和 R_{2025}；(2) n。

解：(1) 由等差数列通项公式，得：

$$Q_{2025} = Q_{2010} - (16-1)D = 40 \times 10^4 - (16-1) \times 0.1 \times 10^4 = 38.5 \times 10^4 t$$

$$f_{w2025} = f_w + (16-1)f_{wv} = 20\% + (16-1) \times 3\% = 65\%$$

由等差数列前 n 项和公式，得出自 2011 年至"十四五"末的 2025 年的 15 年间共产油量为：

$$Q = \frac{15}{2} \times [(40 \times 10^4 - 0.1 \times 10^4) + (40 \times 10^4 - 15 \times 0.1 \times 10^4)] = 588 \times 10^4 t$$

$$\Sigma Q_{2025} = \Sigma Q_{2009} + Q_{2010} + Q = (200 + 588 + 40) \times 10^4 = 828 \times 10^4 t$$

$$R_{2025} = \frac{\Sigma Q_{2025}}{N} \times 100\% = \frac{828 \times 10^4}{4 \times 10^7} \times 100\% = 20.7\%$$

(2) 到 2010 年底的剩余可采储量：

$$N_y = NE_R - \Sigma Q_{2009} - Q_{2010} = 4 \times 10^7 \times 35\% - 200 \times 10^4 - 40 \times 10^4 = 1160 \times 10^4 t$$

由等差数列前 n 项和公式，得出自 2011 年至开采完的 n 年间的累计采油量为：

$$N_y = \frac{n}{2} \times [2 \times (40 \times 10^4 - 0.1 \times 10^4) - (n-1) \times 0.1 \times 10^4]$$

解方程：

$$\frac{n}{2} \times [2 \times (40 \times 10^4 - 0.1 \times 10^4) - (n-1) \times 0.1 \times 10^4] = 1160 \times 10^4$$

$$n \approx 30a$$

答：(1) "十四五"末的年产油量是 38.5×10^4 t、含水率是 65%、采出程度是 20.70%；(2) 约 30 年，即到 2040 年开采完。

[例 2-7] 某井 2011 年末累计产油 120000t，12 月份综合含水 50%，采油速度 1.2%，12 月末采出程度 20.0%，2011 年平均月含水上升速度 0.3%。求 2011 年含水上升率、2010 年 12 月份综合含水和该井控制的地质储量是多少？

已知：$\Sigma Q = 120000\text{t} = 12 \times 10^4\text{t}$，$f_{wv} = 0.3\%$，$f_{w2} = 50\%$，$v_D = 1.2\%$，$R = 20.0\%$。

求：I_{Nw}，f_{w1} 和 N。

解：

$$I_{Nw} = \frac{12 f_{wv}}{v_D} = \frac{12 \times 0.3\%}{1.2} = 3.0\%$$

$$f_{w2} = f_{w1} + 12 f_{wv}$$

$$f_{w1} = f_{w2} - 12 f_{wv} = 50\% - 12 \times 0.3\% = 46.4\%$$

或

$$f_{w2} = f_{w1} + I_{NW} v_D$$

$$f_{w1} = f_{w2} - I_{NW} v_D = 50\% - 1.2 \times 3.0\% = 46.4\%$$

$$N = \frac{\Sigma Q}{R} = \frac{12 \times 10^4}{20.0\%} = 60 \times 10^4 \text{t}$$

答：该井 2011 年含水上升率是 3.0%、2010 年 12 月份综合含水是 46.4%、该井控制的地质储量是 60×10^4t。

[例 2-8] 某井地质储量 10×10^4t，4 月份合计产液 402t，含水 60%，求该井采油速度是多少？

已知：$N = 10 \times 10^4$t，$Q_L = 402$t，$f_w = 60\%$。

求：v_D。

解：

$$q_L = \frac{Q_L}{30} = \frac{402}{30} = 13.40 \text{t/d}$$

$$q_o = q_L(1 - f_w) = 13.40 \times (1 - 60\%) = 5.36 \text{t/d}$$

$$v_D = \frac{365 q_o}{N} \times 100\% = \frac{365 \times 5.36}{10 \times 10^4} \times 100\% = 1.96\%$$

答：该井采油速度是 1.96%。

[例 2-9] 某井供油半径 300m，油层有效厚度 5m，有效孔隙度 20%，含油饱和度 65%，地层原油体积系数 1.106，3 月份产液 1000t，综合含水 75%，原油密度 0.885t/m³，

求该井的采油速度和采液速度是多少？

已知：$R_K = 300$m，$h = 5$m，$S_o = 65\%$，$B_o = 1.106$，$Q_L = 1000$t，$f_w = 75\%$，$\phi = 20\%$，$\rho_o = 0.885$t/m³。

求：v_D 和 v_L。

解：

$$A = \pi R_k^2 = \pi \times 300^2 = 282743.34 \text{m}^2$$

$$N = \frac{Ah\phi(1-S_{wi})\rho_o}{B_o} = \frac{Ah\phi S_o \rho_o}{B_o} = \frac{282743.34 \times 5 \times 20\% \times 65\% \times 0.885}{1.106} = 147060\text{t}$$

$$q_L = \frac{Q_L}{31} = \frac{1000}{31} = 32.258 \text{t/d}$$

$$q_o = q_L(1-f_w) = 32.258 \times (1-75\%) = 8.06 \text{t/d}$$

$$v_D = \frac{365 q_o}{N} \times 100\% = \frac{365 \times 8.06}{147060} \times 100\% = 2.0\%$$

$$v_L = \frac{365 q_L}{N} \times 100\% = \frac{365 \times 32.258}{147060} \times 100\% = 8.0\%$$

答：该井的采油速度和采液速度分别是2.0%和8.0%。

[例2-10] 某油田动用地质储量3000×10⁴t，2012年5月底采出程度20%，5月份采油速度2%，采油时率95%，求5月份日产油水平和日产油能力是多少？

已知：$N = 3000\times10^4$t，$R = 20\%$，$v_D = 2\%$，$T_{OK} = 95\%$。

求：$q_{o日历}$ 和 $q_{o实际}$。

解：由 $v_D = \frac{366 q_o}{N} \times 100\%$，得：

$$q_{o日历} = \frac{Nv_D}{366} = \frac{3000 \times 10^4 \times 2\%}{366} = 1639.3 \text{t/d}$$

$$q_{o实际} = \frac{q_o}{T_{OK}} = \frac{1639.3}{95\%} = 1725.6 \text{t/d}$$

答：5月份日产油水平和日产油能力分别是1639.3t/d和1725.6t/d。

[例2-11] 某井组2011年12月综合含水60.6%，2012年12月综合含水66.6%，2012年采油速度2.0%，求2012年含水上升率是多少？

已知：$f_{w1} = 60.6\%$，$f_{w2} = 66.6\%$，$v_D = 2.0\%$。

求：I_{NW}。

解：

$$I_{NW} = \frac{f_{W2} - f_{W1}}{v_D} = \frac{66.6\% - 60.6\%}{2.0} = 3.0\%$$

答：2012年含水上升率是3.0%。

[例2-12] 某井地质储量15×10⁴t，到2011年末累计产油2×10⁴t，2011年12月含水18.1%，2012年12月含水上升到25.3%，2012年平均综合含水24%，2012年采油速度

2.1%，地层压力 10.5MPa，流动压力 2.1MPa，求 2012 年的平均日产油水平、采油指数、含水上升率、采出程度、水油比分别是多少？

已知：$N = 15 \times 10^4 t$，$\Sigma Q_{2011} = 2 \times 10^4 t$，$f_{w1} = 18.1\%$，$f_{w2} = 25.3\%$，$v_D = 2.1\%$，$p_e = 10.5MPa$，$p_{wf} = 2.1MPa$，$\bar{f}_w = 24\%$。

求：q_o，J_o，I_{NW}，R 和 W_{OR}。

解：

$$Q_o = Nv_D = 15 \times 10^4 \times 2.1\% = 3150t$$

$$q_o = \frac{Q_o}{366} = \frac{3150}{366} = 8.61 t/d$$

$$J_o = \frac{q_o}{p_e - p_{wf}} = \frac{8.61}{10.5 - 2.1} = 1.025 t/(d \cdot MPa)$$

$$I_{NW} = \frac{f_{w2} - f_{w1}}{v_D} = \frac{25.3\% - 18.1\%}{2.1} = 3.4\%$$

$$R = \frac{\Sigma Q_{2011} + Q_o}{N} \times 100\% = \frac{2 \times 10^4 + 3150}{15 \times 10^4} \times 100\% = 15.43\%$$

$$Q_w = Q_L \bar{f}_w = \frac{Q_o \bar{f}_w}{1 - \bar{f}_w} = \frac{3150 \times 24\%}{1 - 24\%} = 994.74t$$

$$W_{OR} = \frac{Q_w}{Q_o} = \frac{994.74}{3150} = 0.316$$

答：2012 年的平均日产油水平是 8.61t/d、采油指数是 1.025t/（d·MPa）、含水上升率是 3.4%、采出程度是 15.43%、水油比是 0.316。

[例 2-13] 某井 2010 年产油 1500t，平均月含水上升速度 0.5%，地质储量 $10 \times 10^4 t$。求 2010 年含水上升率是多少？

已知：$Q = 1500t$，$N = 10 \times 10^4$，$f_{wv} = 0.5\%$。

求：I_{NW}。

解：

$$v_D = \frac{Q}{N} \times 100\% = \frac{1500}{10 \times 10^4} \times 100\% = 1.5\%$$

$$I_{NW} = \frac{12 f_{wv}}{v_D} = \frac{12 \times 0.5\%}{1.5} = 4\%$$

答：2010 年含水上升率是 4%。

[例 2-14] 某井地质储量 $10 \times 10^4 t$，2011 年末累计产油 $1 \times 10^4 t$，2011 年 12 月份平均日产油 3.0t，含水 20%，到 2012 年末综合含水上升到 27%，年采油速度 1.46%，求 2012 年平均日产油、含水上升率及采出程度是多少？

已知：$N = 10 \times 10^4 t$，$\Sigma Q_{2011} = 1 \times 10^4 t$，$f_{w1} = 20\%$，$f_{w2} = 27\%$，$v_D = 1.46\%$，$q_o = 3.0 t/d$。

求：q_o'，I_{NW} 和 R。

解：

$$Q_o = Nv_D = 10 \times 10^4 \times 1.46\% = 1460t$$

$$q'_o = \frac{Q_o}{366} = \frac{1460}{366} = 4.0t/d$$

$$I_{NW} = \frac{f_{w2} - f_{w1}}{v_D} = \frac{27\% - 20\%}{1.46} = 4.79\%$$

$$R = \frac{\Sigma Q_{2011} + Q_o}{N} \times 100\% = \frac{1 \times 10^4 + 1460}{10 \times 10^4} \times 100\% = 11.46\%$$

答：2012年平均日产油4.0m³/d、含水上升率4.79%、采出程度是11.46%。

[例2-15] 某厂每天注水$10^4 m^3$，如果水中悬浮物含量由5mg/L降到3mg/L，每年少注入地层多少吨悬浮物？

已知：$Q = 10^4 m^3$，$n = 365d$，$\Delta m = 5mg/L - 3mg/L = 2mg/L$。

求：Σm。

解：由$1L = 1dm^3 = 10^{-3} m^3$和$1mg = 10^{-3}g = 10^{-6}kg = 10^{-9}t$，得：

$$\Delta m = \frac{2mg}{L} = \frac{2 \times 10^{-9}}{10^{-3}} = 2 \times 10^{-6} t/m^3$$

$$\Sigma m = 365Q \times \Delta m = 365 \times 10^4 \times 2 \times 10^{-6} = 7.3t$$

答：每年少注入地层7.3t悬浮物。

[例2-16] 某地下井组2010年投产，当年产油1000t，12月含水5%，2011年产油900t，年平均注采比1.2，采油速度2%，年底含水10%，原油密度为0.8t/m³，全年平均含水5%，原油体积系数1.2，求2011年末采出程度、含水上升速度、年注水量是多少？

已知：$B_o = 1.2$，$f_{w1} = 5\%$，$f_{w2} = 10\%$，$\bar{f}_w = 5\%$，$v_D = 2\%$，$Q_{2010} = 1000t$，$Q_{2011} = 900t$，$R_{IP} = 1.2$，$\rho_o = 0.8t/m^3$。

求：R，f_{wv}和W。

解：

$$N = \frac{Q_{2010}}{v_D} = \frac{900}{2\%} = 45000t$$

$$Q = Q_{2010} + Q_{2011} = 1000 + 900 = 1900t$$

$$R = \frac{Q}{N} \times 100\% = \frac{1900}{45000} \times 100\% = 4.2\%$$

$$f_{wv} = f_{w2} - f_{w1} = 10\% - 5\% = 5\%$$

$$Q_W = \frac{Q_{2011} \bar{f}_w}{1 - \bar{f}_w} = \frac{900 \times 5\%}{1 - 5\%} = 47.37t = 47.37m^3$$

由$R_{IP} = \dfrac{W}{Q_W + Q_{2011} \dfrac{B_o}{\rho_o}}$，得：

$$W = R_{IP}\left(Q_w + \frac{Q_{2011}B_o}{\rho_o}\right) = 1.2 \times \left(47.37 + \frac{900 \times 1.2}{0.8}\right) = 1676.8 \text{m}^3$$

答：2011年末采出程度是4.2%、含水上升速度是5%、年注水量是1676.8m³。

[**例2-17**] 某区块地质储量25×10⁴t，2011年累计产油8×10⁴t，2012年产油1.5×10⁴t，2011年底综合含水58%，2012年底综合含水60%，求2012年平均日产油水平、含水上升率是多少？

已知：$N = 25 \times 10^4$t，$\Sigma Q_{2011} = 8 \times 10^4$t，$Q_{2012} = 1.5 \times 10^4$t，$f_{w1} = 58\%$，$f_{w2} = 60\%$。

求：q_o 和 I_{NW}。

解：解法一

$$q_o = \frac{Q_{2012}}{366} = \frac{1.5 \times 10^4}{366} = 41.0 \text{t/d}$$

$$v_D = \frac{Q_{2012}}{N} \times 100\% = \frac{1.5 \times 10^4}{25 \times 10^4} \times 100\% = 6.0\%$$

$$I_{NW} = \frac{f_{w2} - f_{w1}}{v_D} = \frac{60\% - 58\%}{6.0} = 0.33\%$$

解法二

同解法一求得：$q_o = 41.0$t/d。

$$R_1 = \frac{\Sigma Q_{2011}}{N} \times 100\% = \frac{8 \times 10^4}{25 \times 10^4} \times 100\% = 32.0\%$$

$$R_2 = \frac{\Sigma Q_{2011} + Q_{2012}}{N} \times 100\% = \frac{8 \times 10^4 + 1.5 \times 10^4}{25 \times 10^4} \times 100\% = 38.0\%$$

$$I_{NW} = \frac{f_{w2} - f_{w1}}{R_2 - R_1} = \frac{60\% - 58\%}{38.0 - 32.0} = 0.33\%$$

答：2012年平均日产油水平是41.0t/d、含水上升率是0.33%。

[**例2-18**] 某井静压11MPa，流压7.5MPa，日产液53.5t，产气2150m³/d，含水30%，求采油指数、采液指数、气油比、含水气油比是多少？

已知：$p_e = 11$MPa，$p_{wf} = 7.5$MPa，$q_L = 53.5$t/d，$q_g = 2150$m³/d，$f_w = 30\%$。

求：J_o，J_L，E_{go} 和 E_{gow}。

解：

$$q_o = q_L(1 - f_w) = 53.5 \times (1 - 30\%) = 37.46 \text{t/d}$$

$$J_o = \frac{q_o}{p_e - p_{wf}} = \frac{37.46}{11 - 7.5} = 10.7 \text{t/(d·MPa)}$$

$$J_L = \frac{q_L}{p_e - p_{wf}} = \frac{53.5}{11 - 7.5} = 15.3 \text{t/(d·MPa)}$$

$$E_{go} = \frac{q_g}{q_o} = \frac{2150}{37.46} = 57.4 \text{m}^3/\text{t}$$

$$E_{\text{gow}} = \frac{q_g}{q_L} = \frac{2150}{53.5} = 40.2\text{m}^3/\text{t}$$

答：采油指数是 10.7t/(d·MPa)、采液指数是 15.3t/(d·MPa)、气油比是 57.4m³/t、含水气油比是 40.2m³/t。

[例 2-19] 某井静压 12MPa，油层中部深度 1500m，混合液密度 850kg/m³，动液面深度 500m，日产液 53.5t，日产气 2150m³，含水 30%，求采油指数、采液指数、气油比是多少？

已知：$p_e = 12\text{MPa}$，$p_t = 0$，$q_L = 53.5\text{t/d}$，$q_g = 2150\text{m}^3/\text{d}$，$f_w = 30\%$，$H_{\text{中}} = 1500\text{m}$，$H_D = 500\text{m}$，$\rho = 850\text{kg/m}^3 = 0.85\text{t/m}^3$。

求：J_o，J_L 和 E_{go}。

解：

$$p_{\text{wf}} = p_t + \frac{\rho(H_{\text{中}} - H_D)}{100} = 0 + \frac{0.85 \times (1500 - 500)}{100} = 8.5\text{MPa}$$

$$\Delta p = p_e - p_{\text{wf}} = 12 - 8.5 = 3.5\text{MPa}$$

$$q_o = q_L(1 - f_w) = 53.5 \times (1 - 30\%) = 37.45\text{t/d}$$

$$J_o = \frac{q_o}{\Delta p} = \frac{37.45}{3.5} = 10.7\text{t/(d·MPa)}$$

$$J_L = \frac{q_L}{p_e - p_{\text{wf}}} = \frac{53.5}{3.5} = 15.3\text{t/(d·MPa)}$$

$$E_{\text{go}} = \frac{q_g}{q_o} = \frac{2150}{37.45} = 57.4\text{m}^3/\text{t}$$

答：采油指数是 10.7t/(d·MPa)、采液指数是 15.3t/(d·MPa)、气油比是 57.4m³/t。

[例 2-20] 某区块动用储量 500×10⁴t，5月份产液 6000t，综合含水 75%，月含水上升速度 0.09%，求含水上升率是多少？

已知：$N = 5 \times 10^6\text{t}$，$Q_L = 600\text{t}$，$f_w = 75\%$，$f_{\text{wv}} = 0.09\%$。

求：I_{NW}。

解：

$$Q_o = Q_L(1 - f_w) = 6000 \times (1 - 75\%) = 1500\text{t}$$

$$q_o = \frac{Q_o}{31} = \frac{1500}{31} = 48.39\text{t/d}$$

$$v_D = \frac{365 q_o}{N} \times 100\% = \frac{365 \times 48.39}{5 \times 10^6} = 0.35\%$$

$$I_{\text{NW}} = \frac{12 f_{\text{wv}}}{v_D} = \frac{12 \times 0.09\%}{0.35} = 3.1\%$$

答：含水上升率是 3.1%。

[例 2-21] 某地下井组 6 月份生产数据如下表：

月产液 (t)	含水 (%)	静压 (MPa)	流压 (MPa)	月注水 (m³)	日产气 (m³)	原油密度 (t/m³)	原油体积 系数	地质储量 (10⁴t)
1500	20	11	6	2520	2200	0.8	1.2	50

求：(1) 井组采油指数；(2) 井组折算采油速度；(3) 井组月注采比；(4) 井组生产气油比。

已知：$Q_L=1500t$, $f_w=20\%$, $p_e=11MPa$, $p_{wf}=6MPa$, $W=2520m^3$, $q_g=2200m^3/d$, $B_o=1.2$, $N=50\times10^4t$, $\rho_o=0.8t/m^3$。

求：(1) J_o；(2) v_D；(3) R_{IP}；(4) E_{go}。

解：(1)
$$\Delta p = p_e - p_{wf} = 11 - 6 = 5MPa$$

$$q_o = \frac{Q_L(1-f_w)}{30} = \frac{1500\times(1-20\%)}{30} = 40t/d$$

$$J_o = \frac{q_o}{\Delta p} = \frac{40}{5} = 8t/(d\cdot MPa)$$

(2)
$$v_D = \frac{365q_o}{N}\times100\% = \frac{365\times40}{5\times10^5} = 2.92\%$$

(3)
$$R_{IP} = \frac{W}{Q_L f_w + \dfrac{Q_L(1-f_w)B_o}{\rho_o}} = \frac{2550}{1500\times20\% + \dfrac{1500(1-20\%)\times1.2}{0.8}} = 1.2$$

(4)
$$E_{go} = \frac{q_g}{q_o} = \frac{2200}{40} = 55m^3/t$$

答：(1) 井组采油指数是 $8t/(d\cdot MPa)$；(2) 井组折算采油速度是 2.92%；(3) 井组月注采比是 1.2；(4) 井组生产气油比是 $55m^3/t$。

[例2-22] 某断块油田地质储量为 730×10^4t，日产液 1000t，综合含水 60%，截至某年 4 月累计采油 218.1×10^4t，4 月平均日注水 $1064m^3$，原油密度 $0.86t/m^3$，原油体积系数 1.047，求截至某年 4 月份的采出程度和月注采比是多少？

已知：$N=730\times10^4t$, $f_w=60\%$, $B_o=1.047$, $\rho_o=0.86t/m^3$, $W=1064m^3/d$, $Q_L=1000t$, $\Sigma Q_o=218.1\times10^4t$。

求：R 和 R_{IP}。

解：
$$R = \frac{\Sigma Q_o}{N}\times100\% = \frac{218.1\times10^4}{730\times10^4}\times100\% = 29.9\%$$

$$R_{IP} = \frac{W}{Q_L f_w + \frac{Q_L(1-f_w)B_o}{\rho_o}} = \frac{1064}{1000 \times 60\% + \frac{1000 \times (1-60\%) \times 1.047}{0.86}} = 0.98$$

答：截至某年4月的采出程度是29.9%、月注采比是0.98。

[例2-23] 某注水开发区块180天生产原油2.5×10^4t，采出水量3.6×10^4t，平均日注水量345m³，平均日溢流量25m³，原油体积系数1.2，原油密度为0.86t/m³。求注采比是多少？地下是否亏空？

已知：$n=180$d，$Q_o=2.5 \times 10^4$t，$Q_w=3.6 \times 10^4$m³，$W=345$m³/d，$W'=25$m³/d，$B_o=1.2$，$\rho_o=0.86$t/m³。

求：R_{IP}。

解：

$$\Sigma W = n(W - W') = 180 \times (345 - 25) = 57600 \text{m}^3$$

$$R_{IP} = \frac{\Sigma W}{Q_w + \frac{Q_o B_o}{\rho_o}} = \frac{57600}{3.6 \times 10^4 + \frac{2.5 \times 10^4 \times 1.2}{0.86}} = 0.813$$

因为0.813<1，所以地下亏空。

答：注采比为0.813。地下亏空。

[例2-24] 某厂地质储量365×10^4t，2010年5月有20口油井投产，日产液500t，综合含水60%，截至5月底累计产油109.5×10^4t。注水井3口与油井同时投注，平均日注水量6187.2m³，原油体积折算系数1.31。求5月份的折算采油速度和月注采比是多少？

已知：$N=365 \times 10^4$t，$q_L=500$t/d，$f_w=60\%$，$\Sigma Q_o=109.5 \times 10^4$t，$W=618.2$m³/d，$\alpha=1.31$。

求：v_D和R_{IP}。

解：

$$q_w = q_L f_w = 500 \times 60\% = 300 \text{t/d}$$

$$q_o = q_L(1 - f_w) = 500 \times (1 - 60\%) = 200 \text{t/d}$$

或

$$q_o = q_L - q_w = q_L - q_L f_w = 500 - 500 \times 60\% = 200 \text{t/d}$$

$$v_D = \frac{365 q_o}{N} \times 100\% = \frac{365 \times 200}{365 \times 10^4} \times 100\% = 2\%$$

$$R_{IP} = \frac{W}{q_w + q_o \alpha} = \frac{618.2}{300 + 200 \times 1.31} = 1.1$$

答：5月份的折算采油速度为2%、月注采比是1.1。

[例2-25] 某油田月产油23×10^4t，综合含水45%，月注水37×10^4m³，修井返出水1.5×10^4m³。已知原油密度0.85t/m³，原油体积系数1.18，油田总压差0.6MPa，求油田月注采比是多少？油田注水量是否合理？

已知：$Q_o=23 \times 10^4$t，$W=37 \times 10^4$m³，$W'=1.5 \times 10^4$m³，$B_o=1.18$，$\rho_o=0.85$t/m³，$\Delta p=0.6$MPa，$f_w=45\%$。

求：R_{IP}。

解：
$$Q_w = \frac{Q_o f_w}{1-f_w} = \frac{23 \times 10^4 \times 45\%}{1-45\%} = 1.8812 \times 10^4 \text{t}$$

$$R_{IP} = \frac{W-W'}{Q_w + \dfrac{Q_o B_o}{\rho_o}} = \frac{37 \times 10^4 - 1.5 \times 10^4}{1.8812 \times 10^4 + \dfrac{23 \times 10^4 \times 1.18}{0.85}} = 0.7$$

因为 0.7<1，表示地下亏空。

答：油田月注采比为 0.7。油田注水量不合理，应当适当增加注水量，使注采比接近 1 较为合理。

[例 2-26] 某地下井组 4 月份生产数据如下表：

月产液 (t)	含水 (%)	静压 (MPa)	地质储量 (10^4t)	月注水量 (m^3)	原油体积系数	混合液密度 (kg/m^3)	套管压力	动液面 (m)	油层中部深度 (m)
3000	20	12.5	58.4	4176	1.2	900	0	500	1000

求：(1) 井组日产油水平；(2) 井组采油指数；(3) 井组折算采油速度；(4) 井组月注采比。

已知：$Q_L = 3000$t，$f_w = 20\%$，$p_e = 12.5$MPa，$N = 58.4 \times 10^4$t，$B_o = 1.2$，$W = 4176\text{m}^3$，$\rho = 900\text{kg/m}^3 = 0.9\text{t/m}^3$，$\rho_w = 1\text{t/m}^3$，$p_t = 0$，$H_D = 500$m，$H_中 = 1000$m。

求：(1) q_o；(2) J_o；(3) v_D；(4) R_{IP}。

解：(1)
$$q_o = \frac{Q_L(1-f_w)}{30} = \frac{3000 \times (1-20\%)}{30} = 80\text{t/d}$$

(2)
$$p_{wf} = p_t + \frac{\rho(H_中 - H_D)}{100} = 0 + \frac{0.9(1000-500)}{100} = 4.5\text{MPa}$$

$$J_o = \frac{q_o}{\Delta p} = \frac{q_o}{p_e - p_{wf}} = \frac{80}{12.5-4.5} = 10\text{t/(d·MPa)}$$

(3)
$$v_D = \frac{365 q_o}{N} \times 100\% = \frac{365 \times 80}{58.4 \times 10^4} \times 100\% = 5\%$$

(4)
$$Q_w = Q_L f_w = 3000 \times 20\% = 600\text{t} = 600\text{m}^3$$

由混合液密度公式 $\rho = \rho_o(1-f_w) + \rho_w f_w$，得：

$$\rho_o = \frac{\rho - \rho_w f_w}{1-f_w} = \frac{0.9 - 1 \times 20\%}{1-20\%} = 0.875\text{t/m}^3$$

$$R_{IP} = \frac{W}{Q_w + \dfrac{Q_o B_o}{\rho_o}} = \frac{4176}{600 + \dfrac{2400 \times 1.2}{0.875}} = 1.1$$

答：（1）井组日产油水平是 80 t/d；（2）井组采油指数是 10t/（d·MPa）；（3）井组折算采油速度是 5%；（4）井组月注采比是 1.1。

[例 2-27]　采油一队有 20 口油井生产，4 月份日产液 500t，综合含水 50%；注水井 10 口，平均日注水 616m³，因洗井月放水 300m³，原油体积系数 1.02，原油密度 0.85t/m³，试计算 4 月份注采比是多少？

已知：$W = 616\text{m}^3/\text{d}$，$W' = 300\text{m}^3$，$B_o = 1.02$，$\rho_o = 0.85\text{t/m}^3$，$f_w = 50\%$，$q_L = 500\text{t/d}$。

求：R_{IP}。

解：

$$\Sigma W = 30W - W' = 30 \times 616 - 300 = 18180 \text{m}^3$$

$$Q_o = 30 q_L (1 - f_w) = 30 \times 500 \times (1 - 50\%) = 7500 \text{t}$$

$$Q_w = 30 q_L f_w = 30 \times 500 \times 50\% = 7500 \text{m}^3$$

$$R_{IP} = \frac{\Sigma W}{Q_w + \dfrac{Q_o B_o}{\rho_o}} = \frac{18180}{7500 + \dfrac{7500 \times 1.02}{0.85}} = 1.1$$

答：4 月份注采比是 1.1。

[例 2-28]　某油田 2011 年 12 月份折算采油速度 2.10%，折算采液速度 3.0%，求当月综合含水是多少？

已知：$v_D = 2.10\%$，$v_L = 3.0\%$。

求：f_w。

解：设当月日产油为 q_o、日产液为 q_L，依据折算采油速度和折算采液速度定义，得：

$$\frac{v_D}{v_L} = \frac{\dfrac{365 q_o}{N}}{\dfrac{365 q_L}{N}}$$

$$\frac{q_o}{q_L} = \frac{v_D}{v_L} = \frac{2.10\%}{3.0\%} = 0.7$$

由

$$q_o = q_L (1 - f_w)$$

得：

$$f_w = 1 - \frac{q_o}{q_L} = 1 - 0.7 = 0.3 = 30\%$$

答：当月综合含水是 30%。

[例 2-29]　某抽油井油层中部深度 1000m，动液面深度 700m，套压显示表压力 0.2MPa，井筒混合液密度 0.92t/m³，求该井折算流动压力是多少？

已知：$H_{中} = 1000\text{m}$，$H_D = 700\text{m}$，$p_t = 0.2 + 0.1 = 0.3\text{MPa}$，$\rho = 0.92\text{t/m}^3$。

求：p_{wf}。

解：

$$p_{wf} = p_t + \frac{\rho (H_{中} - H_D)}{100} = 0.3 + \frac{0.92 \times (1000 - 700)}{100} = 3.1 \text{MPa}$$

答：该井折算流动压力是 3.1MPa。

[例 2-30] 某油井压裂后，产油量的增加与地层系数成正比，地层系数每增加 10%，产油量增加 1t。压裂后流动系数增加 0.6 倍，假定压力、有效厚度、原油黏度等参数不变，求有效渗透率和日产油量各增加多少？

解：因为有效厚度和原油黏度不变，所以流动系数 Kh/μ 增加 0.6 倍，即表示有效渗透率也增加 0.6 倍，同时地层系数也增加 0.6 倍，亦即增加 60%。

由题意：地层系数每增加 10%，产油量增加 1t，可得：

$$\frac{10\%}{60\%} = \frac{1}{\Delta Q}$$

$$\Delta Q = 6t$$

答：有效渗透率增加 0.6 倍、日产油量增加 6t。

[例 2-31] 某井混合液密度 $0.938t/m^3$，原油密度 $0.885t/m^3$，日产液 50t/d，日产气 $1500m^3/d$，求该井的生产气油比是多少？

已知：$\rho_o = 0.885t/m^3$，$\rho = 0.938t/m^3$，$\rho_w = 1t/m^3$，$q_L = 50t/d$，$q_g = 1500m^3/d$。

求：E_{go}。

解：由混合液密度公式 $\rho = \rho_o(1-f_w) + \rho_w f_w$，得：

$$f_w = \frac{\rho - \rho_o}{\rho_w - \rho_o} = \frac{0.938 - 0.885}{1 - 0.885} = 0.46 = 46\%$$

$$q_o = q_L(1 - f_w) = 50 \times (1 - 46\%) = 27t/d$$

$$E_{go} = \frac{q_g}{q_o} = \frac{1500}{27} = 55.6m^3/t$$

答：该井的生产气油比是 $55.6m^3/t$。

[例 2-32] 某井组日产气 $3000m^3$，生产气油比 $50m^3/t$，综合含水 75%，按注采比 1.3 注水，原油体积系数 1.26，原油密度 $0.86t/m^3$，求该井组日注水量是多少？

已知：$q_g = 3000m^3/d$，$E_{go} = 50m^3/t$，$f_w = 75\%$，$R_{IP} = 1.3$，$\rho_o = 0.86t/m^3$，$B_o = 1.26$。

求：W。

解：

$$q_o = \frac{q_g}{E_{go}} = \frac{3000}{50} = 60 \ t/d$$

$$q_w = \frac{q_o}{1 - f_w} - q_o = \frac{60}{1 - 75\%} - 60 = 180 \ t/d = 180m^3/d$$

∵

$$R_{IP} = \frac{W}{q_w + \frac{q_o B_o}{\rho_o}}$$

∴

$$W = R_{IP}\left(q_w + \frac{q_o B_o}{\rho_o}\right) = 1.3 \times \left(180 + \frac{60 \times 1.26}{0.86}\right) = 342.2m^3/d$$

答：该井组日注水量是 342.2m³/d。

[例 2-33]　甲乙两口井的有效厚度和为 10m，含水和为 100%。甲乙两口井的有效厚度比等于两口井的含水比。两口井的产油量相等，但采油强度不同，若甲井按乙井的采油强度计算甲井一天产油 8t；若乙井按甲井的采油强度计算乙井一天产油 18t。求甲乙两井的采液强度各是多少？

解：依据题意可得下面 6 个解析式：

$$h_{甲} + h_{乙} = 10 \tag{1}$$

$$f_{w甲} + f_{w乙} = 100\% \tag{2}$$

$$\frac{h_{甲}}{h_{乙}} = \frac{f_{w甲}}{f_{w乙}} \tag{3}$$

$$q_{o甲} = q_{o乙} \tag{4}$$

$$\frac{h_{甲} q_{o乙}}{h_{乙}} = 8 \tag{5}$$

$$\frac{h_{乙} q_{o甲}}{h_{甲}} = 18 \tag{6}$$

式（4）代入式（5）×式（6）得：$q_{o甲} = q_{o乙} = 12\text{t/d}$。

将 $q_{o乙} = 12$ 代入式（5），并解式（1）与式（5）两式，得：$h_{甲} = 4\text{m}$，$h_{乙} = 6\text{m}$。

将 $q_{o乙} = 12$ 代入式（5），再将式（5）代入式（3），并解式（2）与式（3）两式，得：$f_{w甲} = 40\%$，$f_{w乙} = 60\%$。

$$Q_{L甲} = \frac{q_{o甲}}{h_{甲}(1 - f_{w甲})} = \frac{12}{4 \times (1 - 40\%)} = 5\text{t/(d·m)}$$

$$Q_{L乙} = \frac{q_{o乙}}{h_{乙}(1 - f_{w乙})} = \frac{12}{6 \times (1 - 60\%)} = 5\text{t/(d·m)}$$

答：甲乙两口井的采液强度都是 5t/(d·m)。

[例 2-34]　甲乙两口井水量相等，含水不同，两口井含水和为 100%，甲井用乙井含水计算产油 9t，乙井用甲井含水计算产油 4t。求两口井的产液量和含水分别是多少？

解：依据题意可得下面 4 个解析式：

$$q_{L甲} f_{w甲} = q_{L乙} f_{w乙} \tag{1}$$

$$f_{w甲} + f_{w乙} = 100\% \tag{2}$$

$$q_{L甲} f_{w乙} = 9 \tag{3}$$

$$q_{L乙} f_{w甲} = 4 \tag{4}$$

由式（3）、式（4）得 $q_{L甲} = \frac{9}{f_{w乙}}$，$q_{L乙} = \frac{4}{f_{w甲}}$ 并代入式（1），得：

$$9 f_{w甲}^{\ 2} = 4 f_{w乙}^{\ 2} \tag{5}$$

51

解式（2）与式（5）得 $f_{w甲}=40\%$，$f_{w乙}=60\%$，分别代入式（3）和式（4），得：$q_{L甲}=15t/d$，$q_{L乙}=10t/d$。

答：甲井含水 40%，产液量 15t/d；乙井含水 60%，产液量 10t/d。

[例2-35] 某采油队 2011 年 12 月份日产油水平 291t，标定日产油水平 300t，2012 年 8 月末累计产油量 74906t，其中新井累计产油 2406t，老井措施累计增产油 500t，2012 年年产油（核实）113506t，其中新井年产油（核实）4406t，老井措施年增产油 1100t。求 2012 年 8 月末和年末的综合递减率与自然递减率各是多少？

已知：$T_1=244d$，$B_1=74906t$，$C_1=2406t$，$D_1=500t$，$A=300t$，$T_2=366d$，$B_2=113506t$，$C_2=4406t$，$D_2=1100t$。

求：D_{z1}，D_{i1}，D_{z2}，D_{i2}。

解：

$$D_{z1}=\frac{AT_1-(B_1-C_1)}{AT_1}\times 100\%=\frac{300\times 244-(74906-2406)}{300\times 244}\times 100\%=0.96\%$$

$$D_{i1}=\frac{AT_1-(B_1-C_1-D_1)}{AT_1}\times 100\%=\frac{300\times 244-(74906-2406-500)}{300\times 244}\times 100\%=1.64\%$$

$$D_{z2}=\frac{AT_2-(B_2-C_2)}{AT_2}\times 100\%=\frac{300\times 366-(113506-4406)}{300\times 366}\times 100\%=0.64\%$$

$$D_{i2}=\frac{AT_2-(B_2-C_2-D_2)}{AT_2}\times 100\%=\frac{300\times 366-(113506-4406-1100)}{300\times 366}\times 100\%=1.64\%$$

答：2012 年 8 月末的综合递减率与自然递减率分别是 0.96% 和 1.64%；2012 年末的综合递减率与自然递减率分别是 0.64% 和 1.64%。

[例2-36] 某区块 4 月份大罐进液 59015t，动用地质储量 $855\times 10^4 t$。求该区块的折算采液速度是多少？

已知：$Q_L=59015t$，$N=855\times 10^4 t$。

求：v_L。

解：

$$q_L=\frac{Q_L}{30}=\frac{59015}{30}=1967.2t/d$$

$$v_L=\frac{365q_L}{N}\times 100\%=\frac{365\times 1967.2}{855\times 10^4}\times 100\%=8.40\%$$

答：该区块的折算采液速度是 8.40%。

[例2-37] 某队 5 月份井口产油 10294t，核实产油 9713t。求该队 5 月份的原油输差是多少？

已知：$q_{ow}=10294t$，$q_{or}=9713t$。

求：K。

解：

$$K=\frac{q_{ow}-q_{or}}{q_{ow}}\times 100\%=\frac{10294-9713}{10294}\times 100\%=5.6\%$$

答：该队 5 月份的原油输差是 5.6%。

[例 2-38] 某队 6 月份开井 85 口，各种停井时间共计 1085h。求该队 6 月份的采油时率是多少？

已知：$n=85$，$t=24\text{h}$，$D=30\text{d}$，$T_o'=1085\text{h}$。

求：T_{OK}。

解：

$$T_O = ntD = 85 \times 24 \times 30 = 61200\text{h}$$

$$T_{OK} = \frac{T_O - T_O'}{T_O} \times 100\% = \frac{61200 - 1085}{61200} \times 100\% = 98.2\%$$

答：该队 6 月份的采油时率是 98.2%。

[例 2-39] 某区块截至 2011 年末累计产油 46591t，累计产水 50046m³，累计注水量 5765176m³，原油体积换算系数 1.26，求该区块的水驱指数和存水率是多少？

已知：$W_i = 5765176\text{m}^3$，$W_p = 50046\text{m}^3$，$N_p = 46591\text{t}$，$\alpha = 1.26$。

求：R_{wo} 和 R_w。

解：

$$R_{wo} = \frac{W_i - W_p}{N_p \alpha} = \frac{5765176 - 50046}{46591 \times 1.26} = 96.6\text{m}^3/\text{t}$$

$$R_w = \frac{W_i - W_p}{W_i} \times 100\% = \frac{5765176 - 50046}{5765176} \times 100\% = 99.1\%$$

答：该区块的水驱指数是 96.6m³/t；存水率是 99.1%。

[例 2-40] 某油田累计产油量 400×10^4t，已累计注水 720×10^4m³，此时水驱指数为 1.3m³/t，原油体积系数 1.16，地面原油密度 0.85t/m³，求存水率是多少？

已知：$N_p = 400 \times 10^4$t，$W_i = 720 \times 10^4$m³，$R_{wo} = 1.3$m³/t，$\rho_o = 0.85$t/m³，$B_o = 1.16$。

求：R_w。

解：

$$R_{wo} = \frac{W_i - W_p}{\dfrac{N_p B_o}{\rho_o}} = \frac{720 \times 10^4 - W_p}{\dfrac{400 \times 10^4 \times 1.16}{0.85}} = 1.3$$

$$W_p = 103529\text{m}^3$$

$$R_w = \frac{W_i - W_p}{W_i} \times 100\% = \frac{720 \times 10^4 - 103529}{720 \times 10^4} \times 100\% = 98.6\%$$

答：存水率是 98.6%。

[例 2-41] 某油田截至 2011 年末累计产油量 2238985t，累计产水 2638322m³，累计注水量为 5765176m³，原油密度 0.885t/m³，原油体积系数 1.424。求该油田的地下累计亏空体积是多少？

已知：$N_p = 2238985$t，$W_i = 5765176$m³，$Q_w = 2638322$m³，$\rho_o = 0.885$t/m³，$B_o = 1.424$。

求：V_k。

解：
$$V_p = \frac{N_p B_o}{\rho_o} + Q_w = \frac{2238985 \times 1.424}{0.885} + 2638322 = 6240937 \text{m}^3$$

$$V_k = W_i - V_p = 5765176 - 6240937 = -475761 \text{m}^3$$

答：该油田的地下累计亏空体积是 475761m³。

[例 2-42] 某队 2010 年 12 月份平均日产油 3625t，2011 年平均日产油 3200t，2011 年投产新井 105 口，平均日产油 200t，老井压裂 40 口，平均日增油 150t。求 2011 年老井自然递减率和综合递减率是多少？

已知：$T=365\text{d}$，$B=365 \times 3200\text{t}$，$C=365 \times 200\text{t}$，$D=365 \times 150\text{t}$，$A=3625\text{t}$。

求：D_z 和 D_i。

解：
$$D_i = \frac{AT - (B - C - D)}{AT} \times 100\%$$
$$= \frac{365 \times 3625 - (365 \times 3200 - 365 \times 200 - 365 \times 150)}{365 \times 3625} \times 100\% = 21.4\%$$

$$D_z = \frac{AT - (B - C)}{AT} \times 100\% = \frac{365 \times 3625 - (365 \times 3200 - 365 \times 200)}{365 \times 3625} \times 100\% = 17.2\%$$

答：2011 年老井自然递减率是 21.4%；综合递减率是 17.2%。

[例 2-43] 某井砂岩厚度 25m，有效厚度 20m，有效渗透率 0.25μm²。求地层系数是多少？

已知：$h_{砂}=25\text{m}$，$h=20\text{m}$，$K=0.25\mu\text{m}^2$。

求：Kh。

解：
$$Kh = 0.25 \times 20 = 5\mu\text{m}^2 \cdot \text{m}$$

答：地层系数是 $5\mu\text{m}^2 \cdot \text{m}$。

[例 2-44] 有两口井，它们的原油黏度相同，流动系数一样，一号井有效厚度 3.4m，二号井有效厚度 6.8m，请问它们还有什么不一样？有何关系？

解：流动系数 $=\dfrac{Kh}{\mu}$，根据题意得：

$$\frac{K_1 h_1}{\mu_1} = \frac{K_2 h_2}{\mu_2}, \quad \frac{3.4 K_1}{\mu_1} = \frac{6.8 K_2}{\mu_2}$$

由于 $\mu_1 = \mu_2$，所以 $K_1 = 2K_2$。

答：它们的渗透率不一样，一号井大于二号井，且一号井为二号井的 2 倍。

[例 2-45] 某井见水层水淹厚度 2m，该井全层有效厚度 25m，求水淹厚度系数是多少？

已知：$h_w = 2\text{m}$，$h = 25\text{m}$。

求：a_h。

解：

$$a_h = \frac{h_w}{h} \times 100\% = \frac{2}{25} \times 100\% = 8\%$$

答：水淹厚度系数是8%。

[例2-46] 某井组单层注水控制面积$13.5 \times 10^4 m^2$，截至2011年底水淹面积为$2.7 \times 10^4 m^2$，求该井组的扫油面积系数是多少？

已知：$A_w = 2.7 \times 10^4 m^2$，$A = 13.5 \times 10^4 m^2$。

求：a_A。

解：

$$a_A = \frac{A_w}{A} \times 100\% = \frac{2.7 \times 10^4}{13.5 \times 10^4} \times 100\% = 20\%$$

答：该井组的扫油面积系数是20%。

[例2-47] 某井有4个层段，第一段有效厚度2.4m，渗透率$0.6 \mu m^2$；第二层段有效厚度3.2m，渗透率$0.84 \mu m^2$；第三层段有效厚度2.1m，渗透率$0.36 \mu m^2$；第四层段有效厚度1.5m，渗透率$0.123 \mu m^2$。求该井的单层突进系数是多少？

已知：$h_1 = 2.4m$，$h_2 = 3.2m$，$h_3 = 2.1m$，$h_4 = 1.5m$，$K_{max} = 0.84 \mu m^2$。

$K_1 = 0.6 \mu m^2$，$K_2 = 0.84 \mu m^2$，$K_3 = 0.36 \mu m^2$，$K_4 = 0.123 \mu m^2$。

求：a_k。

解：

$$a_k = \frac{K_{max}}{K_h} = \frac{K_{max}}{\frac{K_1 h_1 + K_2 h_2 + K_3 h_3 + K_4 h_4}{h_1 + h_2 + h_3 + h_4}}$$

$$= \frac{0.84}{\frac{0.6 \times 2.4 + 0.84 \times 3.2 + 0.36 \times 2.1 + 0.123 \times 1.5}{2.4 + 3.2 + 2.1 + 1.5}} = 1.52$$

答：该井的单层突进系数是1.52。

[例2-48] 某井平面注入水"舌进"最大水线推进距离1500m，平均水线推进距离750m，求该井平面突进系数是多少？

已知：$L_w = 1500m$，$\bar{L}_w = 750m$。

求：a_L。

解：

$$a_L = \frac{L_w}{\bar{L}_w} = \frac{1500}{750} = 2.0$$

答：该井平面突进系数是2.0。

[例2-49] 某水淹油层有效厚度22m，有效孔隙度22%，原始含油饱和度65%，该油层水驱控制面积$5 \times 10^6 m^2$，累计注水量$723063 m^3$，累计产水量为$50046 m^3$，求该层的水驱油效率是多少？

已知：$W_i = 723063 m^3$，$V_p = 50046 m^3$，$A = 5 \times 10^6 m^2$，$h = 22m$，$\phi = 22\%$，$S_o = 65\%$。

求：a_v。

解：
$$V_\Phi = V\phi S_o = Ah\phi S_o = 5 \times 10^6 \times 22 \times 22\% \times 65\% = 1573 \times 10^4 \text{m}^3$$

$$a_v = \frac{W_i - V_p}{V_\Phi} = \frac{723063 - 50046}{1573 \times 10^4} = 0.038$$

答：该层的水驱油效率是 0.038。

[例 2-50] 某油田 2010 年 12 月份综合含水 16%，12 月标定日产油水平 480t，2011 年采油速度 2%，12 月综合含水 18%，年产油 17×10⁴t，当年没有新井投产。求：（1）2011 年含水上升率是多少？（2）按计划 2012 年无新井投产，油田含水上升率和油田增产措施保持 2011 年水平，请用 2011 年的综合递减预测 2012 年能产多少油？

已知：$f_{w1}=16\%$，$f_{w2}=18\%$，$A=480$t，$T=366$d，$B=17 \times 10^4$t，$v_D=2\%$。

求：I_{Nw} 和 Q_o。

解：
$$I_{Nw} = \frac{f_{w2} - f_{w1}}{v_D} = \frac{18\% - 16\%}{2} = 1\%$$

$$D_z = \frac{AT - B}{AT} \times 100\% = \frac{366 \times 480 - 17 \times 10^4}{366 \times 480} \times 100\% = 3.23\%$$

$$Q_o = B(1 - D_z) = 17 \times 10^4 \times (1 - 3.23\%) = 16.4509 \times 10^4 \text{t}$$

答：（1）2011 年含水上升率是 1%；（2）预测 2012 年能产油 16.4509×10⁴t。

[例 2-51] 某油田 2010 年元月份平均日产油 1200t，2010 年 1—12 月份进行了一系列挖潜增产措施，每月都综合不递减，每月的含水上升速度均为 0.5%，元月折算采油速度 2%，每月自然递减均为 1%。求：（1）前 3 个月的措施增产量；（2）油田的地质储量；（3）年含水上升率；（4）2 月份的平均日产油。

已知：$v_D=2\%$，$D_z=0$，$D_i=1\%$，$f_{wv}=0.5\%$，$q_o=1200$t/d，$t_1=31$d，$t_2=28$d。

求：（1）ΔQ_o；（2）N；（3）I_{Nw}；（4）$\bar{q}_o$。

解：（1）因为措施增产量=综合产能-自然产能，所以有，2010 年前 3 个月的措施增产量分别为：

$$\Delta Q_{o1} = q_o t_1 - q_o t_1 (1 - D_i) = q_o t_1 D_i = 1200 \times 31 \times 1\% = 372\text{t}$$

$$\Delta Q_{o2} = q_o t_1 - q_o t_1 (1 - D_i)^2 = 1200 \times 31 - 1200 \times 31 \times (1 - 1\%)^2 = 740.28\text{t}$$

$$\Delta Q_{o3} = q_o t_1 - q_o t_1 (1 - D_i)^3 = 1200 \times 31 - 1200 \times 31 \times (1 - 1\%)^3 = 1104.88\text{t}$$

故：
$$\Delta Q_o = \Delta Q_{o1} + \Delta Q_{o2} + \Delta Q_{o3} = 372 + 740.28 + 1104.88 = 2217.2\text{t}$$

（2）
$$N = \frac{365 q_o}{v_D} = \frac{365 \times 1200}{2\%} = 2190 \times 10^4 \text{t}$$

(3)
$$I_{\text{Nw}} = \frac{12f_{\text{wv}}}{v_{\text{D}}} = \frac{12 \times 0.5\%}{2} = 3\%$$

(4)
$$\bar{q}_{\text{o}} = \frac{q_{\text{o}}t_1}{t_2} = \frac{1200 \times 31}{28} = 1328.6\text{t/d}$$

答：(1) 前3个月的措施增产量是2217.2t；(2) 油田的地质储量是2190×10⁴t；(3) 年含水上升率3%；(4) 2月份的平均日产油是1328.6t/d。

[例2-52] 某井油层中部深度1128.8m，动液面深度800m，原油密度0.9t/m³，综合含水33%，日产液52.2t，日产气2350m³，静压10.5MPa，套管压力0.7MPa。求该井的采油指数、采液指数、采水指数和气油比各是多少？

已知：$\rho_{\text{o}} = 0.9\text{t/m}^3$，$\rho_{\text{w}} = 1\text{t/m}^3$，$q_{\text{L}} = 52.2\text{t/d}$，$f_{\text{w}} = 33\%$，$p_{\text{e}} = 10.5\text{MPa}$，$p_{\text{t}} = 0.7\text{MPa}$，$H_{\text{中}} = 1128.8\text{m}$，$H_{\text{D}} = 800\text{m}$，$q_{\text{g}} = 2350\text{m}^3/\text{d}$。

求：J_{o}，J_{L}，J_{w}，E_{go}。

解：
$$\rho = \rho_{\text{o}}(1 - f_{\text{w}}) + \rho_{\text{w}}f_{\text{w}} = 0.9 \times (1 - 33\%) + 1 \times 33\% = 0.933\text{t/m}^3$$

$$p_{\text{wf}} = p_{\text{t}} + \frac{\rho(H_{\text{中}} - H_{\text{D}})}{100} = 0.7 + \frac{0.933 \times (1128.8 - 800)}{100} = 3.77\text{MPa}$$

$$\Delta p = p_{\text{e}} - p_{\text{wf}} = 10.5 - 3.77 = 6.73\text{MPa}$$

$$q_{\text{o}} = q_{\text{L}}(1 - f_{\text{w}}) = 52.2 \times (1 - 33\%) = 34.97\text{t/d}$$

$$q_{\text{w}} = q_{\text{L}}f_{\text{w}} = 52.2 \times 33\% = 17.23\text{t/d}$$

$$J_{\text{o}} = \frac{q_{\text{o}}}{\Delta p} = \frac{34.97}{6.73} = 5.20\text{t/(d·MPa)}$$

$$J_{\text{L}} = \frac{q_{\text{L}}}{\Delta p} = \frac{52.2}{6.73} = 7.76\text{t/(d·MPa)}$$

$$J_{\text{w}} = \frac{q_{\text{w}}}{\Delta p} = \frac{17.23}{6.73} = 2.56\text{t/(d·MPa)}$$

$$E_{\text{go}} = \frac{q_{\text{g}}}{q_{\text{o}}} = \frac{2350}{34.97} = 67.2\text{m}^3/\text{t}$$

答：该井的采油指数是5.20t/(d·MPa)、采液指数是7.76t/(d·MPa)、采水指数是2.56t/(d·MPa)、气油比是67.2m³/t。

[例2-53] 某井油层有效厚度5m，采油强度5t/(d·m)，含水50%，油层中部深度1250m，下泵深度900m，地层压力11MPa，流压4.2MPa，套管压力0.2MPa，原油密度0.85t/m³。求比采油指数、比采液指数、比采水指数和泵的沉没度各是多少？

已知：$\rho_{\text{o}} = 0.85\text{t/m}^3$，$Q_{\text{ot}} = 5\text{t/(d·m)}$，$f_{\text{w}} = 50\%$，$H_{\text{B}} = 900\text{m}$，$p_{\text{e}} = 11\text{MPa}$，$p_{\text{t}} = 0.2\text{MPa}$，$H_{\text{中}} = 1250\text{m}$，$p_{\text{wf}} = 4.2\text{MPa}$，$h = 5\text{m}$，$\rho_{\text{w}} = 1\text{t/m}^3$。

求：J_{oh}，J_{Lh}，J_{wh}，H_{c}。

解：
$$\rho = \rho_o(1-f_w) + \rho_w f_w = 0.85 \times (1-50\%) + 1 \times 50\% = 0.925 \text{t/m}^3$$

$$p_{wf} = p_t + \frac{\rho(H_{中} - H_D)}{100}$$

$$4.2 = 0.2 + \frac{0.925 \times (1250 - H_D)}{100}$$

$$H_D = 817.6 \text{ m}$$

$$H_c = H_B - H_D = 900 - 817.6 = 82.4 \text{m}$$

$$\Delta p = p_e - p_{wf} = 11 - 4.2 = 6.8 \text{MPa}$$

$$q_o = Q_{ot}h = 5 \times 5 = 25 \text{t/d}$$

$$J_{oh} = \frac{q_o}{\Delta p h} = \frac{25}{6.8 \times 5} = 0.735 \text{t/(d·MPa·m)}$$

$$q_L = \frac{q_o}{1-f_w} = \frac{25}{1-50\%} = 50 \text{t/d}$$

$$J_{Lh} = \frac{q_L}{\Delta p h} = \frac{50}{6.8 \times 5} = 1.47 \text{t/(d·MPa·m)}$$

$$q_w = q_L f_w = 50 \times 50\% = 25 \text{t/d}$$

或

$$q_w = q_L - q_o = 50 - 25 = 25 \text{t/d}$$

$$J_{wh} = \frac{q_w}{\Delta p h} = \frac{25}{6.8 \times 5} = 0.735 \text{t/(d·MPa·m)}$$

答：该井的比采油指数是 0.735t/(d·MPa·m)、比采液指数是 1.47t/(d·MPa·m)、比采水指数是 0.735t/(d·MPa·m)、沉没度是 82.4m。

[例 2-54] 某井油层中部深度 1000m，测动液面 500m，原油密度 0.8t/m³，含水 60%，套管压力 0.5MPa，油层压力 9.5MPa，采液指数 10t/(d·MPa)，该井砂岩厚度 30m，有效厚度 20m，求该井的采油强度是多少？

已知：$\rho_o = 0.8 \text{t/m}^3$，$J_L = 10 \text{t/(d·MPa)}$，$H_D = 500\text{m}$，$f_w = 60\%$，$p_e = 9.5 \text{MPa}$，$p_t = 0.5 \text{MPa}$，$H_{中} = 1000\text{m}$，$h = 20\text{m}$，$h_{砂} = 30\text{m}$，$\rho_w = 1\text{t/m}^3$。

求：Q_{ot}。

解：
$$\rho = \rho_o(1-f_w) + \rho_w f_w = 0.8 \times (1-60\%) + 1 \times 60\% = 0.92 \text{t/m}^3$$

$$p_{wf} = p_t + \frac{\rho(H_{中} - H_D)}{100} = 0.5 + \frac{0.92 \times (1000 - 500)}{100} = 5.1 \text{MPa}$$

$$\Delta p = p_e - p_{wf} = 9.5 - 5.1 = 4.4 \text{MPa}$$

$$q_L = J_L \Delta p = 10 \times 4.4 = 44 \text{t/d}$$

$$q_o = q_L(1 - f_w) = 44 \times (1 - 60\%) = 17.6 \text{t/d}$$

$$Q_{ot} = \frac{q_o}{h} = \frac{17.6}{20} = 0.88 \text{t/(d·m)}$$

答：该井的采油强度是 0.88t/(d·m)。

[例 2-55] 某井 2011 年 4 月份累计注水 3000m^3，油层有效厚度 20m。计算注水强度是多少？

已知：$\Sigma Q = 3000\text{m}^3$，$n = 30\text{d}$，$h = 20\text{m}$。

求：h_w。

解：

$$Q_w = \frac{\Sigma Q}{n} = \frac{3000}{30} = 100 \text{m}^3/\text{d}$$

$$h_w = \frac{Q_w}{h} = \frac{100}{20} = 5 \text{m}^3/(\text{d·m})$$

答：注水强度是 $5\text{m}^3/(\text{d·m})$。

[例 2-56] 某井油层有效注水层段顶部深度 932.0m，底部深度 964.0m，全井注水量为 $128\text{m}^3/\text{d}$，求该井的注水强度是多少？

已知：$Q_w = 128\text{m}^3/\text{d}$，$H_{顶} = 932.0\text{m}$，$H_{底} = 964.0\text{m}$。

求：h_w。

解：

$$h = H_{底} - H_{顶} = 964.0 - 932.0 = 32\text{m}$$

$$h_w = \frac{Q_w}{h} = \frac{128}{32} = 4 \text{m}^3/(\text{d·m})$$

答：注水强度是 $4\text{m}^3/(\text{d·m})$。

[例 2-57] 某井用容积为 40 升的圆桶在井口量水，进满 1 桶需要 50s。求该井的日注量是多少？

已知：$V = 40\text{L} = 40\text{dm}^3 = 0.04\text{m}^3$，$t = 50\text{s}$。

求：Q_w。

解：

$$Q_w = \frac{86400V}{t} = \frac{86400 \times 0.04}{50} = 69.1 \text{m}^3/\text{d}$$

答：该井的日注量是 $69.1\text{m}^3/\text{d}$。

[例 2-58] 某井油层中部深度 1805.8m，在 950m 处测得压力 7.5MPa，在 1050m 处测得压力 8.8MPa，求流压是多少？

已知：$H_{中} = 1805.8\text{m}$，$H_1 = 950\text{m}$，$H_2 = 1050\text{m}$，$p_1 = 7.5\text{MPa}$，$p_2 = 8.8\text{MPa}$。

求：p_{wf}。

解：

$$p_{wf} = p_1 + \frac{\Delta p(H_中 - H_1)}{\Delta H} = p_1 + \frac{(p_2 - p_1)(H_中 - H_1)}{H_2 - H_1}$$

$$= 7.5 + \frac{(8.8 - 7.5)(1805.8 - 950)}{1050 - 950} = 18.6\text{MPa}$$

或

$$p_{wf} = p_2 + \frac{\Delta p(H_中 - H_2)}{\Delta H} = p_2 + \frac{(p_2 - p_1)(H_中 - H_2)}{H_2 - H_1}$$

$$= 8.8 + \frac{(8.8 - 7.5)(1805.8 - 1050)}{1050 - 950} = 18.6\text{MPa}$$

答：流压是 18.6MPa。

[**例 2-59**] 某开发区有 152 口生产井，2011 年 8 月有 121 口井生产，求该区的油井利用率是多少？

解：

$$\text{油井利用率} = \frac{121}{152} \times 100\% = 80\%$$

答：该区的油井利用率是 80%。

[**例 2-60**] 某井油层中部深度 800m，套压 0.5MPa，环空测压在 650m 处压力 4.1MPa，750m 处压力 5.0MPa，原油密度 0.86t/m³，求油层中部压力是多少？判断油井是否含水？

已知：$H_中 = 800$m，$H_1 = 650$m，$H_2 = 750$m，$p_1 = 4.1$MPa，$p_2 = 5.0$MPa，$\rho_o = 0.86$t/m³，$p_t = 0.5$MPa。

求：p_{wf}。

解：先计算压力梯度

$$K_P = \frac{p_2 - p_1}{H_2 - H_1} = \frac{5.0 - 4.1}{750 - 650} = 0.009\text{MPa/m}$$

$$p_{wf} = p_1 + K_P(H_中 - H_1) = 4.1 + 0.009 \times (800 - 650) = 5.5\text{MPa}$$

或

$$p_{wf} = p_2 + K_P(H_中 - H_2) = 5.0 + 0.009 \times (800 - 750) = 5.5\text{MPa}$$

$p_t = 0.5$MPa，说明动液面深度 H_D 处的压力 p 也为 0.5MPa。

因此，$p = 0.5$MPa。

$$\frac{p_1 - p}{H_1 - H_D} = K_P$$

$$H_D = H_1 - \frac{p_1 - p}{K_P} = 650 - \frac{4.1 - 0.5}{0.009} = 250\text{m}$$

$$p_{wf} = p_t + \rho \frac{H_中 - H_D}{100}$$

$$\rho = \frac{100 \times (p_{wf} - p_t)}{H_中 - H_D} = \frac{100 \times (5.5 - 0.5)}{800 - 250} = 0.909 \text{t/m}^3$$

因为 $\rho = 0.909 > \rho_o = 0.86$，所以可判断该井含水。

答：油层中部压力是 5.5MPa；可判断该油井含水。

[例 2-61] 某井油层顶部深度 910.5m，底部深度 954.0m，探得砂面深度 930.5m，求砂面掩盖油层的百分数是多少？

已知：$H_顶 = 910.5$m，$H_底 = 954.0$m，$H_砂 = 930.5$m。

求：η。

解：

$$\eta = \frac{H_底 - H_砂}{H_底 - H_顶} \times 100\% = \frac{954.0 - 930.5}{954.0 - 910.5} \times 100\% = 54.0\%$$

答：砂面掩盖油层的百分数是 54.0%。

[例 2-62] 某队 2011 年 6 月份有 60 口注水井生产，各种项目占井停注时间共计 144h，计算该队的注水时率是多少？

已知：$n = 60$，$t = 24$h，$T' = 144$h，$D = 30$d。

求：T_{WK}。

解：

$$T = ntD = 60 \times 24 \times 30 = 43200\text{h}$$

$$T_{WK} = \frac{T - T'}{T} \times 100\% = \frac{43200 - 144}{43200} \times 100\% = 99.67\%$$

答：该队的注水时率是 99.67%。

第二节　各种压力压差

一、相关概念及其计算公式

1. 地层压力与常用压差

1）地层压力

地层压力又称孔隙流体压力，是指地层孔隙内流体所承受的压力。如果该流体为油或天然气，就称为油层压力或气层压力。油（气）层未开采之前，各处的地层压力相对平衡，投入开发以后，平衡状态遭到破坏，油（气）层压力与油（气）井井底压力之间产生压差，使油（气）层内的油（气）流入井底，甚至喷出井口。

2）静水压力

静水压力也叫静水柱压力，是指油（气）层中地层水液柱重量所产生的压力。单位 MPa，计算公式：

$$p_w = \frac{H\rho_w}{100} \tag{2-47}$$

式中　p_w——静水柱压力，MPa；

H——液柱高度，m；

ρ_w——水的密度，t/m³，一般取 1t/m³。

3）压力系数与异常压力

压力系数是指地层压力与同深度静水柱压力之比值。也指井深增加时的压力增加值。压力系数是衡量地层压力是否正常的一个指标。压力系数 0.8~1.2 为正常压力；大于 1.2 为高压异常；小于 0.8 为低压异常。计算公式：

$$\alpha_P = \frac{100p_e}{H\rho_w} \tag{2-48}$$

式中　α_P——压力系数，无量纲；

p_e——地层压力，MPa；

ρ_w——水的密度，t/m³，一般取 1t/m³；

H——地层深度，m。

4）原始地层压力

油（气）层开采以前的地层压力称为原始状态下的地层压力，简称原始地层压力。单位 MPa。原始地层压力一般都是通过探井、评价井（资料井）试油时，下井底压力计至油（气）层中部测得。原始地层压力也可以用试井法、压力梯度法等求得。其经验计算公式：

$$p_i = 3.8 + 0.0082H \tag{2-49}$$

式中　p_i——原始地层压力，MPa；

H——油层中部深度（油层在海平面以下时取负号，油层在海平面以上时取正号），m。

5）目前地层压力

目前地层压力也称静止压力，简称静压，是指油（气）田在开发过程中某一时期的地层压力。油（气）井关井恢复压力，稳定后测得的油（气）层中部压力叫静止压力，简称静压。油（气）层静压代表测压时的目前油（气）层压力，是衡量油（气）层压力水平的标志。因此需要定期进行监测。

6）静压梯度

静压梯度指同一井内单位深度静止压力的变化值。也即油层深度每增加 1m 时静止压力的增加值。利用静压梯度可以计算井内不同深度的静压值，确定油水或气水界面，判断油（气）层是否属于同一个压力系统等。

7）流压梯度和流压

流压梯度是指同一井内单位深度流动压力的变化值。也即油层深度每增加 1m 时流动压力的增加值。根据流压梯度可以推算井筒内不同深度的流动压力。还可以判断油井是否见水，因为油井若见水，流压梯度增大。

流压是油水井正常生产时测得的油层中部压力，单位 MPa。

8）折算压力

将不同深度测得的地层压力折算到某一基准面（海平面或油水界面或油气界面）的压力叫折算压力。

以海平面为基准面的折算公式：

$$p_{折} = p_{中} + \frac{H\rho_o}{100} \tag{2-50}$$

式中 $p_{折}$——折算压力，MPa；

$p_{中}$——油层中部实测压力，MPa；

ρ_o——地层条件下原油密度，t/m^3；

H——油层中部海拔（当油层在海平面以上时 H 取正号，当油层在海平面以下时 H 取负号），m。

以油水接触面为基准面的折算公式：

$$p_{折} = p_{中} + \frac{\rho_o |H_{wo} - H|}{100} \tag{2-51}$$

式中 H_{wo}——油水界面海拔，m；

$|H_{wo}-H|$——油水界面与油层中部海拔高差的绝对值。

利用折算压力可以正确对比井与井之间的压力高低。

9）总压差

原始地层压力与目前地层压力（静压）之差叫总压差。单位 MPa。它表示油井在采油过程中油层压力消耗的程度。总压差为正值时，说明注入量大于采出量，油层能量充足；总压差为负值时，说明注入量小于采出量，产生地下亏空，油层能量不足。

10）地饱压差

目前地层压力（静压）与饱和压力之差叫地饱压差。单位 MPa。它表示地层原油是否在地层中脱气的指标。地饱压差越大，油层弹性能量越大；反之，地饱压差越小，油层弹性能量越小。

11）流饱压差

流动压力与饱和压力之差叫流饱压差。单位 MPa。它表示原油是否在井底脱气的指标。流动压力高于饱和压力时，井底原油不会脱气，气油比低，产量高；流动压力低于饱和压力时，原油中的溶解气分离出来，气油比增高，原油黏度增大，产量下降。

12）采油压差

采油压差也叫生产压差，是指静压与流压之差，单位 MPa。在一个合理范围内，其值越大，产量越高。

13）注水压差

注水井注水时，井底压力与地层压力之差叫注水压差。单位 MPa。它表示注入压力的大小。

14）注采压差与注采大压差

注采压差是指注水井地层压力（静压）与油井地层压力（静压）之差。单位 MPa。

注采大压差是指注水井的井底压力与油井的井底压力之差。单位 MPa。它使注入水将油推向油井井底，是油层渗流过程中的重要动力。它的大小反映驱油能量的大小，注采压差越大，驱油动力越大。

2. 与油水井相关的压力

1）油压

油管压力简称油压，是指流动压力把油气从井底举升到井口后的剩余压力。单位 MPa。

2）套压

套管压力简称套压，是指流动压力把油气从井底，经过油套环形空间举升到井口后的剩余压力。单位 MPa。

3）回压

油（气）田上所说的回压是指输油（气）干线压力对油（气）井井口的一种反压力。单位 MPa。回压高对油（气）井放大生产压差、增加产量有影响，因此要求输油（气）干线回压要小。

4）沉没压力

深井泵固定阀以上的油套环形空间的液柱对其产生的压力叫沉没压力，单位 MPa。它是深井泵固定阀开启的动力。

5）泵压

泵压是指注水泵注水时的压力，现场一般有两种情况：一是指注水泵出口的压力；二是指配水间内分水器上的压力。单位 MPa。

6）注水井井口压力

注水井井口压力一般是指注水井在正注或反注时油管压力表或套管压力表记录的压力，单位 MPa。其数值等于注水泵出口压力减去地面管线损失的压力。

7）注水压力

注水压力是指注水时注水井井底压力，单位 MPa。其数值等于注水井井口压力加上注水井井筒液柱压力。注水压力与注水量成正比关系。注水压力最高不能超过油层岩石破裂压力。

8）启动压力

启动压力是指油层开始吸水时的注水压力。单位 MPa。启动压力越大，说明油层吸水能力越差。

9）流动压力

流动压力是指油（气、水）井正常生产时所测得的油层中部压力。单位 MPa。

10）油层破裂压力

油层受到外力作用发生弹性变形，当外力超过一定限度后，油层发生破裂，这个使油层发生破裂的压力称为破裂压力。如油层压裂施工，就是向油层加压，使油层产生裂缝后，挤入支撑剂以增加地层渗透率。但是，在注水井中的裂缝，有时会产生水窜。因此，在注水时注水压力不能超过岩层破裂压力。产生水平裂缝的破裂压力在数值上等于岩石的垂向岩压。

3. 注采系统压力（压差）的关系

1）注水系统中的压力（压差）

注水系统的生产流程是：泵压→井口压力（油压或套压）→井底流压→静压→注入油层。从泵压到井口压力的压力值是降低的，因为地面管线压力损失；从井口压力到井底流压的压力值是增大的。因此，在注水系统中井底流压值是最大的；井口压力值是最小的。

2）采油系统中的压力（压差）

采油系统的生产流程是：静压→流压→井口压力（油压）→回压→进入地面管网。从油层到地面管网的压力值依次降低。因此，在采油系统中静压值是最大的；回压值是最小的。

3）注采系统压力（压差）的关系

注采系统压力（压差）关系如图 2-1 所示。

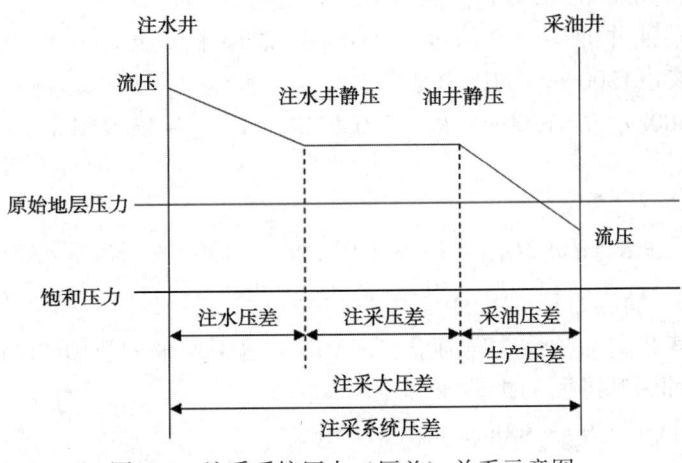

图 2-1 注采系统压力（压差）关系示意图

二、例题

[例 2-63] 某注水井井深 1200m，求该井静水柱压力是多少？

已知：$H=1200\text{m}$，$\rho_\text{w}=1\text{t/m}^3$。

求：p_w。

解：

$$p_\text{w}=\frac{H\rho_\text{w}}{100}=\frac{1200\times1}{100}=12\text{MPa}$$

答：该井静水柱压力是 12MPa。

[例 2-64] 某井油层深度 1200m，测得地层压力 12.4MPa，求该层压力系数是多少？

已知：$H=1200\text{m}$，$p_\text{e}=12.4\text{MPa}$，$\rho_\text{w}=1\text{t/m}^3$。

求：α_P。

解：

$$\alpha_\text{P}=\frac{100p_\text{e}}{H\rho_\text{w}}=\frac{100\times12.4}{1200\times1}=1.03$$

答：该层压力系数是 1.03。

[例 2-65] 某井油层中部深度 1000m，生产时在 800m 处测得压力为 8.36MPa，900m 处测得压力为 9.18MPa，求流压梯度和油层中部流压是多少？

已知：$H_\text{中}=1000\text{m}$，$H_1=800\text{m}$，$H_2=900\text{m}$，$p_1=8.36\text{MPa}$，$p_2=9.18\text{MPa}$。

求：K_P 和 p_wf。

解：

$$K_\text{P}=\frac{p_2-p_1}{H_2-H_1}=\frac{9.18-8.36}{900-800}=0.0082\text{MPa/m}$$

$$p_\text{wf}=p_2+K_\text{P}(H_\text{中}-H_2)=9.18+0.0082\times(1000-900)=10.0\text{MPa}$$

或

$$p_\text{wf}=p_1+K_\text{P}(H_\text{中}-H_1)=8.36+0.0082\times(1000-800)=10.0\text{MPa}$$

答：流压梯度是 0.0082MPa/m；油层中部流压是 10.0MPa。

[例 2-66] 某油井油层中部深度为 1500m，油层中部压力为 13.9MPa，压力梯度是 0.009MPa/m。求该井 1300m 处的压力是多少？

已知：$H_{中}=1500m$，$H=1300m$，$K_P=0.009MPa/m$，$p_{wf}=13.9MPa$。

求：p_H。

解：

$$p_H = p_{wf} + K_P(H - H_{中}) = 13.9 + 0.009 \times (1300 - 1500) = 12.1 MPa$$

答：该井 1300m 的压力是 12.1MPa。

[例 2-67] 某井实测油层中部压力 5.5MPa，地下原油密度 $0.8t/m^3$，油层中部海拔 -300m，求以海平面为基准面的折算压力是多少？

已知：$\rho_o = 0.8t/m^3$，$H = -300m$，$p_{中} = 5.5MPa$。

求：$p_{折}$。

解：

$$p_{折} = p_{中} + \frac{\rho_o H}{100} = 5.5 + \frac{0.8 \times (-300)}{100} = 3.1 MPa$$

答：以海平面为基准面的折算压力是 3.1MPa。

[例 2-68] 某井井口海拔 120m，油层中部深度 400m，混合液密度 $0.8t/m^3$，油层中部压力 6.0MPa，求基准面 -300m 处的压力是多少？

已知：$\rho = 0.8t/m^3$，$H_{井口}=120m$，$H_{中}=400m$，$H=-300m$，$p_{wf}=6.0MPa$。

求：p_{-300}。

解：

$$K_P = \frac{p_{wf}}{\rho H_{中}} = \frac{6.0}{0.8 \times 400} = 0.01875 MPa/m$$

$$\Delta H = H_{井口} - H - H_{中} = 120 - (-300) - 400 = 20m$$

$$p_{-300} = p_{wf} + K_P \times \Delta H = 6.0 + 0.01875 \times 20 = 6.4 MPa$$

答：基准面 -300m 处的压力是 6.4MPa。

[例 2-69] 某井测压时，在 450m 和 500m 处的压力分别为 3.25MPa 和 3.69MPa，油层中部深度 545m，井口地面海拔 145m，求油层中部压力和 -200m 处的压力是多少？

已知：$H_{井口}=145m$，$H_{中}=545m$，$H_{基准}=-200m$，$H_1=450m$，$H_2=500m$，$p_1=3.25MPa$，$p_2=3.69MPa$。

求：p_{wf} 和 $p_{基准}$。

解：

$$K_P = \frac{p_2 - p_1}{H_2 - H_1} = \frac{3.69 - 3.25}{500 - 450} = 0.0088 MPa/m$$

$$p_{wf} = p_2 + K_P(H_{中} - H_2) = 3.69 + 0.0088 \times (545 - 500) = 4.09 MPa$$

$$H = H_{井口} - H_{基准} = 145 - (-200) = 345m$$

$$p_{基准} = p_1 - K_P(H_1 - H) = 3.25 - 0.0088 \times (450 - 345) = 2.33 MPa$$

或

$$p_{基准} = p_2 - K_P(H_2 - H) = 3.69 - 0.0088 \times (500 - 345) = 2.33 \text{MPa}$$

答：油层中部压力是4.09MPa；-200m处的压力是2.33MPa。

[例2-70] 某抽油机井套压1.5MPa，动液面深度480m，油套环形空间液体平均密度为880kg/m³，油层中部深度1190m，求流压是多少？

已知：$\rho = 880 \text{kg/m}^3 = 0.88 \text{t/m}^3$，$H_{中} = 1190\text{m}$，$H_D = 480\text{m}$，$p_t = 1.5\text{MPa}$。

求：p_{wf}。

解：

$$p_{wf} = p_t + \frac{\rho(H_{中} - H_D)}{100} = 1.5 + \frac{0.88 \times (1190 - 480)}{100} = 7.75 \text{MPa}$$

答：流压是7.75MPa。

[例2-71] 某井油层中部深度800m，泵挂600m，动液面550m，原油密度0.8t/m³，含水50%，关井数日后测得静液面50m，求沉没度、流压、静压各是多少？

已知：$\rho_o = 0.8 \text{t/m}^3$，$H_{中} = 800\text{m}$，$H_D = 550\text{m}$，$p_t = 0$，$f_w = 50\%$，$H_B = 600\text{m}$，$H_J = 50\text{m}$。

求：H_c，p_{wf}和p_e。

解：

$$H_c = H_B - H_D = 600 - 550 = 50\text{m}$$

$$\rho = \rho_o(1 - f_w) + \rho_w f_w = 0.8 \times (1 - 50\%) + 1 \times 50\% = 0.9 \text{t/m}^3$$

$$p_{wf} = p_t + \frac{\rho(H_{中} - H_D)}{100} = 0 + \frac{0.9 \times (800 - 550)}{100} = 2.25 \text{MPa}$$

$$p_e = p_t + \frac{\rho(H_{中} - H_J)}{100} = 0 + \frac{0.9 \times (800 - 50)}{100} = 6.75 \text{MPa}$$

答：沉没度是50m、流压是2.25MPa、静压是6.75MPa。

[例2-72] 某井饱和压力7.90MPa，套压0.5MPa，动液面深度400m，油水混合液密度0.8904t/m³，求在目前生产状况下原油开始脱气的位置（结果取整数）是多少？

已知：$\rho = 0.8904 \text{t/m}^3$，$H_D = 400\text{m}$，$p_t = 0.5\text{MPa}$，$p_b = 7.90\text{MPa}$。

求：H。

解：由

$$p_b = p_t + \frac{\rho(H - H_D)}{100}$$

得：

$$H = H_D + \frac{100(p_b - p_t)}{\rho} = 400 + \frac{100 \times (7.90 - 0.5)}{0.8904} = 1231\text{m}$$

答：在目前生产状况下原油开始脱气的位置1231m。

[例2-73] 正常生产的抽油井某月5日产液15t，15日产液25t，25日产液20t。试问哪天的液面高？哪天的采油压差大？为什么？

解：由产液指数定义可得：

$$\Delta p_5 = \frac{15}{J_L} \qquad \Delta p_{15} = \frac{25}{J_L} \qquad \Delta p_{25} = \frac{20}{J_L}$$

比较得知：

$$\Delta p_5 < \Delta p_{25} < \Delta p_{15}$$

由流压计算公式 $p_{wf} = p_t + \frac{(H_中 - H_D)}{100}$ 和采油压差公式 $\Delta p = p_e - p_{wf}$ 及动液面高度和动液面深度的定义可知，p_{wf} 与动液面高度成正向对应关系，与动液面深度成反向对应关系，即动液面越高时 p_{wf} 越大，动液面越低时 p_{wf} 越小。

Δp 与 p_{wf} 成反向对应关系，即 Δp 越大 p_{wf} 越小。

从 $\Delta p_5 < \Delta p_{25} < \Delta p_{15}$ 可推得：

$$p_{wf5} > p_{wf25} > p_{wf15}$$

$$H_{D5} > H_{D25} > H_{D15}$$

综上所述，可知：5 日的液面高，15 日的采油压差大。

答：5 日的液面高，15 日的采油压差大。

[例 2-74] 某井油层中部深度 1000m，动液面深度 500m，套压 0.5MPa，地层压力 10MPa，混合液密度 0.8t/m³。求该井的生产压差是多少？

已知：$\rho = 0.8\text{t/m}^3$，$H_D = 500\text{m}$，$p_t = 0.5\text{MPa}$，$p_e = 10\text{MPa}$，$H_中 = 1000\text{m}$。

求：Δp。

解：

$$p_{wf} = p_t + \frac{\rho(H_中 - H_D)}{100} = 0.5 + \frac{0.8 \times (1000 - 500)}{100} = 4.5\text{MPa}$$

$$\Delta p = p_e - p_{wf} = 10 - 4.5 = 5.5\text{MPa}$$

答：该井的生产压差是 5.5MPa。

[例 2-75] 某抽油井静液面为 100m，采油指数为 5t/(d·MPa)，原油密度为 0.8t/m³，测压后下泵生产每小时增油 0.25t，如果始终保持这个产量，那么 24h 后动液面是多少米？

已知：$\rho = 0.8\text{t/m}^3$，$H_J = 100\text{m}$，$J_o = 5\text{t/(d·MPa)}$，$q = 0.25\text{t/h}$，$t = 24\text{h}$。

求：H_D。

解：首先换算采油指数的单位，由 t/(d·MPa) 换算为 t/(d·m)，即：

$$J_o = \frac{5 \times 0.8}{100} = 0.04\text{t/(d·m)}$$

$$\Delta Q = qt = 0.25 \times 24 = 6\text{t}$$

由 $J_o = \frac{\Delta Q}{\Delta H}$，得：

$$\Delta H = \frac{\Delta Q}{J_o} = \frac{6}{0.04} = 150\text{m}$$

$$H_D = H_J + \Delta H = 100 + 150 = 250\text{m}$$

答：如果始终保持这个产量，那么24h后动液面是250m。

[**例 2-76**] 某井油层中部深度450m，含水10%时动液面深度250m，注水后在较短时间内含水上升到60%，此时地层压力没变化。如果继续保持原来液面生产，油井生产压差是否变化？如果保持原来的生产压差生产，原油密度0.86t/m³，液面将抽下多少米？

已知：$H_中=450m$，$H_1=250m$，$\rho_o=0.86t/m^3$，$p_t=0$，$\rho_w=1t/m^3$，$f_{w1}=10\%$，$f_{w2}=60\%$，p一定。

求：p_{wf1}，p_{wf2} 和 ΔH。

解：

$$\rho_1 = \rho_o(1 - f_{w1}) + \rho_w f_{w1} = 0.86 \times (1 - 10\%) + 1 \times 10\% = 0.874 t/m^3$$

$$\rho_2 = \rho_o(1 - f_{w2}) + \rho_w f_{w2} = 0.86 \times (1 - 60\%) + 1 \times 60\% = 0.944 t/m^3$$

$$p_{wf1} = p_t + \frac{\rho_1(H_中 - H_1)}{100} = 0 + \frac{0.874 \times (450 - 250)}{100} = 1.75 MPa$$

$$p_{wf2} = p_t + \frac{\rho_2(H_中 - H_1)}{100} = 0 + \frac{0.944 \times (450 - 250)}{100} = 1.89 MPa$$

因为$p_{wf2}>p_{wf1}$，p一定，所以$\Delta p_1 > \Delta p_2$，即保持原来液面生产，采油压差将变小。要保持原来生产压差（$p_{wf1}=1.75MPa$）生产时，设动液面深度为H_2，依据流压计算公式得：

$$p_{wf1} = p_t + \frac{\rho_2(H_中 - H_2)}{100}$$

$$1.75 = 0 + \frac{0.944 \times (450 - H_2)}{100}$$

$$H_2 = 264.8m$$

$$\Delta H = H_2 - H_1 = 264.8 - 250 = 14.8m$$

答：如果继续保持原来液面生产，因为流压增大，油井生产压差减小；如果保持原来的生产压差生产，液面将抽下14.8m。

[**例 2-77**] 某井泵挂深度600m，沉没度60m，混合液密度0.9t/m³，套压为0，油压为0.3MPa，试求固定阀顶部和底部受液柱的压力是多少？

已知：$\rho=0.9t/m^3$，$p_t=0$，$p_o=0.3MPa$，$H_B=600m$，$H_c=60m$。

求：$p_顶$ 和 $p_底$。

解：

$$p_顶 = p_o + \frac{\rho H_B}{100} = 0.3 + \frac{0.9 \times 600}{100} = 5.7 MPa$$

$$p_底 = p_t + \frac{\rho H_c}{100} = 0 + \frac{0.9 \times 60}{100} = 0.5 MPa$$

答：固定阀顶部和底部受液柱的压力分别是5.7MPa和0.5MPa。

[**例 2-78**] 某井泵挂深度400m，沉没度60m，混合液密度0.9t/m³，回压0.2MPa，套压为0.5MPa，求：(1) 活塞上行时，加在游动阀上的压力和活塞至下死点时加在固定阀上

的压力；（2）活塞上行过程中，工作筒内压力小于多少压力时，固定阀才能打开？

已知：$\rho=0.9t/m^3$，$p_t=0.5MPa$，$p_o=0.2MPa$，$H_B=400m$，$H_c=60m$。

求：（1）$p_{游}$ 和 $p_{固}$；（2）$p_{筒}$。

解：（1）

$$p_{游}=p_o+\frac{\rho H_B}{100}=0.2+\frac{0.9\times 400}{100}=3.8MPa$$

因为活塞上行时，加在游动阀上的压力和活塞至下死点时加在固定阀上的压力相等，所以：

$$p_{游}=p_{固}=3.8MPa$$

（2）

$$p_{筒}=p_t+\frac{\rho H_c}{100}=0.5+\frac{0.9\times 60}{100}=1.04MPa$$

答：（1）活塞上行时，加在游动阀上的压力和活塞至下死点时加在固定阀上的压力都是 3.8MPa；（2）活塞上行过程中工作筒内压力小于 1.04MPa 时固定阀才能打开。

[例 2-79] 某井地面海拔 915m，油层中部深度 400m，中部压力 4.4MPa，液柱密度 0.86t/m³，求压力系数和 -300m 处的折算压力是多少？

已知：$\rho=0.86t/m^3$，$p_{中}=4.4MPa$，$H_{中}=400m$，$H_{拔}=915m$，$H=-300m$。

求：α_P 和 $p_{折}$。

解：

$$\alpha_P=\frac{100p_{中}}{\rho H_{中}}=\frac{100\times 4.4}{400\times 0.86}=1.28$$

$$H_{折}=H_{拔}-H=915-(-300)=1215m$$

$$p_{折}=p_{中}+\frac{\rho H_{折}}{100}=4.4+\frac{0.86\times 1215}{100}=14.85MPa$$

答：压力系数是 1.28；-300m 处的折算压力是 14.85MPa。

[例 2-80] 某井油层中部深度 980m，油层静压 7.5MPa，井口压力 5MPa，求该井注水压力和注水压差是多少？

已知：$\rho_w=1t/m^3$，$p_e=7.5MPa$，$H_{中}=980m$，$p_{井口}=5MPa$。

求：p_{wf} 和 Δp。

解：静水柱压力：

$$p_w=\frac{H_{中}\rho_w}{100}=\frac{980\times 1}{100}=9.8MPa$$

$$p_{wf}=p_{井口}+p_w=5+9.8=14.8MPa$$

$$\Delta p=p_{wf}-p_e=14.8-7.5=7.3MPa$$

答：该井注水压力是 14.8MPa；注水压差是 7.3MPa。

[例 2-81] 某井用降压法测得注水压力为 5MPa 和 4MPa 的日注水量分别为 60m³ 和 45m³，求该井的启动压力和吸水指数是多少？

已知：$p_{w1}=4\text{MPa}$，$p_{w2}=5\text{MPa}$，$Q_{w1}=45\text{m}^3$，$Q_{w2}=60\text{m}^3$。

求：$p_启$ 和 I_w。

解：

$$I_w=\frac{\Delta Q_w}{\Delta p_w}=\frac{Q_{w2}-Q_{w1}}{p_{w2}-p_{w1}}=\frac{60-45}{5-4}=15\text{m}^3/(\text{d}\cdot\text{MPa})$$

$$p_启=p_{w1}-\frac{Q_{w1}}{I_w}=4-\frac{45}{15}=1\text{MPa}$$

或

$$p_启=p_{w2}-\frac{Q_{w2}}{I_w}=5-\frac{60}{15}=1\text{MPa}$$

答：该井的启动压力是1MPa；吸水指数是 $15\text{m}^3/(\text{d}\cdot\text{MPa})$。

[例2-82] 某井油层中部海拔-953m，估算原始地层压力是多少？

已知：$H=-953\text{m}$。

求：p_i。

解：

$$p_i=3.8+0.0082H=3.8+0.0082\times[-(-953)]=11.6\text{MPa}$$

答：估算原始地层压力是11.6MPa。

第三节 油水井资料录取

一、相关概念及其计算公式

1. 量油资料

1) 分离器翻斗量油

分离器翻斗量油是根据杠杠平衡原理，采用定斗重，计量一段时间内的斗数，再折算成一天的斗数的一种计量方法。其计算公式：

$$q_L=\frac{24Gn}{1000t} \tag{2-52}$$

式中 q_L——油井日产液量，t/d；
  G——斗重，kg；
  t——计量时间，h；
  n——计量斗数。

2) 玻璃管量油

玻璃管量油是根据连通管平衡原理，采用定容积的一种计量方法。分离器内液柱压力等于玻璃管内的水柱压力。分离器内液柱上升到一定高度，玻璃管内水柱相应上升一定高度。因为油水相对密度不同，上升高度也不同。知道了水柱高度，就可以换算出分离器内液柱上升高度。记录水柱上升高度所需时间，计算出分离器单位容积就可求得日产量。

其计算公式：

$$q = \frac{86400 h_w \rho_w \pi D^2}{4t} \tag{2-53}$$

式中　q——油井日产液量，t/d；
　　　h_w——玻璃管内水柱上升高度，m；
　　　ρ_w——水的密度，t/m³；
　　　D——分离器内直径，m。

一般各油田都有自己规定的计量高度（即玻璃管水柱上升高度），分离器直径又是一定的。因此，各油田对于不同分离器的计量常数或称计量系数，也称换算系数都是一定的。其计算公式：

$$K = \frac{\pi D^2 h_w \rho_w}{4} \tag{2-54}$$

式中　K——计量常数，t。
其余符号含义同前文。

依据计量常数，各油田都有不同分离器的简化计算公式：

$$q = \frac{86400 K}{t} \tag{2-55}$$

3）单井罐量油

单井罐量油是指利用容积差的方法求出每一时段的产量，再合计成班产，最后合计成日产量的一种计量方法。其计算公式：

$$q' = q_{本次} - q_{上次}$$
$$q_{班} = \sum q'$$
$$q = \sum q_{班} \tag{2-56}$$

式中　$q_{本次}$——当前计量罐存量（可查单井罐计量换算表求得），t 或 m³；
　　　$q_{上次}$——上次计量罐存量（可查单井罐计量换算表求得），t 或 m³；
　　　q'——计量时段的油井产量，t 或 m³；
　　　$q_{班}$——班产量（在数值上等于本班各计量时段产量之和），t 或 m³；
　　　q——日产量，t 或 m³。

2. 测气资料

1）水银压差计测气

水银压差计测气是一种放空测气法，它利用测气孔板、测气短节和"U"形管水银压差计进行测压差，再换算成产气量。一般产量在50t/d以上的井每15s读一个数；产量在50t/d以下的井每20~30s读一个数，共测10个数，求平均数，再查表求产气量。其计算公式：

$$q_g = 0.6356 d^2 \times \sqrt{\frac{T_o}{T}} \times \sqrt{\frac{1}{\rho_g}} \times \sqrt{\Delta h} \tag{2-57}$$

式中　0.6356——常数，是流量系数、膨胀系数、孔眼系数、压力校正系数等的乘积；
　　　d——孔板直径，mm；

T_o——标准状况下的绝对温度，$T_o = 273+20 = 293K$，K；
T——测气时的气体绝对温度，$T = 273+t℃$（t 即天然气温度,℃），K；
ρ_g——天然气密度，kg/m^3；
Δh——压差计水银柱压差，mm；
q_g——产气量，m^3/d。

各油田依据自身参数不同，则简化出适合自己油田的经验公式。

2) 分离器密闭测气

分离器密闭测气是玻璃管量油的反过程，即利用压下分离器玻璃管一定液面所用的时间和压液面前后的压力值，代入相应计算公式来计算产气量。由于各油田情况不同，各家有各家的经验计算公式。例如某厂规定压下玻璃管液面30cm，测气时分别计算出游离气和溶解气，二者之和便是产气量。其计算公式：

$$Q_{游} = \frac{1440 \times 0.25}{t}\left[2(p_1 - p_2) + \frac{0.3p_2 + 0.03}{\rho}\right] \quad (2-58)$$

$$Q_{溶} = 4.1(p_2 + 0.1)q_o \quad (2-59)$$

式中 $Q_{游}$——游离气量，m^3/d；
$Q_{溶}$——溶解气量，m^3/d；
t——测气时间，min；
p_1——压液面时的初始压力，MPa；
p_2——压液面时的结束压力，MPa；
q_o——日产油量，t/d；
ρ——混合液密度，t/m^3。

3. 含水资料

1) 化验含水

化验含水是指所取油样中水所占的体积或重量与整个样所占的体积或重量的百分比。

2) 油井含水

油井含水是指油井的日产水量与日产液量的百分比。

3) 综合含水

综合含水是指井组（区块或油田）日产水量占日产液量的百分比。

4. 示功图资料

示功图是由专门的测试仪器（示功仪），在抽油井井口悬绳器位置把驴头悬点载荷随冲程位置的变化情况记录下来。因此，在驴头往复运动一个循环后，便在记录纸上画出一条封闭曲线，曲线所圈闭的面积表示驴头在一个往复运动中，抽油泵所做的功。

1) 理论示功图

理论示功图是在一定的理想条件下绘制出来，主要用来与实测示功图进行对比分析，以此来判断深井泵的工作状况。其理想条件是：

（1）假设泵、油管没有漏失，泵工作正常；
（2）油层供液能力充足，泵充满程度良好；
（3）不考虑动载荷的影响；
（4）不考虑砂、蜡、气、稠油的影响；

(5) 不考虑连抽带喷；
(6) 认为进入泵内的液体是不可压缩的，凡尔（或称阀）是瞬时开闭的。

2) 理论示功图的要素名称

理论示功图的要素名称如图 2-2 所示。

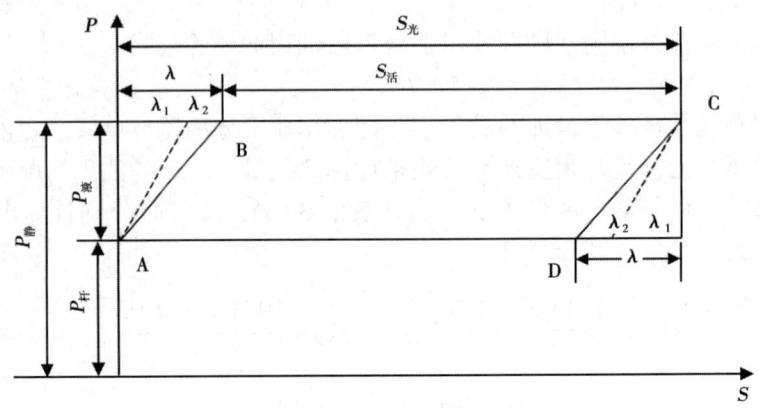

图 2-2 理论示功图的要素名称

A—下死点（活塞下行终止点）；B—增载结束点（活塞上行初始点）；C—上死点（活塞上行终止点）；
D—卸载结束点（活塞下行初始点）；AB—增载线；CD—卸载线；BC—活塞上行程线，也叫最大载荷线；
DA—活塞下行程线，也叫最小载荷线；ABC—光杆上行程线；CDA—光杆下行程线；λ_1—抽油杆柱伸缩量；
λ_2—油管柱伸缩量；λ—冲程损失，在数值上，$\lambda = \lambda_1 + \lambda_2$；$P_{杆}$—抽油杆柱在井液中的重量；$P_{液}$—活塞以上液柱重量；
$P_{静}$—驴头静载荷，也叫驴头最大载荷，在数值上，$P_{静} = P_{杆} + P_{液}$

3) 冲程损失

由于抽油杆柱和油管柱之间的负荷转移，导致活塞运动总是滞后于光杆运动，造成活塞行程小于光杆行程，这个差值是冲程损失。

4) 增载线和卸载线是斜线的原因

当光杆开始上行时，负荷由油管柱转移到抽油杆柱上，引起抽油杆柱伸长和油管柱缩短；当光杆开始下行时，负荷由抽油杆柱转移到油管柱上，引起油管柱伸长和抽油杆柱缩短。这一伸长一缩短，实际上光杆虽然移动，但是活塞运动却滞后于光杆运动。这就是增载和卸载的过程。这一过程就导致了增载线和卸载线是斜线。

5) 理论示功图的 8 要素

理论示功图的 8 要素是指 "4 点" 与 "4 线"。

4 点：(1) 下死点 A，也叫活塞下行终止点；(2) 增载结束点 B，也叫活塞上行初始点；(3) 上死点 C，也叫活塞上行终止点；(4) 卸载结束点 D，也叫活塞下行初始点。

4 线：(1) 增载线 AB；(2) 卸载线 CD；(3) 活塞上行程线 BC，也叫最大载荷线；(4) 活塞下行程线 DA，也叫最小载荷线。

6) 示功图的性质

(1) 负荷尺寸是理论负荷线，是泵工作时承受负荷的大小；
(2) 冲程损失是负荷转移、惯性等集合的反映；
(3) 4 点变化是泵工作状况的反应；
(4) 封闭形式是泵做功多少的反映。

7）示功图中四点变化对泵工作状况的反映

活塞在下死点 A 时，泵筒内液体转移到油管柱的过程结束，此时，固定阀关闭，游动阀打开；活塞上行到增载结束点 B 时，游动阀在阀球自重和活塞以上液柱压力作用下首先关闭，活塞继续上行，泵筒内压力逐渐降低，当压力降低到低于固定阀阀球自重和沉没压力之和时，固定阀在沉没压力作用下被顶开，进行吸液入泵的过程；活塞到上死点 C 时，吸液入泵的过程结束，此时，游动阀完全关闭，固定阀完全打开；活塞下行到卸载结束点 D 时，固定阀在阀球自重和泵筒内液体压力作用下首先关闭，活塞继续下行，泵筒内压力逐渐升高，当泵筒内液体压力大于油管柱内活塞以上液柱压力和游动阀阀球自重时，游动阀被顶开，进行泵筒内液体转移到油管柱的过程。

8）示功图的充满系数

示功图的充满系数是指示功图上活塞下行时有效行程与活塞上行时有效行程的百分比。其计算公式：

$$\beta = \frac{S_下}{S_上} \times 100\% \tag{2-60}$$

式中　β——充满系数，%；

$S_下$——示功图上活塞下行时有效行程，mm；

$S_上$——示功图上活塞上行时有效行程，mm。

9）示功图反映抽油杆柱断脱位置

抽油杆柱发生断脱时，实测示功图的上下行平均负荷线较正常时向基线方向偏移，偏移越大，说明抽油杆柱断脱位置越靠近井口。其计算公式：

$$H_断 = H_B \frac{h_断}{h_杆} \tag{2-61}$$

式中　$H_断$——抽油杆柱断脱位置，m；

H_B——泵挂深度，即抽油杆柱长度，m；

$h_断$——断脱示功图实际上下平均负荷线到基线的距离，mm；

$h_杆$——最小理论负荷线到基线的距离，mm。

5. 动液面资料

动液面是指油井油套环形空间波动的液面。从井口向下计算到动液面的距离叫动液面深度。从井底向上计算到动液面的距离叫动液面高度，也叫油套环形空间液柱高度。现场除特殊说明外，一般所说的动液面，大多都指动液面深度。

1）动液面测试原理

动液面测试原理是利用声波在气体介质中传播时，遇到障碍物就会发生反射的原理。如果我们能够确定声波在油套环形空间中的传播速度和回声反射的时间，就可以计算出动液面的深度。

声波的传播速度主要与气体介质的密度有关，不同的油井，油套环形空间内气体的密度不同，所以声波的传播速度不同。为了方便确定每口井的声速，有的井在动液面以上的油管接箍处安装回音标，根据回音标的反射波计算声速；无回音标的井，声波经过每一根油管接箍都会产生反射波，根据油管接箍波计算声速（一般要求靠近井口 20 根油管等长）。

2）有回音标的井声波曲线的动液面深度计算公式

$$H_D = \frac{S_{液}}{S_{标}} H_{标} \quad (2-62)$$

式中　H_D——实测动液面深度，m；
　　　$H_{标}$——回音标下入深度，m；
　　　$S_{标}$——声波反射曲线上井口波到回音标波的距离，mm；
　　　$S_{液}$——声波反射曲线上井口波到动液面波的距离，mm。

3）无回音标的井声波曲线的动液面深度计算公式

$$H_D = \frac{S_{液}}{S_{箍}} nL \quad (2-63)$$

式中　$S_{箍}$——井口20根油管的接箍波长度，mm；
　　　n——井口 n（一般取20）根油管的个数；
　　　L——每根油管的长度，m。

其余符号含义同前文。

4）用声速法计算动液面深度的计算公式

$$t_{液} = \frac{S_{液}}{2v_{纸}} \quad (2-64)$$

$$t_{标} = \frac{S_{标}}{2v_{纸}} = \frac{S_{箍}}{2v_{纸}} \quad (2-65)$$

$$v_{声} = \frac{H_{标}}{t_{标}} = \frac{nL}{t_{标}} \quad (2-66)$$

$$H_D = v_{声} t_{液} \quad (2-67)$$

式中　$t_{标}$——声波从井口传播到回音标深度或 n 根油管深度用时，s；
　　　$t_{液}$——声波从井口传播到动液面深度用时，s；
　　　$v_{纸}$——回声仪走纸速度，mm/s；
　　　$v_{声}$——声波在油套环形空间的传播速度，m/s。

其余符号含义同前文。

二、例题

[例2-83]　某井使用翻斗分离器计量20min翻了60斗，每斗3kg，含水40%，求该井的日产液量和日产油量是多少？

已知：$G=3$kg，$n=60$，$t=20$min$=1/3$h，$f_w=40\%$。

求：q_L 和 q_o。

解：

$$q_L = \frac{24Gn}{1000t} = \frac{24 \times 3 \times 60}{1000 \times \frac{1}{3}} = 13.0 \text{t/d}$$

$$q_o = q_L(1-f_w) = 13.0 \times (1-40\%) = 7.8 \text{t/d}$$

答：该井的日产液量和日产油量分别是 13.0t/d 和 7.8t/d。

[例2-84] 某井用翻斗分离器量油，2h 内翻转 1104 次，每斗重 4.5kg，含水 70%，求该井日产油是多少？

已知：$G=4.5\text{kg}$，$n=1104$，$t=2\text{h}$，$f_w=70\%$。

求：q_o。

解：

$$q_L = \frac{24Gn}{1000t} = \frac{24 \times 4.5 \times 1104}{1000 \times 2} = 59.6 \text{t/d}$$

$$q_o = q_L(1-f_w) = 59.6 \times (1-70\%) = 17.9 \text{t/d}$$

答：该井日产油量是 17.9t/d。

[例2-85] 某井用 412 型分离器量油，1min 40s 玻璃管水柱升高 380mm，求该井的日产油量和班产油量是多少？

已知：$D=0.412\text{m}$，$t=1\text{min }40\text{s}=100\text{s}$；$h_w=380\text{mm}=0.38\text{m}$，$\rho_w=1\text{t/m}^3$。

求：q_o 和 $q_{班}$。

解：

$$q_o = \frac{86400 h_w \rho_w \pi D^2}{4t} = \frac{86400\pi \times 0.38 \times 1 \times 0.412^2}{4 \times 100} = 43.8 \text{t/d}$$

$$q_{班} = \frac{q_o}{3} = \frac{43.8}{3} = 14.6 \text{t/d}$$

答：该井的日产油量和班产油量分别是 43.8t/d 和 14.6t/d。

[例2-86] 某井用 ϕ720mm 分离器量油，玻璃管水位上升 300mm，同时翻斗翻 80 斗，时间是 2min，求该井日产液和每斗液体质量是多少？

已知：$D=720\text{mm}=0.72\text{m}$，$t=2\text{min}=120\text{s}$，$h_w=300\text{mm}=0.3\text{m}$，$\rho_w=1\text{t/m}^3$，$n=80$。

求：q_L 和 G。

解：

$$q_L = \frac{86400 h_w \rho_w \pi D^2}{4t} = \frac{86400\pi \times 0.3 \times 1 \times 0.72^2}{4 \times 120} = 87.9 \text{t/d}$$

$$G = \frac{1000 t q_L}{1440 n} = \frac{1000 \times 2 \times 87.9}{1440 \times 80} = 1.53 \text{kg}$$

答：该井日产液是 87.9t/d，每斗液体质量是 1.53kg。

[例2-87] 某井用 ϕ1200mm 分离器量油，玻璃管水位上升 40cm，用时 540s，盐水密度 1.1t/m³，油井含水 60%，求该井日产油量和水量是多少？

已知：$D=1200\text{mm}=1.2\text{m}$，$t=540\text{s}$，$h_w=40\text{cm}=0.4\text{m}$，$\rho_w=1.1\text{t/m}^3$，$f_w=60\%$。

求：q_o 和 q_w。

解：

$$q_L = \frac{86400 h_w \rho_w \pi D^2}{4t} = \frac{86400\pi \times 0.4 \times 1.1 \times 1.2^2}{4 \times 540} = 79.6 \text{t/d}$$

$$q_o = q_L(1 - f_w) = 79.6 \times (1 - 60\%) = 31.8 \text{t/d}$$

$$q_w = q_L - q_o = 79.6 - 31.8 = 47.8 \text{t/d}$$

或

$$q_w = q_L f_w = 79.6 \times 60\% = 47.8 \text{t/d}$$

答：该井日产油量是 31.8t/d，日产水量是 47.8t/d。

[例 2-88] 某井用 ϕ800mm 分离器量油，玻璃管水位上升 40cm，共量 3 次，分别用时 2min10s，1min50s，2min20s，含水 70%，求平均日产液和日产油是多少？

已知：$D = 800\text{mm} = 0.8\text{m}$，$h_w = 40\text{cm} = 0.4\text{m}$，$\rho_w = 1\text{t/m}^3$，$f_w = 60\%$，$t_1 = 2\text{min}10\text{s} = 130\text{s}$，$t_2 = 1\text{min}50\text{s} = 110\text{s}$，$t_3 = 2\text{min}20\text{s} = 140\text{s}$。

求：$\bar{q}_L$ 和 $\bar{q}_o$。

解：

$$q_{L1} = \frac{86400 h_w \rho_w \pi D^2}{4t_1} = \frac{86400\pi \times 0.4 \times 1 \times 0.8^2}{4 \times 130} = 133.63 \text{t/d}$$

$$q_{L2} = \frac{86400 h_w \rho_w \pi D^2}{4t_2} = \frac{86400\pi \times 0.4 \times 1 \times 0.8^2}{4 \times 110} = 157.93 \text{t/d}$$

$$q_{L3} = \frac{86400 h_w \rho_w \pi D^2}{4t_3} = \frac{86400\pi \times 0.4 \times 1 \times 0.8^2}{4 \times 140} = 124.08 \text{t/d}$$

$$\bar{q}_L = \frac{1}{3}(q_{L1} + q_{L2} + q_{L3}) = \frac{1}{3}(133.63 + 157.93 + 124.08) = 138.6 \text{t/d}$$

$$\bar{q}_o = \bar{q}_L(1 - f_w) = 138.6 \times (1 - 70\%) = 41.6 \text{t/d}$$

答：平均日产液是 138.6t/d，日产油是 41.6t/d。

[例 2-89] 某井日产液 45t，含水 45%，放空测气，孔板直径 8mm，测气压差为 72mm 水银柱高，测气温度 20℃，天然气密度 0.65kg/m³，求气油比是多少？

已知：$q_L = 45\text{t/d}$，$f_w = 45\%$，$T = T_o = 273 + 20 = 293\text{K}$，$\Delta h = 72\text{mm}$，$d = 8\text{mm}$，$\rho_g = 0.65\text{kg/m}^3$。

求：E_{go}。

解：

$$q_g = 0.6356 d^2 \sqrt{\frac{T_o}{T}} \times \sqrt{\frac{1}{\rho_g}} \times \sqrt{\Delta h} = 0.6356 \times 8^2 \times \sqrt{\frac{293}{293}} \times \sqrt{\frac{1}{0.65}} \times \sqrt{72} = 428.13 \text{m}^3/\text{d}$$

$$q_o = q_L(1 - f_w) = 45 \times (1 - 45\%) = 24.75 \text{t/d}$$

$$E_{go} = \frac{q_g}{q_o} = \frac{428.13}{24.75} = 17.3 \text{m}^3/\text{t}$$

答：气油比是 17.3m³/t。

[例 2-90] 某注水井从全井指示曲线上查出压力为 5MPa 和 10MPa 时的对应注水量分别为 40m³ 和 60m³，求全井吸水指数是多少？

已知：$\Delta q_{iw} = 60\text{m}^3/\text{d} - 40\text{m}^3/\text{d} = 20\text{m}^3/\text{d}$，$\Delta p_{ws} = 10\text{MPa} - 5\text{MPa} = 5\text{MPa}$。

求：I_w。

解：

$$I_w = \frac{\Delta q_{iw}}{\Delta p_{ws}} = \frac{20}{5} = 4 \text{m}^3/(\text{d} \cdot \text{MPa})$$

答：全井吸水指数是 $4\text{m}^3/(\text{d} \cdot \text{MPa})$。

[例 2-91]　某井下泵深度 1000m，实测示功图反映断脱。资料分析员量得最小理论负荷线到基线距离 25mm，实测示功图上下行平均负荷线到基线距离 20mm，试计算断脱位置。

已知：$h_{断} = 20\text{mm}$，$h_{杆} = 25\text{mm}$，$H_B = 1000\text{m}$。

求：$H_{断}$。

解：

$$H_{断} = H_B \frac{h_{断}}{h_{杆}} = 1000 \times \frac{20}{25} = 800\text{m}$$

答：断脱位置在井口以下约 800m。

[例 2-92]　某资料分析员不慎将某井的实测断脱示功图丢失，只记得下泵深度 510m，最小理论负荷线到基线的距离 15mm，作业证实该井在井口以下 442m 处断脱。你能计算出实测断脱示功图上下行平均负荷线到基线的距离是多少吗？

已知：$H_{断} = 442\text{m}$，$h_{杆} = 15\text{mm}$，$H_B = 510\text{m}$。

求：$h_{断}$。

解：

$$h_{断} = h_{杆} \frac{H_{断}}{H_B} = 15 \times \frac{442}{510} = 13\text{mm}$$

答：实测断脱示功图上下行平均负荷线到基线的距离是 13mm。

[例 2-93]　已知某井实测声速 300m/s，CJ-1 型双频道回声仪走纸速度 100mm/s，液面曲线上 15 根油管接箍波长 90mm，井口波到液面波距 150mm，求每根油管平均长度和动液面深度是多少？

已知：$v_{声} = 300\text{m/s}$，$v_{纸} = 100\text{mm/s}$，$S_{箍} = 90\text{mm}$，$S_{液} = 150\text{mm}$，$n = 15$。

求：H 和 H_D。

解：

$$t_{液} = \frac{S_{液}}{2v_{纸}} = \frac{150}{2 \times 100} = 0.75\text{s}$$

$$H_D = v_{声} t_{液} = 300 \times 0.75 = 225\text{m}$$

$$H_{15} = H_D \times \frac{S_{箍}}{S_{液}} = 225 \times \frac{90}{150} = 135\text{m}$$

$$H = \frac{H_{15}}{n} = \frac{135}{15} = 9\text{m}$$

答：每根油管平均长度 9m；动液面深度是 225m。

[例 2-94]　已知液面波距 252mm，在曲线上量得计算油管波长度 90mm，计算油管长度 194m，求声速和动液面深度是多少？

已知：$v_{纸}=100$mm/s，$S_{箍}=90$mm，$S_{液}=252$mm，$H=194$m。

求：$v_{声}$ 和 H_D。

解：

$$H_D = H \times \frac{S_{液}}{S_{箍}} = 194 \times \frac{252}{90} = 543.2\text{m}$$

$$t_{液} = \frac{S_{液}}{2v_{纸}} = \frac{252}{2 \times 100} = 1.26\text{s}$$

由

$$H_D = v_{声} \, t_{液}$$

有：

$$v_{声} = \frac{H_D}{t_{液}} = \frac{543.2}{1.26} = 431\text{m/s}$$

答：声速是431m/s，动液面深度是543.2m。

[例2-95] 某井下泵深度1000m，回音标深度300m，曲线上音标波距180mm，液面波距300mm，回声仪走纸速度100mm/s，计算动液面深度和沉没度是多少？

已知：$H_B=1000$m，$S_{液}=300$mm，$S_{标}=180$mm，$H_{标}=300$m。

求：H_D 和 H_c。

解：

$$H_D = H_{标} \times \frac{S_{液}}{S_{标}} = 300 \times \frac{300}{180} = 500\text{m}$$

$$H_c = H_B - H_D = 1000 - 500 = 500\text{m}$$

答：动液面深度和沉没度都是500m。

[例2-96] 某井回音标下入深度320m，用回声仪测得动液面曲线如图2-3所示，回声仪走纸速度100mm/s，计算该井的声波传播速度和动液面深度是多少？

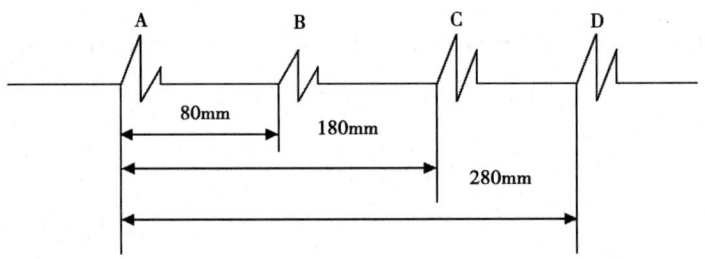

图2-3 实测动液面曲线（[例2-96]）

已知：$v_{纸}=100$mm/s，$H_{标}=320$m，$S_{AB}=80$mm，$S_{AC}=180$mm，$S_{AD}=280$mm。

求：$v_{声}$ 和 H_D。

解：

计算B波的声速：

$$v_{声B} = \frac{2H_{标}}{\dfrac{S_{AB}}{v_{纸}}} = \frac{2 \times 320}{\dfrac{80}{100}} = 800\text{m/s}$$

计算 C 波的声速：

$$v_{声C} = \frac{2H_{标}}{\dfrac{S_{AC}}{v_{纸}}} = \frac{2 \times 320}{\dfrac{180}{100}} = 356 \text{m/s}$$

因为 B 波计算声速远远大于在空气中的声速，所以判断 B 波为干扰波，C 波为音标波。因此：

$$v_{声} = v_{声C} = 356 \text{m/s}$$

$$H_D = v_{声} t_{液} = 356 \times \frac{280}{2 \times 100} = 498 \text{m}$$

或

$$H_D = H_{标} \times \frac{S_{液}}{S_{标}} = H_{标} \times \frac{S_{AD}}{S_{AC}} = 320 \times \frac{280}{180} = 498 \text{m}$$

答：该井的声波传播速度是 356m/s，动液面深度是 498m。

[例 2-97]　某井测得动液面曲线如图 2-4 所示，回音标深度 450m。

求：（1）动液面深度是多少？（2）指出各波峰名称；（3）管柱结构存在什么问题？如何解决？

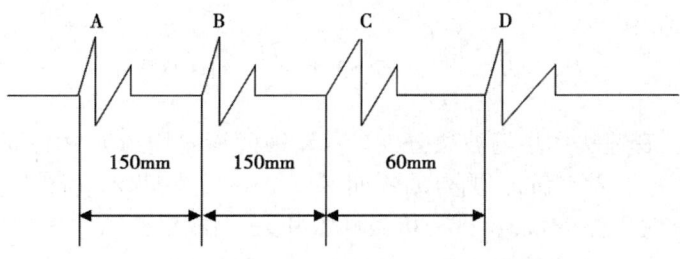

图 2-4　实测动液面曲线（[例 2-97]）

解：（1）

$$H_D = H_{标} \times \frac{S_{AD}}{S_{AB}} = 450 \times \frac{360}{150} = 1080 \text{m}$$

（2）A 波、B 波、C 波和 D 波分别是井口波、音标波、音标二次反射波、液面波。

（3）该井回音标下入深度过小。现场一般应下在油井正常动液面深度的 2/3 部位，即：

$$1080 \times \frac{2}{3} = 720 \text{m}$$

答：（1）动液面深度是 1080m；（2）A 波、B 波、C 波和 D 波分别是井口波、音标波、音标二次反射波、液面波；（3）管柱存在问题是回音标下入深度过浅，应在下一次检泵时，将回音标下在距井口约 720m 处即可。

[例 2-98]　某井回音标下入深度 448.09m，从井口起 10 根油管长 96.53m，曲线上 10 个接箍波距离 45mm，音速 430m/s，马达走纸速度 100mm/s，从井口波到音标波长 208mm，从井口波到液面波长 471mm。用音标法、音速法和接箍波法分别计算动液面深度。

已知：$H_{标} = 448.09 \text{m}$，$H_{10} = 96.53 \text{m}$，$S_{液} = 471 \text{mm}$，$S_{箍} = 45 \text{mm}$，$S_{标} = 208 \text{mm}$，$v_{纸} =$

81

100mm/s，$v_声$ =430m/s。

求：用音标法、音速法和接箍波法分别计算动液面深度 H_D。

解：（1）音标法

$$H_D = H_标 \times \frac{S_液}{S_标} = 448.09 \times \frac{471}{208} = 1015\text{m}$$

（2）音速法

$$t_液 = \frac{S_液}{2v_纸} = \frac{471}{2 \times 100} = 2.36\text{s}$$

$$H_D = v_声 t_液 = 430 \times 2.36 = 1015\text{m}$$

此题若未给出音速，则可按下面方法计算：

$$t_标 = \frac{S_标}{2v_纸} = \frac{208}{2 \times 100} = 1.04\text{s}$$

$$v_声 = \frac{H_标}{t_标} = \frac{448.09}{1.04} = 430.9\text{m/s}$$

$$H_D = v_声 t_液 = 430.9 \times 2.36 = 1015\text{m}$$

（3）接箍波法

$$H_D = H_{10} \frac{S_液}{S_箍} = 96.53 \times \frac{471}{45} = 1010.3\text{m}$$

答：用音标法、音速法和接箍波法分别计算动液面深度均约为 1015m。

[例 2-99] 某井下泵 400m，测得动液面深度 250m，实测示功图上显示活塞上行有效行程 48mm，下行有效行程 24mm，试分析该井深井泵工作状况。

已知：$S_上$=48mm，$S_下$=24mm，H_B=400m，H_D=250m。

求：β 和 H_c，并判断泵况如何。

解：

$$\beta = \frac{S_下}{S_上} \times 100\% = \frac{24}{48} \times 100\% = 50\%$$

$$H_c = H_B - H_D = 400 - 250 = 150\text{m}$$

答：该井动液面高，沉没度也较大，而示功图充满程度（也称充满系数）仅仅达到 50%，可以判断该井深井泵工作正常，只是进液部分堵，造成泵充满不好，应进行解堵，提高泵的充满程度，使油井恢复正常生产。

第四节 井网布置和注水方式

一、相关概念及其计算公式

1. 井网

油、气、水井在油（气）田上的排列和分布称为井网。

1) 井网布置

油（气）田的油、气、水井的排列方式、井数多少、井距排距的大小等叫井网布置。

2) 井网分布方式

井网分布方式有行列井网和面积井网两大类。

3) 井网密度

井网密度是指单位面积上的钻井数（单位：口/km²）或每口井控制的面积（单位：km²/口）。其计算公式：

$$f = \frac{n}{A} \tag{2-68}$$

或

$$f = \frac{A}{n} \tag{2-69}$$

式中　f——井网密度，口/km² 或 km²/口；

　　　n——总井数，口；

　　　A——面积，km²。

4) 单井经济极限产量

单井经济极限产量是指一口油井投入的总费用与产出的总收入相等时的产量。油井见水前用下式计算：

$$q_{\min} = \frac{(I_D + I_B)\sqrt{(1+R')^T} \times \beta}{0.0365 T_{OK} D_o T(P_o - O)} \tag{2-70}$$

式中　I_D——平均一口井的钻井投资（包括射孔、压裂等），万元/井；

　　　I_B——平均一口井的地面建设投资（包括矿区建设等），万元/井；

　　　R'——投资贷款利率；

　　　T——开发评价年限，a；

　　　β——油井系数（即油水井数与油井数之比）；

　　　T_{OK}——采油时率；

　　　D_o——原油商品率，小数；

　　　P_o——原油销售价格，元/t；

　　　O——原油成本，元/t；

　　　0.0365——年时间单位换算。

油井见水后可用下式计算：

$$q_{\min} = \frac{(I_D + I_B)\sqrt{(1+R')^T}\beta}{0.0365 T_{OK} D_o T(P_o - O)\sqrt{(1-D_z)^T}} \tag{2-71}$$

式中　D_z——年综合递减率；

　　　$q_{\min}$——单井经济极限产量，t。

其余符号含义同前文。

5）单井控制可采储量经济极限

它指一口油井累计投入的总费用与累计产出油量总收入相等时所控制的可采储量。可用下式计算：

$$N_{mink} = \frac{(I_D + I_B)\sqrt{(1+R')^T}}{D_o(P_o - O)R} \tag{2-72}$$

式中　R——开发评价年限内的采出程度，小数。

其余符号含义同前文。

从式（2-72）可看出，单井控制可采储量经济极限与单井钻井、地面建设投资和投资贷款利率的开发评价时间之半次方成正比，与原油商品率和每吨原油毛收入成反比。也就是说单井投入越大，贷款利率越高，原油商品率越低，每吨原油毛收入越少，则要求单井控制可采储量越大，相反则小。

6）井网密度的经济极限

井网密度的经济极限是指无经济效益时的井网密度。它与单位面积地质储量、原油采收率、原油商品率和每吨原油毛收入成正比，与单井钻井、地面建设投资和投资贷款利率的开发评价时间之半次方成反比。其计算公式：

$$f_{min} = \frac{D_o(D_z - O)}{(I_D + I_B)\sqrt{(1+R')^T}} \times \frac{NE_R}{A} \tag{2-73}$$

式中　N——原油地质储量，t；

A——含油面积，km²；

E_R——原油采收率。

其余符号含义同前文。

7）经济极限井距

经济极限井距是指无经济效益时的井距。符号为L，可用下式计算：

$$L = \sqrt{\frac{1}{f_{min}}} \tag{2-74}$$

式中　f_{min}——井网密度的经济极限（无经济效益时的井网密度）。

2. 井别

井别是指根据钻井目的和开发要求，把井分为不同的类别。如探井、资料井、生产井、注水井、检查井、观察井、评价井等。

1）生产井

用来采油和采气的井叫生产井。

2）注水井

用来向油层内注水的井叫注水井。

3）探井

为了探明地下情况而钻的井叫探井。

4）资料井

为了取得编制油田开发方案所需资料而钻的取心井是资料井。

5) 观察井

在油田开发过程中，专门用来观察油田地下动态的井是观察井。

6) 检查井

在油田开发过程中，为了检查油层开采效果而钻的井是检查井或称评价井。

7) 调整井

为挽回死油区的储量损失，改善断层遮挡地区注水开发效果，以及调整横向上和纵向上采油效果差别严重地段开发效果所钻的井是调整井。

3. 注水方式

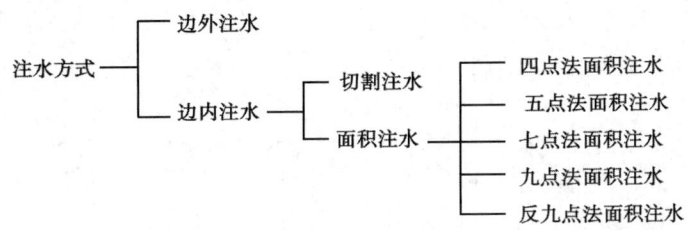

1) 四点法面积注水

四点法面积注水井网的特点为等边三角形，注水井布置在三角形顶点，生产井在三角形中心，每口生产井受 3 口注水井影响，每口注水井给周围 6 口生产井注水，生产井与注水井的井数比例为 2:1，注水强度大。四点法面积注水也叫反七点法面积注水。如图 2-5 所示。

2) 五点法面积注水

五点法面积注水井网的特点为正方形，每口生产井受 4 口注水井影响，每口注水井给周围 4 口生产井注水，生产井与注水井的井数比例为 1:1，这是一种强采强注的布井方式。五点法面积注水也叫反五点法面积注水。如图 2-6 所示。

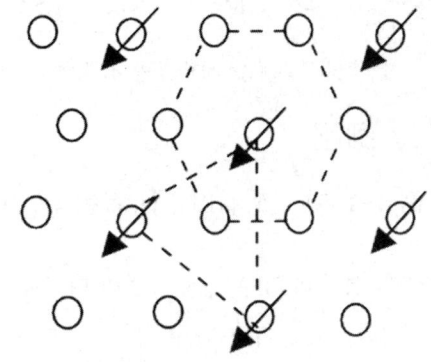

图 2-5 四点法面积注水示意图

3) 七点法面积注水

七点法面积注水井网的特点为等边三角形，生产井布置在三角形顶点，单元面积为正六边形，六个顶点为注水井，中心为生产井，每口生产井受 6 口注水井影响，每口注水井给周围 3 口生产井注水，生产井与注水井的井数比例为 1:2。如图 2-7 所示。

4) 九点法面积注水

九点法面积注水井网的特点为正方形，每口生产井受 8 口注水井影响，生产井与注水井的井数比例为 1:3。如图 2-8 所示。

5) 反九点法面积注水

反九点法面积注水井网的特点为正方形，每口注水井给周围 8 口生产井注水，生产井与注水井的井数比例为 3:1。如图 2-9 所示。

6) 面积注水方式的油水井数比例

$$\text{油井数}:\text{注水井数} = 2:(n-3) \quad (n \geqslant 4，为某点法面积注水方式) \tag{2-75}$$

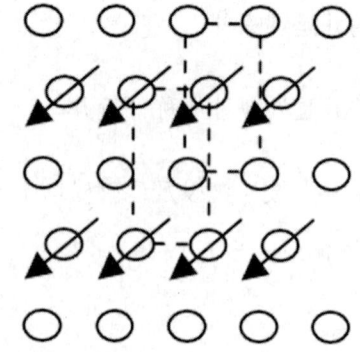

图 2-6　五点法面积注水示意图

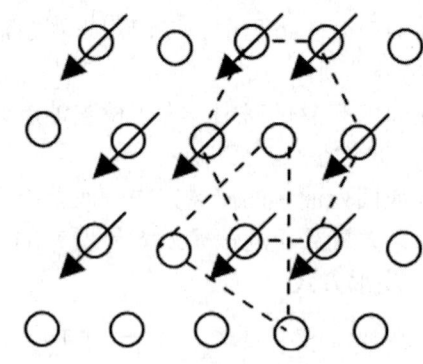

图 2-7　七点法面积注水示意图

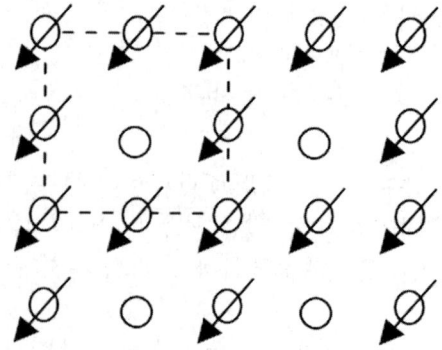

图 2-8　九点法面积注水示意图

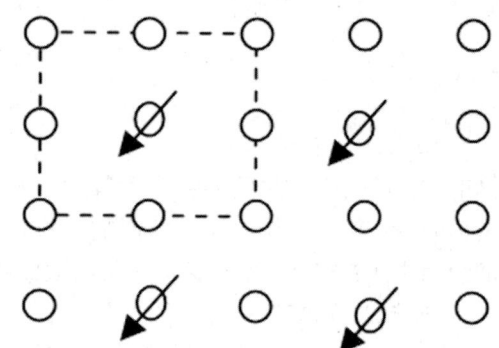

图 2-9　反九点法面积注水示意图

二、例题

[**例 2-100**]　某油田含油面积 45.3km²，生产井 240 口，注水井 80 口，求井网密度是多少？

已知：$A = 45.3 \text{km}^2$，$n_o = 240$ 口，$n_w = 80$ 口。

求：f。

解：

$$n = n_o + n_w = 240 + 80 = 320 \text{ 口}$$

$$f = \frac{n}{A} = \frac{320}{45.3} = 7.064 \text{ 口}/\text{km}^2$$

或

$$f = \frac{A}{n} = \frac{45.3}{320} = 0.142 \text{km}^2/\text{口}$$

答：井网密度是 7.064 口/km² 或 0.412km²/口。

[**例 2-101**]　某长轴背斜构造油田南北平均长 17.3km，东西平均宽 3.5km，截至 5 月共有油井 1234 口，气井 52 口，注水井 352 口，求平均每口井控制面积是多少？

已知：$n_o = 1234$ 口，$n_w = 352$ 口，$n_g = 52$ 口，$a = 17.3 \text{km}$，$b = 3.5 \text{km}$。

求：f。

解：
$$A = ab = 17.3 \times 3.5 = 60.55 \text{km}^2$$

$$n = n_o + n_w + n_g = 1234 + 352 + 52 = 1638 \text{ 口}$$

$$f = \frac{A}{n} = \frac{60.55}{1638} = 0.037 \text{km}^2/\text{口}$$

答：平均每口井控制面积是 $0.037\text{km}^2/\text{口}$。

[例 2-102] 某油田南北长 22.3km，开发方案设计东西向井排行列式井网开发，排距 600m，问需打井多少排？

已知：L = 22.3km，L' = 600m = 0.6km。

求：n。

解：
$$n = \frac{L}{L'} = \frac{22.3}{0.6} = 37 \text{ 排}$$

答：需打井 37 排。

[例 2-103] 某油田外周约 7.5km，开发方案设计采用边外注水，设计注水井井距 500m，预计打注水井多少口？

已知：C = 7.5km，L' = 500m = 0.5km。

求：n。

解：
$$n = \frac{C}{L'} = \frac{7.5}{0.5} = 15 \text{ 口}$$

答：预计打注水井 15 口。

[例 2-104] 某油田采用反九点法面积注水井网开发，该油田共有生产井 1421 口，问注水井大约多少口？

已知：n_o = 1421 口，n = 9。

求：n_w。

解：由反九点法面积注水井网特点可知，注水井与生产井井数比例为：
$$n_w : n_o = 2 : (n - 3)$$

将 n_o = 1421 口和 n = 9 代入上式，有：
$$n_w : 1421 = 2 : (9 - 3)$$

得：
$$n_w = 473 \text{ 口}$$

答：注水井大约 473 口。

[例 2-105] 某油田采用四点法面积注水井网开发，该油田共有注水井 312 口，问生产井大约多少口？

已知：n_w = 312 口，n = 4。

求：n_o。

解：由四点法面积注水井网特点可知，生产井与注水井井数比例为：

$$n_o : n_w = 2 : (n-3)$$

将 $n_w = 312$ 口和 $n = 4$ 代入上式，有：

$$n_o : 312 = 2 : (4-3)$$

得：

$$n_o = 624 \text{ 口}$$

答：生产井大约 624 口。

第五节　常用采油地质图及动态分析曲线简介

一、相关概念及其计算公式

1. 油层等压图

油层等压图是反映不同开采时期油层压力分布状况的等值图。根据需要，可编绘分层、分层系、分油田的等压图。油层等压图有如下用途：

（1）求油层平均压力。
（2）掌握地下流体状况和压力分布特征。
（3）研究油水界面移动情况。
（4）研究油层地层特征。
（5）计算油层流动系数和有效渗透率。

2. 油层等压差图

油层等压差图是反映不同开采时期油层的压力差分布状况的等值图。根据需要有等总压差图、等生产压差图、等流饱压差图等。油层等压差图有如下用途：

检查油层压力变化的程度，以便采取措施。压力降落慢的或上升的，表示油层生产能力稳定或向好的趋势变化；压力降落大的表示开采方法不合理，急需采取措施，保持压力，提高产量。

3. 油层等温图

油层等温图是反映不同开采时期油层温度（关井期间测出的油层静止温度）分布状况的等值图。油层等温图有如下用途：

（1）求油层平均温度。
（2）进行高压物性取样时查阅油层温度。
（3）研究油层温度分布规律。
（4）研究井下结蜡条件。
（5）研究油层条件的变化，修正地层温度和地层原油黏度等参数。

4. 油层等渗透率图

油层等渗透率图是反映不同开采时期油层渗透率分布状况的等值图。油层等渗透率图有如下用途：

（1）作为注水开发油田设计的主要依据。注水开发油田时，油层必须要有相当程度的渗透性和连通性，才能保证有效地水压驱动。如果一个油田在进行边缘注水时而对油田边部油层渗透率了解不够清楚，就会使注水井打在油田低渗透带附近，从而使注入水大部分外流。当渗透率小到一定程度时，注水很难见到效果。边内注水也必须根据等渗透率图把渗透率条件研究清楚，然后才能进行开发设计。

（2）对比分区生产能力。油井生产能力和射开油层的地层系数呈正比关系。地层系数就是渗透率和有效厚度的乘积，但厚度变化范围一般较小，而渗透率变化范围往往很大，当厚度变化很小时，渗透率几乎起决定作用。如一般油田高渗透带产量高，采油指数高；低渗透带产量低，采油指数低。

（3）计算并调节水线推进速度。各区渗透率分布不同，同样，注采条件和水线推进速度也不同，因而不但要计算水线推进速度，而且还要根据等渗透率图调节注采强度。渗透率特别高的区域，需要适当控制注入量，避免生产井过早见水；渗透率低的区域，则需要采取措施，提高注入量，这样才能促使水线均匀推进。

（4）掌握区域特点，指导生产。如某油田油层主要靠压裂增加产量，渗透率好的区域，必须用高黏度原油才能压开地层；渗透率中等的区域，用一般原油即可压开；渗透率特别低的区域，则需要先进行酸化，使渗透率提高才能压开。不同渗透率就需要不同对待。

5. 油层等流动压力图

油层等流动压力图是反映不同开采时期油井流动压力分布状况的等值图。油层等流动压力图有如下用途：

（1）可以弥补油层等压图的不足。例如在水舌上的井流动压力很高，有时超过附近井的地层静止压力。由于静止压力不是每口井都测，所以用等流动压力图比较明显。油层等压图一般半年才能作一次，而等流动压力图每月都有条件作。

（2）可以检查井底压力在某地区是否均匀分布。某地区由于压力不均衡造成高气油比或水浸，便于及时调整采油压差和采液量。

（3）岩相变化不大的油田，如有堵塞的井，会造成畸形的低流动压力，从而发现需要进行增产措施的井。

6. 等采油指数图

等采油指数图是反映油田或油井供油能力（即采油指数）分布状况的等值图。气油比高的井、含水高的井以及渗透性较差的井都会出现较低的采油指数。等采油指数图有如下用途：

（1）反映油井工作制度是否合理。

（2）反映区域特性。渗透性差的区域采油指数小；渗透性好的区域采油指数高。利用采油指数还可以判断井下油层是否窜通。

7. 油层构造图

将油层顶面或底面的等高线投影到平面上，用以表示油层的立体结构的图称为油层构造图。油层构造图有如下用途：

（1）了解油层构造形态。
（2）编绘一些地质图，如等压图、等采油指数图等。
（3）计算储量。
（4）编制开发方案。
（5）分析油层开采状况。

8. 有效厚度等值线图

有效厚度等值线图是反映油层有效厚度变化情况的图幅，简称等厚图，又称小层平面图。

9. 油层连通图

油层连通图又称栅状图，它表示油层各个方向的岩性、岩相变化情况和层间、井间连通情况，供单井和井组动态分析用。油层连通图有如下用途：

（1）确定注采井别。从油层连通图上可以了解注水井与油井之间油层的连通情况，哪个方向渗透率高，水容易突进；哪个方向渗透率差，水不容易推进。

（2）分析小层动态。油田投入开发以后，油层内的油、气、水分布在不断变化，相继出现一系列新问题。要掌握小层的动态规律，首先要了解小层的静态特点。应用连通图可以对每个区、每口井的小层进行分析，了解射开油层数、有效厚度、地层系数以及各射开层的类型（如水驱层、弹性层、还是土豆层、尖灭层），以利于油水井管理和挖潜增产。

（3）研究分析开采措施。应用油层连通图可以了解注水层位与采油层位是否对应，以便充分发挥分层注水效果；了解隔层条件，选择合理的卡封隔器位置；按照小层渗透性、连通性和分层配产配注的需要，采取分层增产增注措施。

10. 注采剖面对比图

注采剖面对比图是注水井吸水与油井产出对应剖面图，它是以注水井为中心，将吸水剖面、产液剖面与油藏剖面综合在一起，反映油井产出情况（分层产量、分层压力、分层含水）与注水井吸水情况（分层吸水量）以及相对应油井各油层性质（渗透率、油层厚度）的关系。

注采剖面对比图有如下用途：

（1）分析分层产出情况与吸水情况，了解纵向上油层动用和水淹状况。

（2）提出相应的配产配注方案和综合调整措施。

11. 开采现状图

开采现状图是反映油田或开发区不同开发时期开采情况的图幅。图上用各种特定符号表示各井的生产数据，包括日产液量、日产油量、含水、气油比和压力、日注水量等。它是全面掌握油田或开发区动态，指导配产配注不可缺少的综合性基础资料。

12. 油藏剖面图

油田上从某一方向的切面上反映构造形态、油层发育状况的剖面图是油藏剖面图。也叫构造剖面图。油藏剖面图一般包括纵剖面图和横剖面图。油藏剖面图有如下用途：

了解清楚油层、气层和水层发育状况、构造类型，指导采油工作。例如，保持油层压力就要考虑地层倾角，太陡的一般不宜在高部位注水；逐层分析油层动用状况和水淹状况，以便采用有针对性的调整措施。

13. 综合开采曲线

综合开采曲线简称综合曲线，它是以时间为横坐标，以月产油、月注水、注采比、累计产油、累计注水、平均静压、平均流压、平均单井日产量、综合含水、气油比、油水井开井数、日产液、日产油、日注水量等为纵坐标的关系曲线。综合开采曲线有如下用途：

（1）了解和掌握油田或区块的开发形势和变化趋势。

（2）分析油田驱动类型的变化。

（3）观察注水保持油层压力的效果。

(4) 分析增产效果。

(5) 划分开发阶段，预测油田动态。

14. 油井采油曲线

油井采油曲线是油井的生产记录曲线，它反映采油井开采指标的变化过程，是开采指标与时间的关系曲线。它一般以月份时间为横坐标，以油井的各项指标为纵坐标，把控制数据点连成曲线，并在曲线图头上注明井号、开采层位、井段、厚度、层数等。油井采油曲线有如下用途：

(1) 进行油井动态分析，选择合理工作制度。

(2) 了解油井生产能力，编制油田配产计划。

(3) 判断油井存在问题，检查措施效果。

(4) 分析注水效果，研究注采调整。

15. 井组注采反映曲线

井组注采反映曲线是以注水井为中心，联系相邻油井，反映油井生产和注水井注水随时间变化的曲线。纵坐标一般包括油井的日产液量、日产油量、含水率、气油比、动液面（或流压）、静压，注水井的日注水量、分层注水量、累计注水量等，横坐标是月份时间。井组注采反映曲线有如下用途：

(1) 分析注水井分层注水强度、分层注采平衡状况、压力变化。

(2) 分析井组内各油井见效状况，生产变化趋势。

(3) 分析各井各小层产量、压力、含水、水线推进变化及原因。

(4) 提出调整措施。

16. 油砂体图

油砂体图包括小层平面图和油层连通图。

17. 油层顶界、油层底界和油层中部深度

油层顶界，又称油层顶部深度，是指油井中所有油层最上部的深度，单位 m。

油层底界，又称油层底部深度，是指油井中所有油层最下部的深度，单位 m。

油层中部深度，又称油层中部，是指油井中所有油层的中间点深度，在数值上等于油层顶界与油层底界的算术平均值，单位 m。其计算公式为：

$$H_{中} = \frac{1}{2}(H_{顶} + H_{底}) \tag{2-76}$$

式中 $H_{中}$——油层中部深度，m；

$H_{顶}$——油层顶界深度，m；

$H_{底}$——油层底界深度，m。

18. 比例

比例，又称比例尺，是指图幅上两点间的距离与地面或地下实际距离的比。如构造井位图的常用比例尺为 1:15000。其计算公式为：

$$\frac{图上距离}{实际距离} = 比例 \tag{2-77}$$

或

$$实际距离 = \frac{图上距离}{比例} \tag{2-78}$$

二、例题

[例2-106] DB10-8井与DB2-10井在油层等压图上相邻两条等值线之间,且相邻两条等值线间隔为2.0MPa,经核实,DB10-8井的地层压力是22.1MPa,请估算DB2-10井的地层压力是多少?

解:由题意可知,DB2-10井地层压力应该在压力等值线22.0MPa与24.0MPa之间,所以该井的地层压力p_e为:

$$24.0\text{MPa} \geqslant p_e \geqslant 22.0\text{MPa}$$

答:估算DB2-10井的地层压力在不小于22.0MPa不大于24.0MPa之间。

[例2-107] 资料员小王一时找不到油层等压差图。她只记得该图两条相邻等值线间隔为1.0MPa,DB11-1井的采油压差为7.2MPa,DB13-3井的采油压差比DB11-1井的高,而且两口井分别在图上相邻的两个等值线区间内。您能帮助小王估算出DB13-3井的采油压差是多少吗?

解:由题意可知,DB13-3井的采油压差应该在压差等值线8.0MPa与9.0MPa之间,所以该井的采油压差Δp为:

$$9.0\text{MPa} \geqslant \Delta p \geqslant 8.0\text{MPa}$$

答:估算DB13-3井的采油压差在不小于8.0MPa不大于9.0MPa之间。

[例2-108] 某油层等温图的间隔等值线为10K,资料员计算6-8井的油层温度为348K。技术员审核时发现资料员计算有误,而且油层实测温度比资料员计算的要略大些,于是技术员把6-8井点在了温度等值线上。您知道6-8井的油层温度应该是多少吗?

解:由题意可知,6-8井的实际油层温度应该在340K和350K两条等值线之间,而且在350K这条等值线上。即$T = 350$K。

答:6-8井的油层温度应该是350K,即77℃。

[例2-109] 甲井的渗透率在渗透率等值线图上的1.1μm²线和1.2μm²线之间;乙井在1.5μm²线与1.6μm²线之间;丙井在1.4μm²线与1.5μm²线之间。请按从大到小的顺序为3口井的渗透率排队。

解:由题意可知

$$1.1\mu m^2 \leqslant K_甲 \leqslant 1.2\mu m^2$$
$$1.5\mu m^2 \leqslant K_乙 \leqslant 1.6\mu m^2$$
$$1.4\mu m^2 \leqslant K_丙 \leqslant 1.5\mu m^2$$

比较得知,$K_甲$最小,$K_乙$最大,即$K_乙 > K_丙 > K_甲$。

答:按从大到小的顺序为3口井的渗透率排队是$K_乙 > K_丙 > K_甲$。

[例2-110] 某油层等流动压力图,越靠近中心区域的压力越高。甲井在边缘位置,乙井接近中心区域,丙井处于两者之间。已知3口井的套管压力相同。您知道这3口井的动液面哪个最高?哪个最低吗?

解：由题意可知

$$p_{wf乙} > p_{wf丙} > p_{wf甲}$$

由流动压力计算公式可知，在套管压力相同的情况下，流压与动液面成正向对应关系（动液面越高，流动压力越大）。因此，乙井动液面最高，甲井动液面最低。即：

$$H_乙 > H_丙 > H_甲$$

答：这三口井的动液面乙井最高、甲井最低。

[**例2-111**] 某等采油指数图，越靠近中心区域的采油指数越高。1号井位于接近中心区域，2号井接近边缘部位，3号井位于两者之间。已知3口井的采油压差基本相同。您知道这3口井的产量哪口井最高？哪口井产量最低吗？

解：由题意可知

$$J_{01} > J_{03} > J_{02}$$

由产量与采油压差和采油指数三者的关系可知，在采油压差基本相同的情况下，采油指数与产量成正比。因此，1号井产量最高；2号井产量最低。即：

$$q_{01} > q_{03} > q_{02}$$

答：这3口井的产量1号井最高、2号井产量最低。

[**例2-112**] 某以油层顶面为投影的油层构造图上，甲井在-1850m构造线上，乙井在-2200m构造线上。问两井油层顶界相差多少？哪口井油层深？

已知：$H_甲 = -1850$m，$H_乙 = -2200$m。

求：ΔH。

解：

$$\Delta H = H_甲 - H_乙 = -1850 - (-2200) = 350\text{m}$$

答：两井油层顶界相差350m；乙井油层深。

[**例2-113**] 某纵向油藏剖面图上，1-2井的油层顶界深度是2212.12m，油层底界深度是2248.73m，问该井油层中部深度是多少？

已知：$H_顶 = 2212.12$m，$H_底 = 2248.73$m。

求：$H_中$。

解：

$$H_中 = \frac{H_底 + H_顶}{2} = \frac{2248.73 + 2212.12}{2} = 2230.43\text{m}$$

答：该井油层中部深度是2230.43m。

[**例2-114**] 某构造井位图的比例为1:15000，甲乙两口井在图上量得距离为3.4cm，问两口井的地面距离是多少？

解：

$$3.4\text{cm} = 0.034\text{m}$$

$$L = 0.034 \times 15000 = 510\text{m}$$

答：两口井的地面距离是510m。

第三章 自喷井采油工艺技术

第一节 自喷井井身结构和井口装置

一、相关概念及其计算公式

1. 井身结构

井身结构是指完钻井深和相应井段的钻头直径、下入的套管层数、直径和深度、各层套管外的水泥返高和人工井底等。

1) 导管

导管是井身结构中靠近裸眼井壁的第一层套管。常用直径 450mm 和 375mm,下入深度为 2~40m,其作用是:钻井开始时保护井口附近的地表层不被冲垮,建立起钻井液循环,引导钻具的钻进,保证井眼的垂直等。

2) 表层套管

表层套管又称地面套管或封隔水层套管,是井身结构中的第二层套管。常用直径 400mm 和 324mm,下入深度为 30~150m。其作用是:用来封隔地下水层,加固上部疏松岩层的井壁,保护井眼和安装封井器。

3) 技术套管

技术套管又称中间套管,是在表层套管和油层套管之间下入的一层套管。下入技术套管的层次、深度以及水泥上返高度,以能够封住复杂地层为基本原则。其作用是:用来保护和封隔油层上部难以控制的复杂地层,如隔绝上部高压油(气、水)层、漏失层或坍塌层,以保证钻进的顺利进行。

4) 油层套管

油层套管又称完井套管,简称套管,是井身结构中最后下入的一层套管。常用直径为 148mm 和 140mm 等。下入深度一般应超过油层底界 30m 以上,并在最后一个油层底部留有一个足够的沉沙口袋,以保证油井进行长期的安全生产。其管外用水泥封固牢,水泥上返高度必须超过油气层顶界 100~150m。其作用是:加固油层井壁,封隔住油层、气层和水层,建立一条封固严密的永久性通道,保证井能够进行长时期的生产。

2. 井身结构的相关名词

1) 固井

固井是在套管和井壁的环形空间内注入水泥浆进行封固的施工工艺。其作用是:加固井壁保护套管,封隔井内各个油层、气层和水层,防止互相窜通,便于以后的分层开采或分层注水。

2) 固井水泥环

固井水泥环是指下完各类套管并经过固井后,便在套管与井壁的环形空间形成了坚固的水泥环状柱体。其作用是：封固地层，加固井壁和保护套管。

3）方补心

方补心是指旋转钻井时带动井下工具旋转的转盘中间用来卡住方钻杆的部件。它是完钻井深及各种下井工具、仪器下入深度的起算点。

4）油补距

油补距又称补心高差，是指方补心上平面到套管四通上平面间的距离。

5）套补距

套补距是指方补心上平面到套管法兰上平面间的距离。

6）完钻井深

完钻井深又称钻井井深，是指完钻井裸眼井底至方补心上平面间的距离。

7）套管深度

套管深度是指从方补心上平面到套管鞋位置的深度。

8）人工井底

人工井底是指固井完成后留在套管内最下部一段水泥凝固后的顶面。其深度是从方补心上平面到人工井底之间的距离。

9）水泥返高

水泥返高是指固井时油层套管和井壁之间环形空间的水泥上返高度。其深度等于从方补心上平面到环形空间水泥面之间的距离。

10）水泥塞

水泥塞是指固井后从完钻井底到人工井底这段水泥柱。

11）补心高度

补心高度是指方补心上平面到地面的垂直距离。

12）水泥帽

固井时从井口到地下 40m 左右处用水泥封固套管与井壁之间形成的环状水泥柱是水泥帽。

13）沉沙口袋

沉沙口袋是指从人工井底到油层射孔底界间的一段套管内容积。

3. 完井方法

完井方法又称井底完成，是指把油层和井筒连通起来的方法，它是整个钻井工艺过程中的最后一道工序。

1）裸眼完井法

裸眼完井法是指在钻开的生产层位不下入套管的完井方法。

裸眼完井法有两种：先期裸眼完井法和后期裸眼完井法。

先期裸眼完井法是指钻头钻至油层顶界附近后，下油层套管注水泥固井，水泥上返至设计高度后，再从油层套管中下入直径较小的钻头，钻穿水泥塞，钻开油层至设计井深完井。

后期裸眼完井法是指不更换钻头，先钻开油层至设计井深，再将油层套管下至油层顶部，注水泥固井。固井时，为防止水泥浆伤害套管鞋以下油层，通常在油层套管段垫砂或者低失水、高黏度的钻井液，以防止水泥浆下沉。后期裸眼完井法多适用于碳酸盐岩裂缝性油气层，一般不适用于砂岩油层。

2）射孔完井法

射孔完井法是国内外应用最广泛的一种完井方法，包括套管射孔完井法和尾管射孔完井法。

套管射孔完井法是钻穿油层直至设计井深，然后下油层套管至油层底部注水泥固井，最后下入射孔器对准欲打开的油气层部位射孔，射穿油层套管、水泥环并射穿至油层某一深度，建立起油气流入井筒的通道。

尾管射孔完井法是钻至油层顶界后，下入油层套管注水泥固井，然后用小一级的钻头钻穿油层至设计深度，用钻具将尾管送下并悬挂在油层套管上，再对尾管注水泥固井，然后射孔。

3）衬管完井法

衬管完井法是钻头钻至油层顶界后，下入油层套管注水泥固井，水泥浆上返至设计高度后，再从油层套管中下入直径小一级的钻头钻穿油层至设计井深，最后在油层部位下入预先割缝（或圆孔）的衬管，依靠衬管顶部的衬管悬挂器（卡瓦封隔器），将衬管挂在油层套管上，使油气流通过衬管的割缝（或圆孔）流入井筒。

4）砾石充填完井法

砾石充填完井法包括裸眼砾石充填完井法和套管砾石充填完井法。

裸眼砾石充填完井法是在钻头钻至油层顶界以上3m后，下油层套管注水泥固井，水泥浆上返至设计高度后，再从油层套管中下入直径小一级的钻头钻穿水泥塞，钻开油层至设计井深，然后更换扩张式钻头将油层部位的井径扩大到油层套管外径的1.5~2倍，以确保充填砾石时有较大的环形空间，增加防砂层的厚度，提高防砂效果。

4. 油井和注水井井身结构的区别

（1）对油井或水井井别已定的井，分别在油层井段下不同壁厚的套管。下入φ140mm套管时，油井用壁厚6.98mm，注水井用壁厚7.72mm。下入φ148mm套管时，油井用壁厚7.0mm，注水井用壁厚8.0mm。井别未定的井，均按注水井标准下套管。

（2）完井时，油管下入深度也不一样。油井油管下入深度在射孔井段的中、上部，注水井油管下入深度在射孔井段以下10~15m。分层配产配注井，油管下至油层底部。

5. 井的完善性

1）井壁附加阻力

井壁附加阻力又称附加压力损失，是指产量相等的理想完善井的生产压差与实际油井的生产压差之差。它表示由于油井的不完善，在井壁附近所产生的附加阻力的大小。其计算公式：

$$\Delta p_e = \Delta p' - \Delta p \tag{3-1}$$

式中　Δp_e——井壁附加阻力，MPa；

$\Delta p'$——产量相等的理想完善井的生产压差，MPa；

Δp——产量相等的实际油井的生产压差，MPa。

2）井的有效半径

井的有效半径也称井的折算半径，是指考虑井表皮效应，把完井半径换算成反映井的有效半径。其计算公式：

$$r_c = r_w e^{-S} \tag{3-2}$$

式中　r_e——有效半径，m；
　　　r_w——完井半径，m；
　　　S——表皮系数，无量纲量；
　　　e——自然对数的底。

3）表皮效应

表皮效应是指由于钻井、井下作业和增产措施，使井底附近地层渗透性变差或变好，从而引起附加流动阻力的效应。当地层渗透性变好时，附加阻力为负值，反之为正值。

4）表皮系数

表皮系数又称井底阻力系数，是表示井的完善程度的一个无量纲系数。其计算公式：

$$S = \ln \frac{r_w}{r_e} \tag{3-3}$$

当 $\dfrac{r_w}{r_e}=1$ 时，S 值为零，说明井是完善的；当 $\dfrac{r_w}{r_e}>1$ 时，S 值为正值，说明井是不完善的；当 $\dfrac{r_w}{r_e}<1$ 时，S 值为负值，说明井是超完善的。

5）流动效率

流动效率是指测试井的实际采油指数与理想完善井的采油指数之比值。

6）堵塞比

堵塞比是表示井壁附近污染情况的一个参数，它是流动效率的倒数，即理想完善井的采油指数与测试井实际采油指数之比值。

7）井底污染

井底污染也称井底伤害，是指在钻井、射孔和修井作业过程中，由于各种工作液渗入地层，使井底附近地层渗透率降低。

8）地层压力损失与附加压力损失

地层压力损失是指流体在地层中流动所消耗的压力。其计算公式：

$$\Delta p_e = \frac{q\mu}{2\pi K h} \ln \frac{R}{r} \tag{3-4}$$

附加压力损失又称表皮压力损失，是指流体在表皮效应中的流动所消耗的压力。其计算公式：

$$\Delta p_e' = \frac{q\mu S}{2\pi K h} \tag{3-5}$$

式中　Δp_e——地层压力损失，MPa；
　　　$\Delta p_e'$——附加压力损失，MPa；
　　　q——油井产量，m³/d；
　　　μ——原油黏度，mPa·s；
　　　K——渗透率，μm²；
　　　h——油层厚度，m；
　　　S——表皮系数，无量纲；

R—— 外边界半径，m；
r—— 内边界半径，m。

9）完善程度

完善程度是指理想完善井的生产压差与实际油井的生产压差之比。它是表示油井完善程度的一个参数。其计算公式：

$$p_F = \frac{\Delta p'}{\Delta p} \tag{3-6}$$

式中　p_F—— 完善程度，无量纲。

其余符号含义同前文。

当 $p_F=1$ 时，说明井是完善的；当 $p_F<1$ 时，说明井是不完善的；当 $p_F>1$ 时，说明井是超完善的。

10）完善井

完善井是指钻穿油气层时，钻井液污染很小，不下套管裸眼完成的井。完善井因无井底附加阻力，其表皮系数是零。完善井可按下式计算：

$$q = \frac{2\pi K h \Delta p}{\mu \ln \frac{R}{r}} \tag{3-7}$$

式中　Δp—— 生产压差，MPa；
R—— 供油半径，m；
r—— 油井井筒半径，m。

其余符号含义同前文。

11）不完善井

不完善井是指因不同原因造成井底产生附加阻力的井。

12）超完善井

由于采用高效率的射孔器及对油气层进行压裂等增产措施，使这类井的井底附近的渗流阻力比完善井还小，所以在其他条件相同时，产量比完善井高，这种井称为超完善井。

6. 井口装置

1）油管头

油管头是指从总阀门以下到套管四通大法兰的部分，包括套管四通和油管挂。油管头坐在顶丝法兰盘座里。油管头的作用是：悬挂油管和密封油套环形空间。

2）套管头

套管头在整个采油树的最下端。它的作用是：将井内各层套管连接起来，使各层套管间的环形空间密封不漏。只有油层套管的井，不用套管头，而将套管四通的下法兰直接坐在油层套管的法兰上，或在油层套管上接一根套管短节，和套管三通或四通直接用螺纹连接。

3）采油树

采油树是井口的别称，自喷井井口由四通（或三通）、悬挂器、生产阀门、套管阀门、总阀门、清蜡阀门和油嘴套等组成。抽油井井口与自喷井井口相比，区别在于：自喷井井口的清蜡阀门（两个平直的胶皮舌头，将井口封住起防喷作用，起下清蜡钢丝可以通过）变成了抽油井井口的胶皮阀门（两个带有月牙形的胶皮舌头，在胶皮阀门关闭状态时，抱紧光杆的圆周，密封井口，起防喷作用）。其作用是：
（1）悬挂油管，承托井内的全部油管柱重量；
（2）密封油套环形空间；
（3）控制和调节油井的生产；
（4）保证各项井下作业，如诱喷、洗井、打捞、酸化、压裂等的施工；
（5）录取油管压力和套管压力等资料以及测压、清蜡等日常生产管理。

二、例题

[例3-1] 某井井径200mm，供油半径300m，油层厚度40m，有效渗透率$0.8\mu m^2$，油层中部深度1200m，原油密度$0.90t/m^3$，原油体积系数1.16，原油黏度20mPa·s，含水40%，测得油层静压12.0MPa，套管压力0.5MPa，动液面深度600m，请测算一下该完善井（表皮系数为零）的日产油能力。

已知：$R=300m$，$r=100mm=0.1m$，$h=40m$，$K=0.8\mu m^2$，$H_中=1200m$，$\rho_o=0.90t/m^3$，$B_o=1.16$，$\mu=20mPa·s$，$f_w=40\%$，$p_e=12.0MPa$，$p_t=0.5MPa$，$H_D=600m$，$\rho_w=1t/m^3$。

求：q_o。

解：

$$\rho=\rho_o(1-f_w)+\rho_w f_w=0.90\times(1-40\%)+1\times40\%=0.94t/m^3$$

$$p_{wf}=p_t+\frac{\rho(H_中-H_D)}{100}=0.5+\frac{0.94\times(1200-600)}{100}=6.14MPa$$

$$\Delta p=p_e-p_{wf}=12.0-6.14=5.86MPa$$

$$q_L=\frac{2\pi Kh\Delta pB_o}{\rho\mu\ln\frac{R}{r}}=\frac{2\pi\times0.8\times40\times5.86\times1.16}{0.94\times20\times\ln\frac{300}{0.1}}=8.7t/d$$

$$q_o=q_L(1-f_w)=8.7\times(1-40\%)=5.2t/d$$

答：该完善井（表皮系数为零）的日产油能力5.2t/d。

[例3-2] 某井油补距2.75m，套补距3.10m，为降低井口距地面高度，将套管法兰短节割去一段重新对焊，变动后的套管法兰短节缩短0.4m，问改变后的油补距和套补距各是多少？

已知：$H_油=2.75m$，$H_套=3.10m$，$\Delta H=0.4m$。

求：$H'_油$和$H'_套$。

解：

$$H'_油=H_油+\Delta H=2.75+0.4=3.15m$$

$$H'_套=H_套+\Delta H=3.10+0.4=3.50m$$

答：改变后的油补距和套补距分别是3.15m和3.50m。

[例3-3] 某井油补距2.75m，套补距3.10m，为提高井口距地面高度，将套管法兰短节加上去一段重新对焊，变动后的套管法兰短节长度增加0.4m，问改变后的油补距和套补距各是多少？

已知：$H_{油} = 2.75m$，$H_{套} = 3.10m$，$\Delta H = 0.4m$。

求：$H'_{油}$ 和 $H'_{套}$。

解：
$$H'_{油} = H_{油} - \Delta H = 2.75 - 0.4 = 2.35m$$

$$H'_{套} = H_{套} - \Delta H = 3.10 - 0.4 = 2.70m$$

答：改变后的油补距和套补距分别是 2.35m 和 2.70m。

[例3-4] 某井油层有效厚度 18.5m，有效渗透率 $0.11\mu m^2$，地下原油黏度 9mPa·s，目前地层压力 9.44MPa，井底流压 6.96MPa，供油半径 300m，油井半径 0.1m，地层原油密度 $0.885t/m^3$，请测算该完善井油层供液能力。

已知：$R = 300m$，$r = 0.1m$，$h = 18.5m$，$K = 0.11\mu m^2$，$\rho_o = 0.885t/m^3$；$\mu = 9mPa·s$，$p_e = 9.44MPa$，$p_{wf} = 6.96MPa$。

求：q。

解：
$$\Delta p = p_e - p_{wf} = 9.4 - 6.96 = 2.48MPa$$

$$q = \frac{2\pi Kh\Delta p\rho_o}{\mu \ln\frac{R}{r}} = \frac{2\pi \times 0.11 \times 18.5 \times 2.48 \times 0.885}{9 \times \ln\frac{300}{0.1}} = 0.4 t/d$$

答：测算该完善井的油层供液能力是 0.4t/d。

第二节 管网流程和地面设备

一、相关概念及其计算公式

1. 管线及管流

1）管径

管径是指管线的内径。单位 mm。

2）流速

流速是指液体在管路某一点单位时间前进的距离。单位 m/s 或 cm/s。

3）流量

流量分体积流量和质量流量。

体积流量是指单位时间内流过断面的流体体积。单位 m^3/s 或 m^3/h。

质量流量是指单位时间内流过断面的流体质量。单位 kg/s 或 t/h。

4）层流和紊流

当单相流体流速较低时，流体呈一层一层的流动，各层间互不相混，各自沿直线向前流动，这种流动称为层流。

当单相流体流速较大时，流体呈无规则的紊乱流动，这种流动称为紊流。

层流的流速，管中心最大，其近壁处最小。管内平均流速与最大流速之比等于 0.5。当雷诺数 $Re < 2300$ 时，流体的流动为层流状态。当雷诺数 Re 为 2300~4000 时，流体的流动为

层流向紊流的过度状态。当雷诺数 $Re>4000$ 时，流体的流动为紊流状态。紊流按其特点可分为各向同性均匀紊流和剪切紊流。剪切紊流又分为自由紊流和壁面紊流。雷诺数的计算如下：

$$Re = \frac{\rho v L}{\mu} \tag{3-8}$$

式中　Re——雷诺数（对于圆管 $Re \approx 2000$），无量纲；
　　　ρ——流体密度；
　　　v——特征速度，指圆管横截面上的平均速度，cm/s；
　　　L——特征长度，指圆管内径，cm；
　　　μ——流体黏度，cm^2/s。

公式二：

$$Re = \frac{Dv}{\mu} = \frac{4Q}{\pi D \mu} \tag{3-9}$$

式中　Re——雷诺数，无量纲；
　　　D——管道内径，cm；
　　　v——流速，cm/s；
　　　Q——体积流量，cm^3/s；
　　　μ——运动黏度，cm^2/s。

5）流量、流速和管径的相互关系

流量（也叫排量）大小与管路横截面积和介质流速成正比，其关系为：

$$Q = Av \tag{3-10}$$

式中　Q——介质体积流量，m^3/s；
　　　A——管道横截面积，m^2；
　　　v——介质流速，m/s。

管路横截面积又和管路内经的平方成正比，其关系为：

$$A = \frac{\pi D^2}{4} \tag{3-11}$$

式中　D——管道内径，m；
　　　A——管道横截面积，m^2；

从上面两个公式可以得出，流量、流速和管径的关系。

由 $Q = Av = \frac{v\pi D^2}{4}$ 可推导出：

$$v = \frac{Q}{A} = \frac{Q}{\frac{\pi D^2}{4}} = \frac{4Q}{\pi} \frac{1}{D^2} \tag{3-12}$$

式中符号含义同前文。

对于水管路来说，可以有如下关系：

（1）在流速一定的情况下，管径和流量的关系是平方关系，即管径增加1倍，流量就增加4倍。这个规律适合于不同直径管路或变径管路，称为流体的连续性方程。

$$\frac{大管流量}{小管流量}=\left(\frac{大管直径}{小管直径}\right)^2 \quad (3-13)$$

（2）在流量一定的情况下，管径和流速的关系是反比平方关系，即管径缩小一半，流速就增加4倍。这个规律适合于不同直径管路或变径管路，称为流体的连续性方程。

$$\frac{小管流速}{大管流速}=\left(\frac{大管直径}{小管直径}\right)^2 \quad (3-14)$$

（3）这个结论告诉我们，管径对流量和流速的影响是很大的，选用时要认真核算。

6）管路损失

液体沿管道输送过程中所消耗的能量称为管路损失。它包括液体沿直线管段所受阻力引起的损失和液流通过流量计、阀门、弯头等处所受阻力引起的损失。

7）沿程阻力与沿程水头损失

液流沿整个流程上的直线管段所受的阻力称为沿程阻力。克服沿程阻力所引起的水头损失叫沿程水头损失。

8）局部阻力和局部水头损失

液流通过流量计、阀门、压力表、弯头等局部地方所受的阻力称为局部阻力。克服局部阻力所引起的水头损失叫局部水头损失。

2. 加热炉

1）热量

由于温度不同，在系统和外界之间穿越边界而传递的能量称为热量。单位为焦耳，符号J。焦耳与千卡之间的换算关系是：

$$1 焦耳 = 0.2389\times10^{-3} 千卡$$

2）热值

燃烧单位质量的可燃物所发出的热量叫热值。单位是千焦/米³或千焦/千克。单位符号分别是 kJ/m³ 或 kJ/kg。代表符号为 q。

3）比热容

单位质量的物质温度每升高或降低1℃时所吸收或放出的热量叫比热容。单位是千焦/（千克·摄氏度）。单位符号是 kJ/(kg·℃)。代表符号为 c。对于加热炉，计算比热容的经验公式为：

$$c=\frac{1}{\sqrt{\rho}}\left(0.403+0.00081\times\frac{t_1+t_2}{2}\right) \quad (3-15)$$

式中　c——比热容，kJ/(kg·℃)；
　　　ρ——加热介质密度，t/m³；
　　　t_1——加热介质初始温度，℃；
　　　t_2——加热介质终止温度，℃。

4）热量与热值、比热容的关系

$$Q=qm \quad (3-16)$$

$$Q = cm\Delta t \tag{3-17}$$

式中 c——比热容，kJ/(kg·℃) 或 kJ/(m³·℃)；
q——热值，kJ/m³ 或 kJ/kg；
m——燃料质量，m³ 或 kg；
Δt——加热炉进出口温度差，℃；
Q——热量，kJ 或 kcal。

5) 热载体

能够携带热量的流体称为热载体。水和蒸汽就是很好的热载体，而蒸汽尤佳。

6) 饱和温度

给承受恒定压力的液体连续加热，随温度的上升，该流体的蒸汽压也升高，直到与外压相等，此时，该液体吸收的热量已达饱和状态，开始沸腾，相应的温度称为该压力下的沸点或饱和温度。

3. 离心泵

液体进入叶轮后，改变流体的方向，叶轮的吸入口与排出口成直角，流体经叶轮后的流动方向与轴线成90°角，这种泵称为离心泵。

1) 排量的估算（经验公式）

$$Q = 5D^2 \tag{3-18}$$

式中 Q——估算排量，m³/h；
D——进口直径，in。

2) 叶轮直径与扬程的关系

扬程与叶轮直径成正比平方关系，其计算公式：

$$\frac{H_2}{H_1} = \left(\frac{D_2}{D_1}\right)^2 \tag{3-19}$$

式中 H_1，H_2——改变叶轮直径前后的扬程，m；
D_1，D_2——改变叶轮直径前后的直径，mm。

3) 离心泵的有效功率

其计算公式：

$$N_{有} = \frac{QH\rho}{1000} \tag{3-20}$$

式中 $N_{有}$——有效功率，kW；
Q——排量，m³/s；
H——扬程（可用泵压乘以100求得），m；
ρ——介质密度，N/m³。

4) 离心泵的轴功率

其计算公式：

$$N_{轴} = \frac{\sqrt{3}IU\cos\phi\eta_{机}}{1000} \tag{3-21}$$

式中　$N_轴$——轴功率，kW；
　　　I——电流，A；
　　　U——电压，V；
　　　$\cos\phi$——电动机功率因数，一般为 0.8~0.9；
　　　$\eta_机$——电动机效率，一般为 0.9~0.95。

5）离心泵的泵效
其计算公式：

$$\eta_泵 = \frac{N_有}{N_轴} \times 100\% \tag{3-22}$$

式中　$\eta_泵$——泵效，%。
其他符号含义同前文。

6）电动机的输入功率
其计算公式：

$$N_入 = \frac{\sqrt{3}\,IU\cos\phi}{1000} \tag{3-23}$$

式中　$N_入$——输入功率，kW。
其他符号含义同前文。

7）电动机的输出功率
其计算公式：

$$N_出 = N_入\,\eta_机 \tag{3-24}$$

式中　$N_出$——输出功率，kW；
　　　$\eta_机$——电动机效率，一般为 0.9~0.95。
其他符号含义同前文。

8）离心泵的比转数
当离心泵的流量改变到 $0.075 m^3/s$，扬程改变到 1m，有效功率为 1hp 时，泵所具有的转数称为比转数，用来表示流量、扬程及转速三者的关系。其中任意一个参数的变化，都会引起比转数的变化。比转数可以作为机器分类、系列化和相似设计的依据。比转数小反映机器的流量小，全压（或扬程、水头）高；反之，比转数大则机器的流量大，全压（或扬程、水头）低。比转数计算公式：

$$\eta_s = \frac{3.65n\sqrt{Q}}{\sqrt[4]{\left(\frac{H}{L}\right)^3}} \tag{3-25}$$

式中　n_s——比转数；
　　　n——电动机转数，min^{-1}；
　　　Q——排量，m^3/s；
　　　H——扬程，m；
　　　L——离心泵级数。

9) 温差法测离心泵泵效

其计算公式：

$$\eta = \frac{\Delta p}{\Delta p + 4.27\Delta T} \times 100\% \tag{3-26}$$

式中　η——泵效，%；
　　　Δp——泵进出口压差，MPa；
　　　ΔT——泵进出口温差，℃。

4. 柱塞泵

柱塞泵，也称往复泵，其主要性能参数有排量、有效压头、轴功率和效率等。

1) 理论流量

所谓理论流量就是泵在单位时间内不考虑因漏失、吸入不良等因素影响而排出的体积流量。理论流量又分为理论平均流量和理论瞬时流量两种。泵的作用方式不同，其理论平均流量也不同。

（1）对于单缸单作用泵，其理论平均流量计算公式为：

$$Q_{理平} = \frac{FSn}{60} \tag{3-27}$$

式中　$Q_{理平}$——理论平均流量，m³/s；
　　　F——泵的活塞（或液缸）的截面积，m²；
　　　S——活塞的冲程，m；
　　　n——冲数，min⁻¹。

（2）对于单缸双作用泵，其理论平均流量计算公式为：

$$Q_{理平} = \frac{(2F - f)Sn}{60} \tag{3-28}$$

式中　f——泵的活塞杆截面积，m²。

其余符号含义同前文。

（3）对于多缸泵，只需在单缸基础上乘以缸数即可求出多缸泵的流量。计算公式为：

多缸单作用泵理论平均流量

$$Q_{理平} = \frac{mFSn}{60} \tag{3-29}$$

多缸双作用泵理论平均流量

$$Q_{理平} = \frac{m(2F - f)Sn}{60} \tag{3-30}$$

式中　m——多缸泵的缸数，无量纲。

其余符号含义同前文。

2) 往复泵的瞬时流量

瞬时流量就是泵在某一瞬时（或曲柄转到某一角度时）所排出的液体数量。用 $Q_{瞬时}$ 表示。

3) 实际平均流量

往复泵实际排出液体的体积要比理论上计算的体积小。因此在单位时间内泵所排出的真实液体量称为实际流量。

(1) 往复泵的流量系数。

往复泵的流量系数（又称容积系数）是实际平均流量与理论平均流量的比值。计算公式为：

$$\eta = \frac{Q_{实际}}{Q_{理平}}$$

(2) 泵的实际平均流量。计算公式为：

$$Q_{实际} = \eta Q_{理平} \tag{3-31}$$

(3) 多缸单作用泵的实际平均流量。计算公式为：

$$Q_{实际} = \frac{\eta m F S n}{60} \tag{3-32}$$

(4) 多缸双作用泵的实际平均流量。计算公式为：

$$Q_{实际} = \frac{\eta m (2F - f) S n}{60} \tag{3-33}$$

(5) 考虑到现场工作人员计算方便，对流量计算公式的单位进行了适当的换算，列出流量计算公式如下：

$$Q_{实际} = \frac{\eta (2F-f) S n}{1000 m} \tag{3-34}$$

式中　$Q_{实际}$——实际平均流量，L/s；
　　　η——容积系数（流量系数），取 $\eta = 0.8$；
　　　S——活塞的冲程，cm；
　　　n——冲数，min^{-1}；
　　　F——泵的活塞（或液缸）的截面积，cm^2；
　　　f——活塞杆面积，cm^2；
　　　m——计算系数，双缸双作用泵 $m = 30$，三缸双作用泵 $m = 20$。

一般 $\eta = 0.85 \sim 0.95$，对于大型而吸入条件好的新泵，可取大些，有的甚至可达 0.97~0.99。往复泵的有效压头、轴功率、效率等计算与离心泵相同。

二、例题

[**例 3-5**]　某输油管道计划年输油 $2000 \times 10^4 \text{t}$，设计流速为 2m/s，油品密度 0.85t/m^3，管道年工作时间为 350 天。其管径应是多少？

已知：$\sum Q = 2 \times 10^7 \text{t}$，$v = 2\text{m/s}$，$\rho = 0.85 \text{t/m}^3$，$n = 350$。

求：D。

解：

$$Q = \frac{\sum Q}{n\rho \times 24 \times 3600} = \frac{2 \times 10^7}{350 \times 0.85 \times 24 \times 3600} = 0.78 \text{m}^3/\text{s}$$

由 $v = \dfrac{Q}{\dfrac{\pi D^2}{4}}$ 得：

$$D = \sqrt{\dfrac{4Q}{\pi v}} = \sqrt{\dfrac{4 \times 0.78}{2\pi}} = 0.704\text{m} = 704\text{mm}$$

答：该输油管线内径应该是 704mm。

[**例 3-6**]　有圆弧形弯曲管子，管子弯曲部分曲率半径为 400mm，所对应的圆心角为 60°，不考虑管子矫直后的伸缩量，问该管子矫直后有多长？

已知：$R = 400\text{mm}$，$\phi = 60°$。

求：L。

解：

$$\phi = 60° = \dfrac{\pi}{3}$$

$$L = \phi R = 400 \times \dfrac{\pi}{3} = 419\text{mm}$$

答：该管子矫直后有 419mm。

[**例 3-7**]　公称直径为 100mm 的管路，流速为 1m/s 时，流量是多少？

已知：$D = 100\text{mm} = 0.1\text{m}$，$v = 1\text{m/s}$。

求：Q。

解：

$$A = \dfrac{\pi D^2}{4} = \dfrac{0.1^2 \pi}{4} = 0.00785\text{m}^2$$

$$Q = 3600Av = 3600 \times 0.00785 \times 1 = 28.3\text{m}^3/\text{h}$$

答：流量是 28.3m³/h。

[**例 3-8**]　某供水泵泵压 2.4MPa，管压为 2.2MPa，求泵出口及管路中的压力损失各是多少？

已知：$p_{泵} = 2.4\text{MPa}$，$p_{管} = 2.2\text{MPa}$。

求：$p_{出}$ 和 Δp。

解：

$$p_{出} = p_{泵} = 2.4\text{MPa}$$

$$\Delta p = p_{泵} - p_{管} = 2.4 - 2.2 = 0.2\text{MPa}$$

答：泵出口压力是 2.4MPa；管路中的压力损失是 0.2MPa。

[**例 3-9**]　公称直径为 100mm 的管路，当流速为 1m/s 时流量为 28.3m³/h。求流速为 2m/s 时的流量是多少？

已知：$v_1 = 1\text{m/s}$，$v_2 = 2\text{m/s}$，$Q_1 = 28.3\text{m}^3/\text{h}$。

求：Q_2。

解：由于一定管径的管路中，流量和流速成正比，可得：

$$\dfrac{Q_2}{Q_1} = \dfrac{v_2}{v_1}$$

$$Q_2 = Q_1 \frac{v_2}{v_1} = 28.3 \times \frac{2}{1} = 56.6 \text{m}^3/\text{h}$$

答：流速为 2m/s 时的流量是 56.6m³/h。

[例 3-10] 一清水罐内液面高为出口管线以上 6m，已知罐出口管线高于泵供水管线 1m，水从罐到泵进口处的压力损失为 0.05MPa，求泵进口处的压力是多少？

已知：$\Delta H = 6+1 = 7\text{m}$，$\rho_w = 1\text{t/m}^3$，$\Delta p = 0.05\text{MPa}$。

求：p_2。

解：

$$p_1 = \frac{\Delta H \rho_w}{100} = \frac{7 \times 1}{100} = 0.07\text{MPa}$$

$$p_2 = p_1 - \Delta p = 0.07 - 0.05 = 0.02\text{MPa}$$

答：泵进口处的压力是 0.02MPa。

[例 3-11] 有一内径为 5m 的水罐，罐内清水液面高 3m，求该罐底所承受的压力是多少？

已知：$D = 5\text{m}$，$H = 3\text{m}$，$\rho_w = 1\text{t/m}^3$。

求：F。

解：

$$p = \frac{H \rho_w}{100} = \frac{3 \times 1}{100} = 0.03\text{MPa} = 3 \times 10^4 \text{Pa}$$

$$A = \frac{\pi D^2}{4} = \frac{5^2 \pi}{4} = 19.63\text{m}^2$$

$$F = pA = 3 \times 10^4 \times 19.63 = 5.889 \times 10^5 \text{N} = 58.89\text{tf}$$

答：该罐底所承受的压力是 58.89tf。

[例 3-12] 在一条 φ159mm×4.5mm 管路中，水的流量为 200m³/h。求水的流速是多少？

已知：$D = 159 - 4.5 \times 2 = 150\text{mm} = 0.15\text{m}$，$Q = 200\text{m}^3/\text{h}$。

求：v。

解：

$$A = \frac{\pi D^2}{4} = \frac{0.15^2 \pi}{4} = 0.018\text{m}^3$$

$$v = \frac{Q}{A} = \frac{200}{3600 \times 0.018} = 3.09\text{m/s}$$

答：水的流速是 3.09m/s。

[例 3-13] 某管路长 200km，规格为 φ219mm×7mm，首站排量为 150m³/h。问经过多长时间油头到达末站？

已知：$D = 219 - 7 \times 2 = 205\text{mm} = 0.205\text{m}$，$Q = 150\text{m}^3/\text{h}$，$L = 200\text{km} = 2 \times 10^5 \text{m}$。

求：t。

解：
$$A = \frac{\pi D^2}{4} = \frac{0.205^2 \pi}{4} = 0.033 \text{m}^2$$

由 $\sum Q = AL$，得：
$$t = \frac{\sum Q}{Q} = \frac{AL}{Q} = \frac{0.033 \times 2 \times 10^5}{150} = 44\text{h}$$

答：经过 44h 油头到达末站。

[例 3-14] 某站有一条 20km 长 ϕ159mm×5mm 输油管线，输油时管内平均流速为 1.5m/s，压降损失为 0.233MPa/km，末站进站压力为 0.2MPa，不考虑位差，求泵供给能量压力是多少？

已知：$L = 20$km　$\Delta p = 0.233$MPa/km　$p_2 = 0.2$MPa

求：p_1。

解：
$$p_1 = p_2 + \Delta p L = 0.2 + 0.233 \times 20 = 4.86 \text{MPa}$$

答：泵供给能量压力是 4.86MPa。

[例 3-15] 某站有一台外输泵，以 200m³/h 进行外输，管内经济流速为 2m/s，求需要多大管线能满足生产要求？

已知：$Q = 200$m³/h，$v = 2$m/s。

求：D。

解：
$$Q = \frac{200\text{m}^3}{\text{h}} = \frac{200}{3600} = 0.0556 \text{m}^3/\text{s}$$

由公式 $v = \dfrac{Q}{\dfrac{\pi D^2}{4}}$，得：

$$D = \sqrt{\frac{4Q}{\pi v}} = \sqrt{\frac{4 \times 0.0556}{2\pi}} = 0.1881\text{m} = 188.1\text{mm}$$

由于管径与 188mm 相近的管径常用的是 219mm，故应选用 ϕ219mm 管线。

答：需要 ϕ219mm 管线能满足生产要求。

[例 3-16] 有一条 ϕ219mm×6mm 管线长 20km，用一台泵以 181.98m³/h 输油，测得原油运动黏度为 2.5cm²/s，试分析该管线内油流的状态。

已知：$D = 219 - 6 \times 2 = 207$mm $= 0.207$m，$Q = 181.98$m³/h，$\mu = 2.5$cm²/s。

求：Re。

解：
$$Q = \frac{181.98 \times 10^6}{3600} = 50550 \text{cm}^3/\text{s}$$

$$Re = \frac{Dv}{\mu} = \frac{4Q}{\pi D \mu} = \frac{4 \times 50550}{2.5 \times 20.7\pi} = 1243.7$$

因为雷诺数 $Re = 1243.7 < 2300$，所以管线内的油流状态应为层流。

答：该管线内的油流状态应为层流。

[例 3-17] 某油罐收油前原油体积为 500m³，油温 60℃，密度 0.826t/m³，油内含水 3%，收油后原油体积为 5000m³，油温 40℃，密度 0.835t/m³，油内含水 1%，计算收油量是多少？

已知：$V_1 = 500\text{m}^3$，$\rho_1 = 0.826\text{t/m}^3$，$f_{w1} = 3\%$，$V_1 = 5000\text{m}^3$，$\rho_2 = 0.835\text{t/m}^3$，$f_{w2} = 1\%$。

求：ΔQ。

解：

$$Q_1 = V_1\rho_1(1-f_{w1}) = 500 \times 0.826 \times (1-3\%) = 400.61\text{t}$$

$$Q_2 = V_2\rho_2(1-f_{w2}) = 5000 \times 0.835 \times (1-1\%) = 4133.25\text{t}$$

$$\Delta Q = Q_2 - Q_1 = 4133.25 - 400.61 = 3732.64\text{t}$$

答：收油量是 3732.64t。

[例 3-18] 某立式圆柱形非金属罐，直径 36m，油高 4.5m，实测密度为 0.84t/m³，计算储油量是多少？

已知：$D = 36\text{m}$，$H = 4.5\text{m}$，$\rho = 0.84\text{t/m}^3$。

求：Q。

解：

$$V = \frac{\pi H D^2}{4} = \frac{4.5 \times 36^2 \pi}{4} = 4580.442\text{m}^3$$

$$Q = V\rho = 4580.442 \times 0.84 = 3847.57\text{t}$$

答：储油量是 3847.57t。

[例 3-19] 某 20000m³ 浮顶油罐高 15m，安全存油高度为 12.75m，最低装油高度 2.5m，原油密度为 0.84t/m³，求该罐的生产储量是多少？

已知：$V = 20000\text{m}^3$，$\Delta H = 12.75 - 2.5 = 10.25\text{m}$，$H = 15\text{m}$，$\rho = 0.84\text{t/m}^3$。

求：Q。

解：

由 $V = \dfrac{\pi H D^2}{4}$，得：

$$D = \sqrt{\frac{4V}{\pi H}} = \sqrt{\frac{4 \times 20000}{15\pi}} = 41.120\text{m}$$

$$Q = \frac{\pi \Delta H \rho D^2}{4} = \frac{10.25 \times 0.84 \times 41.120^2 \pi}{4} = 11434\text{t}$$

答：该罐的生产储量是 11434t。

[例 3-20] 有一座容积为 1000m³ 油罐，量油孔高为 11.05m，平均每米容量为 101m³，原油密度为 850kg/m³，含水 1%，用钢卷尺量油，下尺 3.6m，沾油 0.05m，计算该罐纯油量是多少？

已知：$H_1 = 11.05\text{m}$，$H_2 = 3.6\text{m}$，$H_3 = 0.05\text{m}$，$f_w = 1\%$，$q = 101\text{m}^3/\text{m}$，$\rho = 850\text{kg/m}^3 = 0.85\text{t/m}^3$。

求：Q。

解：

$$H = H_1 - H_2 + H_3 = 11.05 - 3.6 + 0.05 = 7.5\text{m}$$

$$Q_o = qH(1-f_w)\rho = 101 \times 7.5 \times (1-1\%) \times 0.85 = 637.4\text{t}$$

答：该罐纯油量为 637.4t。

[例 3-21] 有一座油罐采用水银压差计测量罐内油位高度，观察水银压差计上的压差为 400mm 水银柱，已知油品密度为 0.8g/cm^3，水银密度为 13.6g/cm^3，求罐内油位高度是多少？

已知：$\Delta H = 400\text{mm}$，$\rho_o = 0.8\text{g/cm}^3$，$\rho_{Hg} = 13.6\text{g/cm}^3$。

求：H。

解：依据连通管平衡原理，可得：

$$H\rho_o = \Delta H \rho_{Hg}$$

$$H = \Delta H \times \frac{\rho_{Hg}}{\rho_o} = 400 \times \frac{13.6}{0.8} = 6800\text{mm} = 6.8\text{m}$$

答：罐内油位高度是 6.8m。

[例 2-22] 某油库来油量为 $360 \times 10^4\text{t/a}$，罐的利用系数 0.9，原油密度 0.87t/m^3，该站最多储存天数为 3d。求：（1）该站的储存能力是多少？（2）如建 10000m^3 罐需几座？

已知：$\Sigma Q = 360 \times 10^4\text{t}$，$\rho = 0.87\text{t/m}^3$，$\eta = 0.9$，$V = 10000\text{m}^3 = 10^4\text{m}^3$，$T = 365\text{d}$，$t = 3\text{d}$。

求：（1）Q；（2）n。

解：（1）

$$Q = \frac{\Sigma Q \times t}{T\rho} = \frac{360 \times 10^4 \times 3}{365 \times 0.87} = 34010.4\text{t}$$

（2）

$$n = \frac{Q}{V\eta} = \frac{3401.4}{10^4 \times 0.9} = 3.8 \approx 4 \text{ 座}$$

答：（1）该站的储存能力是 34010.4t；（2）如建 10000m^3 罐需 4 座。

[例 3-23] 有一空储油罐直径 22m，罐高 12.6m，安全容量为 80%，开始用泵往罐里打油，该油密度为 0.9t/m^3，含水 20%，单用甲泵 16h 可打满，单用乙泵 12h 可打满，甲泵打了 4h 后，甲乙两泵一起打，问再过几小时可将罐打满？一共打了多少不含水原油？

已知：$D = 22\text{m}$，$H = 12.6\text{m}$，$\eta = 80\%$，$\rho = 0.9\text{t/m}^3$，$f_w = 20\%$，$t_甲 = 16\text{h}$，$t_乙 = 12\text{h}$，$t'_甲 = 4\text{h}$。

求：$t'_{甲+乙}$ 和 Q_o。

解：假设罐的整体容量为 1，依据题意，可知甲、乙两泵每小时的排量分别为 $\frac{1}{t_甲}$ 和 $\frac{1}{t_乙}$，并可得：

$$t'_{甲+乙} = \frac{1 - \dfrac{t'_甲}{t_甲}}{\dfrac{1}{t_甲} + \dfrac{1}{t_乙}} = \frac{1 - \dfrac{4}{16}}{\dfrac{1}{16} + \dfrac{1}{12}} = 5.1429\text{h} = 5\text{h}9\text{min}$$

$$V = \frac{\pi \eta H D^2}{4} = \frac{12.6 \times 80\% \times 22^2 \pi}{4} = 3831.7\text{m}^3$$

$$Q_o = \rho V (1-f_w) = 0.9 \times 3831.7 \times (1-20\%) = 2758.8\text{t}$$

答：再过 5h9min 可将罐打满；一共打了 2758.8t 不含水原油。

[例 3-24] 某输油管线直径 400mm，全长 72km，从首站以 600m³/h 的排量向末站发送清管器，问经过多长时间后清管器可到达末站？

已知：$D=400\text{mm}=0.4\text{m}$，$L=72\text{km}=72000\text{m}$，$Q=600\text{m}^3/\text{h}$。

求：t。

解：

$$t = \frac{L\pi D^2}{4Q} = \frac{0.4^2 \times 72000\pi}{600 \times 4} = 15.08\text{h} = 15\text{h}5\text{min}$$

答：经过 15h5min 后清管器可到达末站。

[例 3-25] 甲罐直径 3m，存油 4m，乙罐直径 6m。若将甲罐的油全部倒入乙罐，液面上升多少？

已知：$D_甲=3\text{m}$，$D_乙=6\text{m}$，$H_甲=4\text{m}$。

求：$H_乙$。

解：依据题意可得：

$$\frac{D_甲^2 H_甲 \pi}{4} = \frac{D_乙^2 H_乙 \pi}{4}$$

$$H_乙 = H_甲 \times \frac{D_甲^2}{D_乙^2} = 4 \times \frac{3^2}{6^2} = 1\text{m}$$

答：若将甲罐的油全部倒入乙罐，液面上升 1m。

[例 3-26] 有一直径 24m 的空罐，罐高 12m，安全容积 80%，开始用一台泵往罐里打油，泵排量为 200m³/h，打了 3h 又加开一台泵，此泵排量为 100m³/h，问将此罐打满共需多长时间？

已知：$D=24\text{m}$，$H=12\text{m}$，$\eta=80\%$，$t=3\text{h}$，$Q_1=200\text{m}^3/\text{h}$，$Q_2=100\text{m}^3/\text{h}$。

求：T。

解：

$$V = \frac{\pi \eta H D^2}{4} = \frac{12 \times 80\% \times 24^2 \pi}{4} = 4342.9\text{m}^3$$

依据题意可得：

$$T = t + \frac{V - Q_1 t}{Q_1 + Q_2} = 3 + \frac{4343.9 - 200 \times 3}{200 + 100} = 15.476\text{h} = 15\text{h}29\text{min}$$

答：将此罐打满共需 15h29min。

[例 3-27] 已知原油比热容为 2kJ/(kg·℃)，一台 32×10⁴kJ/h 的水套炉热效率为 35%，问这台炉子的加热能力可在 1h 内把 20t 原油的温度升高多少摄氏度？

已知：$c=2\text{kJ/(kg·℃)}$，$Q=32\times10^4\text{kJ/h}$，$\eta=35\%$，$m=20\text{t}=2\times10^4\text{kg}$。

求：Δt。

解：

$$Q\eta = cm\Delta t$$

$$\Delta t = \frac{Q\eta}{cm} = \frac{35\% \times 32 \times 10^4}{2 \times 2 \times 10^4} = 2.8\text{℃/h}$$

答：这台炉子的加热能力可在 1h 内把 20t 原油的温度升高 2.8℃。

[例 3-28] 某站有一台 2×10^6 kcal/h 的加热炉，进口温度 45℃，输油排量 200t/h，原油比热容为 0.5kcal/(kg·℃)，求：(1) 出口温度是多少？(2) 如要求出口温度达到 70℃，排量应控制在每小时多少吨？

已知：$Q = 2 \times 10^6$ kcal/h，$c = 0.5$ kcal/(kg·℃)，$m = 2 \times 10^5$ kg/h，$t_1 = 45$℃，$t'_2 = 70$℃。

求：(1) t_2；(2) m'。

解：(1) 由 $Q = cm\Delta t = cm(t_2 - t_1)$，得：

$$t_2 = t_1 + \frac{Q}{cm} = 45 + \frac{2 \times 10^6}{0.5 \times 2 \times 10^5} = 65\text{℃}$$

(2) 由 $Q = cm'(t'_2 - t_1)$，得：

$$m' = \frac{Q}{c(t'_2 - t_1)} = \frac{2 \times 10^6}{0.5 \times (70-45)} = 1.6 \times 10^5 \text{kg/h} = 160\text{t/h}$$

答：(1) 出口温度是 65℃；(2) 如要求出口温度达到 70℃，排量应控制在 160t/h。

[例 3-29] 有一台设计能力为 150×10^4 kcal/h 的加热炉，在给水加热时进行负荷测定，流量为 100t/h，加热炉进口水温 30℃，出口水温 45.5℃，问这台炉子的加热能力是否达到设计要求？

已知：$Q_{设} = 150 \times 10^4$ kcal/h，$c = 1$ kcal/(kg·℃)，$m = 10^5$ kg/h，$t_2 = 45.5$℃，$t_1 = 30$℃。

求：Q。

解：

$$Q = cm(t_2 - t_1) = 1 \times 10^5 \times (45.5 - 30) = 155 \times 10^4 \text{kcal/h}$$

因为 $Q = 155 \times 10^4$ kcal/h $> Q_{设} = 150 \times 10^4$ kcal/h，所以达到了设计要求。

答：这台炉子的加热能力达到了设计要求。

[例 3-30] 有一台 150×10^4 kcal/h 的加热炉，效率为 70%，天然气低发热值为 10000kcal/m³，求每小时加热炉所需天然气多少？

已知：$Q = 150 \times 10^4$ kcal/h，$q = 10^4$ kcal/m³，$\eta = 70\%$。

求：m。

解：

由 $\dfrac{Q}{\eta} = qm$，得：

$$m = \frac{Q}{q\eta} = \frac{150 \times 10^4}{70\% \times 10^4} = 214.3 \text{m}^3\text{/h}。$$

答：每小时加热炉所需天然气 214.3m³。

[例 3-31] 某站在测定加热炉效率时，进炉原油流量为 100m³/h，原油进炉温度 45℃，出炉温度 65℃，原油密度为 870kg/m³。求加热炉负荷是多少？

已知：$V = 100$ m³/h，$t_2 = 65$℃，$t_1 = 45$℃，$\rho = 870$ kg/m³ $= 0.87$ t/m³。

求：Q。

解：依据经验公式：

$$c = \frac{1}{\sqrt{\rho}}\left[0.403 + \frac{0.00081 \times (t_1 + t_2)}{2}\right] = \frac{1}{\sqrt{0.87}}\left[0.403 + \frac{0.00081 \times (45 + 65)}{2}\right] = 0.48 \text{kcal}/(\text{kg} \cdot \text{°C})$$

$$m = V\rho = 100 \times 870 = 87000 \text{kg/h}$$

$$Q = cm(t_2 - t_1) = 0.48 \times 87000 \times (65 - 45) = 83.52 \times 10^4 \text{kcal/h}$$

答：加热炉负荷是 83.52×10^4 kcal/h。

[例 3-32] 某站原油外输为 200×10^4 t/a，原油温度从 45℃ 加热到 70℃，原油密度为 0.85t/m³。如果选用 100×10^4 kcal/h 的加热炉，需几台？

已知：$\sum m = 200 \times 10^4$ t/a，$t_2 = 70$℃，$t_1 = 45$℃，$\rho = 0.85$t/m³，$Q = 100 \times 10^4$ kcal/h，$t = 24$h，$T = 365$d。

求：n。

解：依据经验公式：

$$c = \frac{1}{\sqrt{\rho}}\left[0.403 + \frac{0.00081 \times (t_1 + t_2)}{2}\right] = \frac{1}{\sqrt{0.85}}\left[0.403 + \frac{0.00081 \times (45 + 70)}{2}\right] = 0.488 \text{kcal}/(\text{kg} \cdot \text{°C})$$

$$m = \frac{\sum m}{Tt} = \frac{200 \times 10^4 \times 10^3}{365 \times 24} = 228310.5 \text{kg/h}$$

$$\sum Q = cm(t_2 - t_1) = 0.488 \times 228310.5 \times (70 - 45) = 2785388.1 \text{kcal/h}$$

$$n = \frac{\sum Q}{Q} = \frac{2785388.1}{100 \times 10^4} \approx 3 \text{ 台}$$

答：需要 3 台加热炉。

[例 3-33] 150×10^4 kcal/h 的加热炉每小时用燃料油 180kg，原油发热值 10000kcal/kg，求该加热炉的热效率是多少？

已知：$Q = 150 \times 10^4$ kcal/h，$q = 10000$ kcal/kg $= 10^4$ kcal/kg，$m = 180$kg。

求：η。

解：

$$Q' = qm = 180 \times 10^4 \text{kcal}$$

$$\eta = \frac{Q}{Q'} \times 100\% = \frac{150 \times 10^4}{180 \times 10^4} \times 100\% = 83.3\%$$

答：该加热炉的热效率是 83.3%。

[例 3-34] 某站有一水套炉，每小时燃油 100kg，进液量 50t/h，进口水温 50℃，出口水温 60℃，原油发热值 10000kcal/kg，求该水套炉的热效率是多少？

已知：$m_1 = 100$kg/h，$m_2 = 50$t/h $= 5 \times 10^4$ kg/h，$t_2 = 60$℃，$t_1 = 50$℃，
$q = 10000$ kcal/kg $= 10^4$ kcal/kg，$c = 1$ kcal/(kg·℃)。

求：η。

解：
$$Q' = qm_1 = 100 \times 10^4 \text{kcal/h}$$

$$Q = cm_2(t_2 - t_1) = 1 \times 5 \times 10^4 \times (60 - 50) = 5 \times 10^5 \text{kcal/h}$$

$$\eta = \frac{Q}{Q'} \times 100\% = \frac{5 \times 10^5}{100 \times 10^4} \times 100\% = 50\%$$

答：该水套炉的热效率是50%。

[例3-35] 有一台$100×10^4$kcal/h的加热炉，当排量为450t/h，原油含水10%，原油比热容为0.5kcal/(kg·℃)，水的比热容为1kcal/(kg·℃)。问这台加热炉可使油温升高多少？

已知：c_o=0.5kcal/(kg·℃)，c_w=1kcal/(kg·℃)，m=450t/h=$45×10^4$kg/h。

Q=$100×10^4$kcal/h，f_w=10%。

求：Δt。

解：

$$m_o = m(1-f_w) = 45×10^4×(1-10\%) = 405×10^3 \text{kg}$$

$$m_w = mf_w = 45×10^4×10\% = 45×10^3 \text{kg}$$

$$Q = (c_o m_o + c_w m_w)\Delta t$$

$$\Delta t = \frac{Q}{c_o m_o + c_o m_w} = \frac{100×10^4}{0.5×405×10^3 + 1×45×10^3} = 4℃$$

答：这台加热炉可使油温升高4℃。

[例3-36] 某离心泵排量为160m³/h，扬程为20.1m，叶轮外径268mm，现需改为扬程为16m的泵，问叶轮外径应车削多少？

已知：H_1=20.1mm，H_2=16mm，D_1=268mm。

求：ΔR。

解：由离心泵叶轮直径与扬程的关系可得：

$$\frac{H_2}{H_1} = \left(\frac{D_2}{D_1}\right)^2$$

$$D_2 = D_1\sqrt{\frac{H_2}{H_1}} = 268×\sqrt{\frac{16}{20.1}} = 239 \text{mm}$$

$$\Delta R = \frac{D_1 - D_2}{2} = \frac{268 - 239}{2} = 14.5 \text{mm}$$

答：叶轮外径应车削14.5mm。

[例3-37] 某水泵运行时排量为162m³/h，此时泵压为16MPa，电动机工作电流为110A，电压为6000V，电动机效率为0.95，功率因数为0.88，求运行泵效是多少？

已知：Q=162m³/h，P=16MPa，ρ_w=1t/m³=10^4N/m³，I=110A，U=6000V，$\cos\phi$=0.88，$\eta_机$=0.95。

求：$\eta_泵$。

解：由$P=\dfrac{H\rho_w}{100}$，得：

$$H = \frac{100P}{\rho_w} = \frac{100×16}{1} = 1600 \text{m}$$

$$N_有 = \frac{QH\rho_w}{1000} = \frac{\frac{162}{3600}×1600×10^4}{1000} = 720 \text{kW}$$

$$N_{轴}=\frac{\sqrt{3}IU\cos\phi\eta_{机}}{1000}=\frac{\sqrt{3}\times110\times6000\times0.88\times0.95}{1000}=955.676\text{kW}$$

$$\eta_{泵}=\frac{N_{有}}{N_{轴}}\times100\%=\frac{720}{955.676}\times100\%=75.34\%$$

答：运行泵效是 75.34%。

[例 3-38] 有一台三相交流电动机接在线电压为 380V 的线路上，电流是 28A，功率因数是 0.85，其效率是 90%，求电动机的输入功率和输出功率是多少?

已知：$I=28\text{A}$，$U=380\text{V}=0.38\text{kV}$，$\cos\phi=0.85$，$\eta_{机}=0.9$。

求：$N_{入}$ 和 $N_{出}$。

解：

$$N_{入}=\sqrt{3}IU\cos\phi\eta_{机}=\sqrt{3}\times28\times0.38\times0.85\times0.9=15.665\text{kW}$$

$$N_{出}=N_{入}\eta_{机}=15.665\times0.9=14.099\text{kW}$$

答：电动机的输入功率是 15.665kW；输出功率是 14.099kW。

[例 3-39] 某注水站注水泵工作时，测得出口压力为 14MPa，进口压力为 0.05MPa，泵进口温度为 35℃，出口温度为 37℃，求该泵泵效是多少?

已知：$\Delta P=14-0.05=13.95\text{MPa}$，$\Delta T=37-35=2℃$。

求：η。

解：

$$\eta=\frac{\Delta p}{\Delta p+4.27\Delta T}\times100\%=\frac{13.95}{13.95+4.27\times2}\times100\%=62.03\%$$

答：该泵泵效是 62.03%。

[例 3-40] 有一台离心泵排量为 60m³/h，现输送密度为 850kg/m³ 的原油，问该泵每小时能输送多少吨原油?

已知：$\rho=850\text{kg/m}^3=0.85\text{t/m}^3$，$Q=60\text{m}^3/\text{h}$。

求：G。

解：

$$G=Q\rho=60\times0.85=51\text{t/h}$$

答：该泵每小时能输送 51t 原油。

[例 3-41] 有一台 6D100—150 型离心泵，该泵流量为 100m³/h，扬程为 1500m，电动机转数为 2900min⁻¹，泵为 11 级，求该泵的比转数是多少?

已知：$Q=100\text{m}^3/\text{h}$，$H=1500\text{m}$，$n=2900\text{min}^{-1}$，$L=11$。

求：n_s。

解：

$$n_s=\frac{3.65n\sqrt{Q}}{\sqrt[4]{\left(\frac{H}{L}\right)^3}}=\frac{3.65\times2900\times\sqrt{\frac{100}{3600}}}{\sqrt[4]{\left(\frac{1500}{11}\right)^3}}=44$$

答：该泵的比转数是 44。

[例 3-42] 某泵名牌上扬程为 80m，用来输送密度为 0.87t/m³ 的原油，求该泵输油时的泵压是多少？

已知：$H=80$m，$\rho=0.87$t/m³。

求：p。

解：

$$p=\frac{H\rho}{100}=\frac{80\times0.87}{100}=0.70\text{MPa}$$

答：该泵输油时的泵压是 0.70MPa。

[例 3-43] 有一台排量为 486m³/h，扬程为 38.5m 的新泵，设计用来打密度为 0.85 t/m³ 的原油，若泵效达到 66%，电动机效率 0.95，问需要配多大功率的电动机？

已知：$Q=486$m³/h，$H=38.5$m，$\rho=0.85$t/m³$=8500$N/m³，$\eta_\text{机}=0.95$，$\eta_\text{泵}=66\%$。

求：$N_\text{配}$。

解：

$$N_\text{有}=\frac{QH\rho}{1000}=\frac{\frac{486}{3600}\times38.5\times8500}{1000}=44.179\text{kW}$$

$$N_\text{轴}=\frac{N_\text{有}}{\eta_\text{泵}}=\frac{44.179}{66\%}=66.939\text{kW}$$

$$N_\text{配}=\frac{N_\text{轴}}{\eta_\text{机}}=\frac{66.939}{0.95}=70.462\text{kW}\approx75\text{kW}$$

答：需要配 75kW 的电动机。

[例 3-44] 某油泵当扬程达到 35m 时，70min 排油 550t，配用电动机功率为 175kW，原油密度为 0.886t/m³，功率系数为 1.2，求泵效是多少？

已知：$H=35$m，$t=70$min$=4200$s，$W=550$t，$N_\text{配}=175$kW，$N_k=1.2$，$\rho=0.886$t/m³。

求：η。

解：

$$N_\text{轴}=\frac{N_\text{配}}{N_k}=\frac{175}{1.2}=145.833\text{kW}$$

$$Q=\frac{W}{\rho t}=\frac{550}{0.886\times4200}=0.1478\text{m}^3/\text{s}$$

$$N_\text{有}=\frac{QH\rho}{1000}=\frac{0.1478\times35\times8860}{1000}=45.833\text{kW}$$

$$\eta=\frac{N_\text{有}}{N_\text{轴}}\times100\%=\frac{45.833}{145.833}\times100\%=31.43\%$$

答：泵效是 31.43%。

[例 3-45] 一台无铭牌离心泵进口直径 100mm，估算其排量是多少？

已知：$D=100$mm$=4$in。

求：Q。

解：依据经验公式，有

$$Q=5D^2=5\times4^2=80\text{m}^3/\text{h}$$

答：估算其排量是 80m³/h。

[**例 3-46**] 测得泵的流量为 200m³/h，进口压力 0.05MPa，出口压力 1.8MPa，电动机工作电流为 270A，电压为 380V，功率因数为 0.85，电动机效率为 0.95，计算该泵效率是多少？

已知：$Q = 200\text{m}^3/\text{h}$，$\rho = 1\text{t/m}^3 = 10^4\text{N/m}^3$，$\Delta p = 1.8 - 0.05 = 1.75\text{MPa}$，$I = 270\text{A}$，$U = 380\text{V} = 0.38\text{kV}$，$\cos\phi = 0.85$，$\eta_{机} = 0.95$。

求：$\eta_{泵}$。

解：

解法一

$$H = \frac{100\Delta p}{\rho} = \frac{100 \times 1.75}{1} = 175\text{m}$$

$$N_{轴} = \sqrt{3} IU\cos\phi \eta_{机} = \sqrt{3} \times 270 \times 0.38 \times 0.85 \times 0.95 = 143.815\text{kW}$$

$$N_{有} = \frac{QH\rho}{100} = \frac{\frac{200}{3600} \times 175 \times 10^4}{1000} = 97.222\text{kW}$$

$$\eta_{泵} = \frac{N_{有}}{N_{轴}} \times 100\% = \frac{97.222}{143.815} \times 100\% = 67.60\%$$

解法二

同解法一求得 $N_{轴} = 143.815\text{kW}$。

$$N_{有} = \frac{Q\Delta p}{1000} = \frac{\frac{200}{3600} \times 1.75 \times 10^6}{1000} = 97.222\text{kW}$$

$$\eta_{泵} = \frac{N_{有}}{N_{轴}} \times 100\% = \frac{97.222}{143.815} \times 100\% = 67.60\%$$

解法三

同解法一求得 $N_{轴} = 143.815\text{kW}$。

$$N_{有} = 1000Q\Delta p = 1000 \times \frac{200}{3600} \times 1.75 = 97.222\text{kW}$$

$$\eta_{泵} = \frac{N_{有}}{N_{轴}} \times 100\% = \frac{97.222}{143.815} \times 100\% = 67.60\%$$

答：该泵效率是 67.60%。

[**例 3-47**] 一三通管路，如图 3-1 所示。

已知：$F_A = 5\text{cm}^2$，$v_A = 1\text{m/s}$，$Q_C = 200\text{cm}^3/\text{s}$，$F_B = 2\text{cm}^2$。

求：v_B。

解：

$$Q_A = F_A v_A = 5 \times 100 = 500\text{cm}^3/\text{s}$$

$$Q_B = Q_A - Q_C = 500 - 200 = 300\text{cm}^3/\text{s}$$

$$v_B = \frac{Q_B}{F_B} = \frac{300}{2} = 150\text{cm/s} = 1.5\text{m/s}$$

答：v_B 为 1.5m/s。

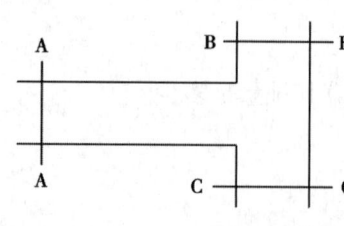

图 3-1 三通管路示意图

[例3-48] 一变径管路，如图3-2所示。

已知：$R_A=2\text{cm}$，$R_B=3\text{cm}$，$v_B=1.2\text{m/s}$。

求：$v_A=$。

解：根据流体连续性方程，在流量一定的情况下，可得：

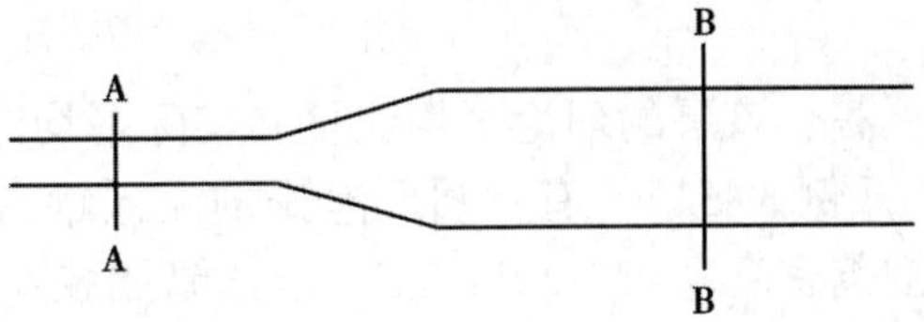

$$v_A = v_B\left(\frac{R_B}{R_A}\right)^2 = 1.2 \times \left(\frac{3}{2}\right)^2 = 2.7\text{m/s}$$

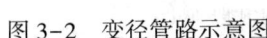

图3-2 变径管路示意图

答：v_A为2.7m/s。

[例3-49] 用101.6mm（4in）的出油阀，分离器内正常运行压力0.49MPa，求出油阀关闭时作用在下阀芯上面、上阀芯下面的力是多少？

已知：$D=101.6\text{mm}=0.1016\text{m}$，$p=0.49\text{MPa}=49\times10^4\text{Pa}=49\times10^4\text{N/m}^2$。

求：F。

解：

$$A = \frac{\pi D^2}{4} = \frac{0.1016^2\pi}{4} = 81.07\times10^{-4}\text{m}^2$$

$$F = pA = 49\times10^4 \times 81.07\times10^{-4} = 3972.43\text{N} = 397.2\text{kgf}$$

答：出油阀关闭时作用在下阀芯上面、上阀芯下面的力是397.2kgf。

[例3-50] 若有等直径内壁光滑的水平放置的细管子，其始端面压力为0.49MPa，终端面压力为0.098MPa，管子长为2m，若不考虑摩阻损失，求液体沿管流动的压力梯度是多少？

已知：$p_1=0.49\text{MPa}$，$p_2=0.098\text{MPa}$，$L=2\text{m}$。

求：压力梯度。

解：

$$\Delta p = p_2 - p_1 = 0.098 - 0.49 = -0.392\text{MPa}$$

$$\Delta L = L = 2\text{m}$$

$$\text{压力梯度} = \frac{\Delta p}{\Delta L} = \frac{-0.392}{2} = -0.196\text{MPa/m}$$

答：液体沿管流动的压力梯度是-0.196MPa/m。

[例3-51] 某双缸双作用泵活塞直径$D=130\text{mm}$，活塞杆直径$d=75\text{mm}$，活塞冲程长度$S=400\text{mm}$，活塞冲数$n=65\text{min}^{-1}$，流量系数$\eta=0.9$，求该泵的理论平均流量和实际平均流量。

解：

$$F = \frac{\pi D^2}{4} = \frac{130^2\pi}{4} = 13273\text{mm}^2$$

$$f = \frac{\pi d^2}{4} = \frac{75^2\pi}{4} = 4418\text{mm}^2$$

理论平均流量：

$$Q_{\text{理平}} = \frac{m(2F-f)Sn}{60} = \frac{2\times(2\times13273-4418)\times65\times400}{60} = 19.2\text{L/s}$$

实际平均流量:
$$Q_{实际} = \eta Q_{理平} = 0.9 \times 18 = 16.2 \text{L/s}$$

答：该泵的理论平均流量和实际平均流量分别是 19.2L/s 和 17.3L/s。

[例 3-52] 有一圆形泡排剂注入罐，外径 $\phi=425\text{mm}$，壁厚 $b=8\text{mm}$，长 $L=1200\text{mm}$，发泡剂密度 $\rho=851.2\text{kg/m}^3$。求该罐能装入多少千克发泡剂？

解：先求罐内径：
$$D = \phi - 2b = 425 - 2 \times 8 = 409 \text{mm}$$

再求罐体积：
$$V = \frac{\pi L D^2}{4} = \frac{L D^2 \pi}{4} = \frac{1200 \times 409^2 \pi}{4} = 157658628.2 \text{mm}^3 \approx 0.15766 \text{m}^3$$

最后求罐内发泡剂质量：
$$G = V\rho = 0.15766 \times 851.2 \approx 134.2 \text{kg}$$

答：该罐能装入 134.2kg 发泡剂。

第三节 压 力 表

一、相关概念及其计算公式

1. 现场校对压力表

现场校对压力表常用落零法和互换法。

2. 压力表的精度等级

压力表的精度等级是指最大量程误差的百分数。压力表表盘下部写有 0.5，1.0，1.5 和 2.5 等数字，这些数字就是压力表的精度等级。

3. 选择压力表

1）选择测量上限

$$p_{上限} = \frac{3 p_{max}}{2} \tag{3-35}$$

式中　$p_{上限}$——所求测量的上限值，MPa；

　　　p_{max}——所测量最大压力值，MPa。

2）精度等级的选择

(1) 根据测量最小压力时相对基本误差的要求，选择压力表精度等级的计算公式：

$$精度等级 = \frac{被测压力最小值}{测量上限} \times 被测压力最小值允许的误差 \tag{3-36}$$

若计算所得不符合压力表规格中所具有的测量上限值时，精度值只能取小不能取大，测量上限只能取大不能取小。

(2) 根据绝对允许基本误差选择压力表精度等级的计算公式：

$$精度等级 = \frac{绝对允许基本误差}{测量上限} \times 100\% \tag{3-37}$$

(3) 之所以要求压力表的实际工作压力要在最大量程的 1/3~2/3，是因为压力表弹簧管对应的角度是270°，正常工作的压力可使弹簧管旋转5°~7°，此时压力表指针恰好落在最大量程的1/3~2/3的范围内。这一使用范围，准确程度较高。选择压力表的压力使用范围时。为了保证压力表安全可靠，延长使用寿命，使用最高范围不得超过满刻度（即最大量程）的3/4。

二、例题

[**例3-53**] 6MPa压力表，精度等级为1.5级，问此表最大允许误差是多少？

解：最大允许误差=6×1.5%=0.09MPa

答：此表最大允许误差是0.09MPa。

[**例3-54**] 有一台泵，铭牌最大压力2.0MPa，应选用哪种测量上限的压力表？

解：

$$p_{上限} = \frac{3p_{max}}{2} = 2 \times \frac{3}{2} = 3.0 \text{MPa}$$

答：应选用测量上限为3.0NPa的压力表。

[**例3-55**] 6MPa压力表，常用测量压力最大值是多少？

解：

$$p_{max} = \frac{2p_{上限}}{3} = \frac{6 \times 2}{3} = 4.0 \text{MPa}$$

答：6MPa压力表，常用测量压力最大值是4.0MPa。

[**例3-56**] 有一台机泵，安装一块6MPa压力表，测量最小值为3.0MPa，要求保证绝对允许基本误差不超过4%，应选精度等级为几级的压力表？

解：

$$精度等级 = \frac{被测压力最小值}{测量上限} \times 被测压力最小值允许的误差 = \frac{3}{6} \times 4\% = 2\%$$

答：应选精度等级为2.5级或1.5级的压力表。

[**例3-57**] 10MPa压力表，最高使用至6.6MPa，要求绝对允许基本误差不超过0.15MPa，选用哪一种等级压力表？

解：

$$精度等级 = \frac{绝对允许基本误差}{测量上限} \times 100\% = \frac{0.15}{10} \times 100\% = 1.5\%$$

答：选用1.5级压力表。

第四节　油　田　化　学

一、相关概念及其计算公式

1. 酸化作业

1）常规酸化

常规酸化是注酸压力低于油层破裂压力的酸化作业。

2）压裂酸化作业

压裂酸化作业是注酸压力高于油层破裂压力的酸化作业。

3）酸化压裂时裂缝宽度与渗透率的关系

一条单一的裂缝，其宽度 W_f 与裂缝的渗透率 K_f 可由式（3-38）计算求得：

$$K_f = 8.33 \times 10^4 W_f^2 \tag{3-38}$$

式中　K_f——裂缝的渗透率，μm^2；

　　　W_f——裂缝的张开宽度，mm。

4）酸化时酸的有效作用距离

酸化时酸的有效作用距离是指酸液在酸的有效作用时间内所走过的距离，也有叫处理半径的。可用下式计算：

$$R = vt \tag{3-39}$$

式中　R——酸的有效作用距离，也有叫处理半径，m；

　　　t——酸的有效作用时间，min；

　　　v——酸在地层中的流速，m/min。

5）面容比

面容比就是单位体积的酸液所接触到的岩石表面积的大小。面容比越大，酸液与岩石的反应速度越快。

面容比＝酸液所接触岩石总表面积/酸液的总体积

一般酸压作业产生水平裂缝，处理半径在数米至数十米不等，其酸液进入半径为 R 的圆形孔道。面容比用下式计算：

$$S_\Phi = \frac{2\pi R^2}{\pi R^2 W_f} \tag{3-40}$$

式中　S_Φ——面容比，cm^2/cm^3；

　　　R——处理半径，cm；

　　　W_f——裂缝宽度，cm。

6）王水

将硝酸（HNO_3）和盐酸（NCl）按1:3的体积比混合成的液体称为王水。王水对各种金属有极高的溶解能力，很多难溶的金属及其氧化物用王水都可以溶解。

7）泊松比

泊松比是一个分析应力的名词，专业的说法是：材料在单向受压或受拉时，横向正应变与轴向正应变的绝对值的比值，是一个无量纲量，说白了就是没有单位。通俗的说就是你拉一根1m长橡皮筋，你拉长了1m，橡皮筋的直径缩短了0.2mm，那么这个橡皮筋材料的泊松比就是 $\frac{1m}{0.2mm} = 5000$。

8）地层破裂压力

假定地层是均质的弹性体，仅受上覆岩石的垂向载荷，侧向变形为零，侧向应力小于垂向应力，按照弹性厚壁筒原理，得出地层破裂压力的计算公式。

（1）形成垂直裂缝时的破裂压力计算公式：

$$p_{破} = \frac{2\mu_{松}(p_{岩} - p_{地})}{1 - \mu_{松}} + p_{地} + S_{抗} \tag{3-41}$$

（2）形成水平裂缝时的破裂压力计算公式：

$$p_{破} = p_{岩} + S_{抗} \tag{3-42}$$

式中 $p_{破}$——形成垂直或水平裂缝时的破裂压力，MPa；

$\mu_{松}$——地层岩石的泊松比，无量纲；

$p_{岩}$——上覆岩石的压力，MPa；

$p_{地}$——油气层压力，MPa；

$S_{抗}$——岩石的抗裂（抗张）强度，变化范围为 0.14~3.5MPa。

9）压开地层时的泵压

压开地层时的泵压可用式（3-43）计算：

$$p_{泵} = p_{破} + p_{摩} - \frac{H\rho}{100} \tag{3-43}$$

式中 $p_{泵}$——压开地层时的泵压，MPa；

$p_{摩}$——压裂液从泵口到井底井壁段的磨损，MPa。

$p_{破}$——破裂压力，MPa；

H——井深，m；

ρ——压裂液密度，t/m³。

二、例题

[例 3-58] 某井酸压时形成一条水平裂缝，其张开宽度为 0.3mm，求该裂缝的渗透率是多少？

已知：$W_f = 0.3$mm。

求：K_f。

解：

$$K_f = 8.33 \times 10^4 \times W_f^2 = 8.33 \times 10^4 \times 0.3^2 = 7497 \mu m^2$$

答：该裂缝的渗透率是 $7497\mu m^2$。

[例 3-59] 某井进行酸处理时，酸液流速为 3m/min，酸作用时间为 0.5min，求酸的有效作用距离是多少？

已知：$v = 3$m/min，$t = 0.5$min。

求：R。

解：

$$R = vt = 3 \times 0.5 = 1.5m$$

答：酸的有效作用距离是 1.5m。

[例 3-60] 某井酸压时形成一条水平裂缝，其张开宽度 0.4mm，有效裂缝长度为 10m，求该裂缝的面容比是多少？

已知：$W_f = 0.4$mm $= 0.04$cm，$R = 10$m $= 10^3$cm。

求：S_Φ。

解：
$$S_\Phi = \frac{2\pi R^2}{\pi R^2 W_f} = \frac{2}{W_f} = \frac{2}{0.04} = 50 \text{cm}^2/\text{cm}^3$$

答：该裂缝的面容比是 $50\text{cm}^2/\text{cm}^3$。

[例 3-61] 某井拟用王水进行处理，设计用酸液为 10m^3，问应准备盐酸与硝酸各多少？

已知：$V = 10\text{m}^3$，$V_{硝}:V_{盐} = 1:3$。

求：$V_{硝}$ 和 $V_{盐}$。

解：由 $V_{硝}:V_{盐} = 1:3$，得：

$$V_{硝} = \frac{V}{4} = \frac{10}{4} = 2.5\text{m}^3$$

$$V_{盐} = \frac{3V}{4} = \frac{3 \times 10}{4} = 7.5\text{m}^3$$

答：应准备盐酸 7.5m^3；硝酸 2.5m^3。

[例 3-62] 某井拟用 15%盐酸进行处理，设计用酸液为 10m^3，现有 31%的浓盐酸，问配制 15%的盐酸需要多少 31%的浓盐酸和清水（包括添加剂）？

解：依据经验公式

$$\frac{盐酸的百分比浓度}{2} + 1 = 盐酸的密度$$

可得：

$$\frac{15\%}{2} + 1 = 1.075 \text{kg/dm}^3$$

$$\frac{31\%}{2} + 1 = 1.155 \text{kg/dm}^3$$

解法一

$$31\%的浓盐酸\ Q_H = 1.075 \times 10 \times 1000 \times 15\% = 1612.5\text{kg}$$

$$清水与添加剂用量\ Q_w = 1.075 \times 10 \times 1000 - 1612.5 = 9137.5\text{kg}$$

解法二

假设需要 31%的浓盐酸 X 升，清水（包括添加剂）Y 升，依题意可得：

$$X + Y = 10^4$$

$$1.155X + Y = 10^4 \times 1.075$$

解两式得：$X = 4838.8\text{L}$，$Y = 5161.2\text{L}$。

答：配制 15%的盐酸需要 1612.5kg 或 4838.8L 31%的浓盐酸和清水（包括添加剂）9137.5kg 或 5161.2L。

[例 3-63] 某井油层致密，渗透性差，产量低。油层砂岩的胶结物主要是包括石灰岩、白云岩的碳酸盐岩，拟进行酸化处理改造油层。该井油层有效厚度 20m，孔隙度 25%，钻开油层使用 ϕ200mm 钻头，设计酸处理半径为 1.5m，求：（1）该用哪种酸进行处理？（2）需配制酸液多少立方米？（3）写出主要化学反应方程式。

解：（1）该选用盐酸进行处理。

（2）
$$V = \pi(R^2 - r^2)h\phi = \pi(1.5^2 - 0.1^2) \times 20 \times 25\% = 35.19 m^3$$

（3）盐酸（HCl）与石灰岩（$CaCO_3$）作用的化学反应方程式：

$$CaCO_3 + HCl =\!\!=\!\!= CaCl_2 + CO_2\uparrow + H_2O$$

盐酸（HCl）与白云岩[$CaMg(CO_3)_2$]作用的化学反应方程式：

$$CaMg(CO_3)_2 + 4HCl =\!\!=\!\!= CaCl_2 + MgCl_2 + 2CO_2\uparrow + 2H_2O$$

答：（1）该用盐酸酸进行处理。（2）需配制酸液 $35.19 m^3$。（3）其主要化学反应方程式如上述。

[例3-64] 某井井深2000m，地层压力为25MPa，岩石抗张强度为3.5MPa，泊松比为0.25，上覆岩石的平均压力为0.025MPa/m，求地层的破裂压力是多少？

已知：$\mu_{松} = 0.25$，$p_{地} = 25MPa$，$S_{抗} = 3.5MPa$，$p_{岩} = 0.025MPa/m \times 2000m = 50MPa$。

求：$p_{破}$。

解：形成垂直裂缝时：

$$p_{破} = \frac{2\mu_{松}(p_{岩} - p_{地})}{1 - \mu_{松}} + p_{地} + S_{抗} = \frac{2 \times 0.25 \times (50 - 25)}{1 - 0.25} + 25 + 3.5 = 45.2MPa$$

形成水平裂缝时：

$$p_{破} = p_{岩} + S_{抗} = 50 + 3.5 = 53.3MPa$$

答：形成垂直裂缝时的破裂压力是45.2MPa；形成水平裂缝时的破裂压力是53.5MPa。

[例3-65] 某井井深2000m，2½in油管酸压时排量为2.4m^3/min，地层破裂压力为53.5MPa，压裂液从泵口到井底井壁段的磨损为2.6MPa。求压开地层时的泵压是多少？

已知：$p_{破} = 53.5MPa$，$H = 2000m$，$\rho = 1t/m^3$，$p_{摩} = 2.6MPa$。

求：$p_{泵}$。

解：

$$p_{泵} = p_{破} + p_{摩} - \frac{H\rho}{100} = 53.5 + 2.6 - 2000 \times \frac{1}{100} = 36.1MPa$$

答：压开地层时的泵压是36.1MPa。

第五节　自喷井管理

一、相关概念及其计算公式

1. 油井自喷过程中的能量消耗

当油井自喷时，井底流动压力要克服井筒中液柱的压力、油和气在上升过程中由于摩擦所产生的阻力。油和气在油管中上升时，由于气体轻跑得快、液体重跑得慢，两者之间产生相对运动，造成滑脱损失现象，也损失一部分能量。油气到井口还存在部分剩余能量，由油压大小反映出来。由此可知，井底流动压力（$p_{流压}$）应该与井口的油压（$p_{油压}$）、井筒液柱压力（$p_{液柱}$）、摩擦阻力和滑脱损失消耗的能量（$p_{摩脱}$）相平衡。另外，井底流动压力（$p_{流压}$）也应该与井口套压（$p_{套压}$）、油套环形空间液柱压力（$p_{环液柱}$）、油套环形空间气柱压力（$p_{环气柱}$）相平衡。因此，其平衡方程为：

$$p_{流压}=p_{油压}+p_{液柱}+p_{摩脱} \tag{3-44}$$

$$p_{流压}=p_{套压}+p_{环液柱}+p_{环气柱} \tag{3-45}$$

2. 井筒损失

油井井底流动压力（$p_{流压}$）应该与克服液柱压力（$p_{液柱}$）、摩擦阻力（$p_{摩擦}$）和滑脱损失（$p_{滑脱}$）所消耗的能量称为井筒损失（$p_{井筒}$）。其计算公式：

$$p_{井筒}=p_{流压}-p_{液柱}-p_{摩擦}-p_{滑脱} \tag{3-46}$$

$$p_{井筒}=p_{流压}-p_{油压} \tag{3-47}$$

3. 自喷井井筒中油气的流动状态

自喷井井筒中油气的流动状态大致可分为纯油流、泡流、段塞流、环流、雾流5种。

4. 油嘴直径与相应的油压、产量间的关系

油嘴直径在合理范围内变化时，油嘴直径与油压和产量间的关系式：

$$\frac{p_{现}}{p_{原}}=\frac{D_{原}}{D_{现}}\frac{\lg D_{现}}{\lg D_{原}} \tag{3-48}$$

$$\frac{Q_{现}}{Q_{原}}=\frac{D_{现}}{D_{原}}\frac{\lg D_{现}}{\lg D_{现}} \tag{3-49}$$

式中 $p_{现}$——现在油嘴直径下的油压，MPa；
$Q_{现}$——现在油嘴直径下的产量，t/d；
$p_{原}$——原来油嘴直径下的油压，MPa；
$Q_{原}$——原来油嘴直径下的产量，t/d；
$D_{原}$——原来油嘴直径，mm；
$D_{现}$——现在油嘴直径，mm。

二、例题

[**例3-66**] 某井井口产量72t/d，测得甲层视产量为36t/d，乙层视产量为27t/d，丙层视产量为11t/d，丁层视产量为0，求各层核实产量是多少？

已知：$Q'_{甲}=36$t/d，$Q'_{乙}=27$t/d，$Q'_{丙}=11$t/d，$Q'_{丁}=0$，$Q=72$t/d。

求：$Q_{甲}$，$Q_{乙}$，$Q_{丙}$ 和 $Q_{丁}$。

解：

核实折算系数 $\beta=\dfrac{Q}{Q'_{甲}+Q'_{乙}+Q'_{丙}+Q'_{丁}}=\dfrac{72}{36+27+11+0}=0.973$

$$Q_{甲}=Q'_{甲}\beta=36\times0.973=35\text{t/d}$$

$$Q_{乙}=Q'_{乙}\beta=27\times0.973=26.3\text{t/d}$$

$$Q_{丙}=Q'_{丙}\beta=11\times0.973=10.7\text{t/d}$$

$$Q_T = Q'_T \beta = 0 \times 0.973 = 0\text{t/d}$$

答：甲层、乙层、丙层和丁层的核实产量分别是 35t/d、26.3t/d、10.7t/d 和 0。

[例 3-67] 某井油层中部深度为 1155m，补心海拔为 155m，求该井原始地层压力是多少？

已知：$H_{中}=1155\text{m}$，$H_{补}=155\text{m}$。

求：p_i。

解：
$$H = H_{中} - H_{补} = 1155 - 155 = 1000\text{m}$$

$$p_i = 3.8 + 0.0082H = 3.8 + 0.0082 \times 1000 = 12.0\text{MPa}$$

答：该井原始地层压力是 12.0MPa。

[例 3-68] 某井原始地层压力是 9.27MPa，饱和压力为 8.0MPa，测得 700m 处压力为 6.59MPa，600m 处压力为 5.81MPa，该井静压为 8.6MPa，油层中部深度为 816m，原油密度为 0.86t/m³，含水率为 10%，求油层中部流压、生产压差、总压差、流饱压差、地饱压差及脱气点位置各是多少？

已知：$p_i=9.27\text{MPa}$，$p_e=8.6\text{MPa}$，$p_1=6.59\text{MPa}$，$p_2=5.81\text{MPa}$，$p_b=8.0\text{MPa}$，$H_1=700\text{m}$，$H_2=600\text{m}$，$H_{中}=816\text{m}$，$f_w=10\%$，$\rho_w=1\text{t/m}^3$，$\rho_o=0.86\text{t/m}^3$。

求：p_{wf}，Δp，$\Delta p_{总}$，$\Delta p_{流饱}$，$\Delta p_{地饱}$ 和 $H_{脱}$。

解：
$$p_{wf} = p_1 + \frac{(p_1-p_2)(H_{中}-H_1)}{H_1-H_2} = 6.59 + \frac{(6.59-5.81)(816-700)}{700-600} = 8.04\text{MPa}$$

$$\Delta p = p_e - p_{wf} = 8.6 - 8.04 = 0.56\text{MPa}$$

$$\Delta p_{总} = p_i - p_e = 9.27 - 8.6 = 0.67\text{MPa}$$

$$\Delta p_{流饱} = p_{wf} - p_b = 8.04 - 8.0 = 0.04\text{MPa}$$

$$\Delta p_{地饱} = p_e - p_b = 8.6 - 8.0 = 0.6\text{MPa}$$

$$\rho_L = \rho_o(1-f_w) + \rho_w f_w = 0.86 \times (1-10\%) + 1 \times 10\% = 0.874\text{t/m}^3$$

由 $\rho_b = \dfrac{H_{脱}\rho_L}{100}$ 得：

$$H_{脱} = \frac{100 p_b}{\rho_L} = \frac{100 \times 8.0}{0.874} = 915.3\text{m}$$

答：油层中部流压是 8.04MPa、生产压差是 0.56MPa、总压差是 0.67MPa、流饱压差是 0.04MPa、地饱压差是 0.6MPa、脱气点位置是 915.3m。

[例 3-69] 某井换油嘴前用 φ6mm 油嘴生产，油管压力为 3.43MPa，求换成 φ7mm 油嘴生产时的油管压力是多少？

已知：$p_{原}=3.43\text{MPa}$，$D_{原}=6\text{mm}$，$D_{现}=7\text{mm}$。

求：$p_{现}$。

解：由 $\dfrac{p_{现}}{p_{原}} = \dfrac{D_{原}\lg D_{现}}{D_{现}\lg D_{原}}$ 得：

$$p_{现}=\frac{p_{原}D_{原}\lg D_{现}}{D_{现}\lg D_{原}}=\frac{3.43\times6\lg7}{7\lg6}=3.19\text{MPa}$$

答：换成 φ7mm 油嘴生产时的油管压力是 3.19MPa。

[**例 3-71**] 某井用 φ8mm 油嘴生产，日产量为 100t/d，如换成 φ10mm 油嘴生产，产量提高多少？

已知：$D_{原}=8$mm，$D_{现}=10$mm，$Q_{原}=100$t/d。

求：ΔQ。

解：由 $\dfrac{Q_{现}}{Q_{原}}=\dfrac{D_{现}\lg D_{现}}{D_{原}\lg D_{原}}$，得

$$Q_{现}=\frac{Q_{原}D_{现}\lg D_{现}}{D_{原}\lg D_{原}}=\frac{100\times10\lg10}{8\lg8}=138.4\text{t/d}$$

$$\Delta Q=Q_{现}-Q_{原}=138.4-100=38.4\text{t/d}$$

答：产量提高 38.4t/d。

[**例 3-71**] 要举升密度 0.80t/m³ 的地层原油，井深 1000m，在不考虑井筒内的摩擦损失和滑脱损失的情况下，井底附近地层压力至少是多少？

已知：$H=1000$m，$\rho=0.80$t/m³。

求：$p_{液柱}$。

解：

$$p_{液柱}=\frac{H\rho}{100}=\frac{1000\times0.80}{100}=8.0\text{MPa}$$

答：井底附近地层压力至少是 8.0MPa。

[**例 3-72**] 某井油层中部深度 2000m，正常生产时流动压力 $p_{wf}=15.59$MPa，油管压力 $p_o=0.92$MPa，若含水上升油管压力下降到 0.49MPa 时，油井停喷，求不含水以及含水 10%，20% 和 30% 时油井停喷压力是多少？

解：

(1) 求不含水及含水 10%，20% 和 30% 时的井液密度：

$$\rho_o=\frac{100\times(p_{wf}-p_t)}{2000}=\frac{100\times(15.59-0)}{2000}=0.7795\text{t/m}^3$$

$$\rho_{10}=0.7795\times(1-10\%)+1\times10\%=0.802\text{t/m}^3$$

$$\rho_{20}=0.7795\times(1-20\%)+1\times20\%=0.824\text{t/m}^3$$

$$\rho_{30}=0.7795\times(1-30\%)+1\times30\%=0.846\text{t/m}^3$$

(2) 求各含水下的停喷压力。

不含水时的停喷压力：

$$p_{wfo}=p_{wf}-p_o=15.59-0.92=14.67\text{MPa}$$

或

$$p_{wfo}=\frac{H\rho_o}{100}-p_o=\frac{2000\times0.7795}{100}-0.92=14.67\text{MPa}$$

含水 10%时的停喷压力：

$$p_{wf10}=\frac{H\rho_{10}}{100}-p_o=\frac{2000\times0.802}{100}-0.92=15.12\text{MPa}$$

含水 20%时的停喷压力：

$$p_{wf20}=\frac{H\rho_{20}}{100}-p_o=\frac{2000\times0.824}{100}-0.92=15.56\text{MPa}$$

含水 30%时的停喷压力：

$$p_{wf30}=\frac{H\rho_{30}}{100}-p_o=\frac{2000\times0.846}{100}-0.92=16.00\text{MPa}$$

答：不含水以及含水 10%，20%和 30%时油井停喷压力分别是 14.67MPa，15.12MPa，15.56MPa 和 16.00MPa。

第六节　常用工具及管阀附件

一、相关概念及其计算公式

1. 巧记活动扳手虎口最大开口尺寸

用英寸表示的活动扳手的长度与用毫米表示的扳手长度之间有下面换算关系：
由于 1in=25.4mm≈25mm，故

$$\frac{\text{扳手长度（mm）}}{25\text{mm}}=\text{扳手长度（in）} \tag{3-50}$$

一般来讲，现场常用活动扳手，除了 4in（最大开口尺寸 14mm）和 24in（最大开口尺寸 65mm）外，其虎口的最大开口尺寸，可用下面的经验公式计算：

$$\text{扳手虎口最大开口尺寸(mm)}=\begin{cases}\text{扳手长度（in）}\times3 & \text{（适用于 8in；10in 和 12in）}\\ \text{扳手长度（in）}\times3+1 & \text{（适用于 6in；15in 和 18in）}\end{cases}$$

$$\tag{3-51}$$

2. 管钳的长度计算

管钳的长度是指管钳头合口时的首尾全长，有下面换算关系：

$$\frac{\text{管钳钳头合口时的首尾长（mm）}}{25\text{mm}}=\text{管钳长度（in）} \tag{3-52}$$

常用管钳有 300mm（12in），350mm（14in），450mm（18in），600mm（24in），900mm（36in）和 1200mm（48in）6 种规格，其最大开口尺寸分别为 40mm，50mm，60mm，75mm，85mm 和 110mm。

3. 各种管材的直径计算方法

（1）公制管子，如 φ114mm×7mm，其中 114mm 指的是管子的外径，7mm 指的是壁厚，其真实内径是 114mm-7mm×2=100mm。

（2）英制管子中，套管、钻杆的直径指的是近似外径，油管的直径指的是近似内径。

（3）普通管子的直径是指近似内径。

4. 管子和附件的公称直径

管子和附件的公称直径是为了设计、制造和维修的方便而人为规定的一种标准直径。阀门与铸铁管的内径与公称直径相等，钢管的公称直径与内径、外径不相等。

5. 阀门型号

通常阀门型号由下列 7 个单元组成：

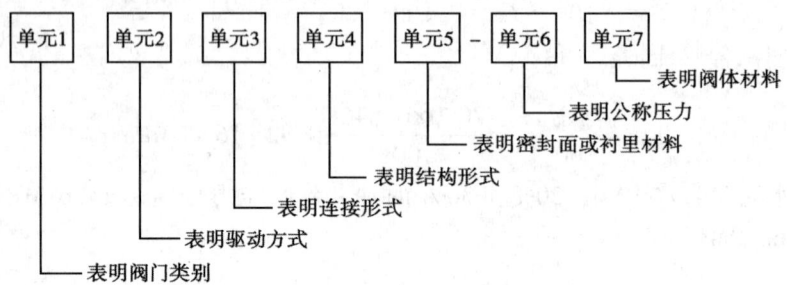

单元 1，用汉语拼音字母表示阀门类别，见表 3-1。

表 3-1　阀门类别及其代号

阀门类别	闸阀	截止阀	节流阀	隔膜阀	球阀	旋塞阀
代号	Z	J	L	G	Q	X
阀门类别	止回阀	蝶阀	安全阀	减压阀	调节阀	疏水阀
代号	H	D	A	Y	T	S

单元 2，用一位阿拉伯数字表示驱动方式，见表 3-2，表中对扳手，手轮。手柄直接传动未列入。

表 3-2　驱动方式及其代号

驱动方式	涡轮传动	正齿轮传动	伞齿轮传动	气驱动	液压驱动	电磁驱动	电动机驱动
代号	3	4	5	6	7	8	9

单元 3，用一位阿拉伯数字表示连接形式，见表 3-3。

表 3-3　连接形式及其代号

连接形式	内螺纹连接	外螺纹连接	法兰连接	焊接	对接	卡箍连接	卡套连接
代号	1	2	3, 4, 5	6	7	8	9

单元 4，用一位阿拉伯数字表示结构形式，见表 3-4、表 3-5 和表 3-6。

表 3-4　闸阀结构形式及其代号

闸阀结构形式	楔式				平行式			
	明杆		暗杆		明杆		暗杆	
	单闸板	双闸板	单闸板	双闸板	单闸板	双闸板	单闸板	双闸板
代号	1	2	5	6	3	4	7	8

表 3-5 截止阀结构形式及其代号

截止阀结构形式	直通式（铸造）	直角式（铸造）	直通式（锻造）	直角式（锻造）	直流式	截流式	其他
代号	1	2	3	4	5	8	9

表 3-6 止回阀结构形式及其代号

止回阀结构形式	直通升降式	立式升降式	直角升降式	单瓣旋起式	多瓣旋起式
代号	1	2	3	4	5

单元5，用汉语拼音字母表示密封面或衬里材料，见表3-7。

表 3-7 密封面或衬里材料及其代号

密封面或衬里材料	代号	密封面或衬里材料	代号
铜（黄铜或青铜）	T	无密封圈	W
合金钢（耐酸钢、不锈钢）	H	硬橡胶	J
渗氮钢	D	皮革	P
巴士合金（轴承合金）	B	聚四氟乙烯	SA
硬铅或硅铁	G	酚醛塑料	SD
蒙乃尔合金（镍铜合金）	M	衬胶	CJ
硬质合金	Y	衬铅	CQ
橡胶	X	搪瓷	TC

单元6，用公称压力表示，并用短横线与前5个单元隔开。

单元7，用汉语拼音字母表示，见表3-8。对于公称压力不大于1.9MPa的灰铸铁阀体和公称压力不小于2.5MPa的碳钢阀体则省略本单元。

表 3-8 阀体材料及其代号

阀体材料	代号	阀体材料	代号
灰铸铁	Z	铬钼合金钢	I
可锻铸铁	K	铬钼钛耐酸钢	R
球墨铸铁	Q	铬镍钛合金钢	P
铜和铜合金	T	铬钼钒合金钢	V
碳素钢	C		

例如型号为J611G-16，其中J表示截止阀，6表示气驱动，第一个1表示螺纹连接，第二个1表示明杆楔式单闸板，G表示硅铁材料衬里，16表示公称压力为1.6MPa，单元7省略则表示该阀阀体材料为灰铸铁。

6. 公差

允许零件尺寸和几何参数的变动量称为公差。

1) 基本尺寸

设计时给定的尺寸称为基本尺寸。如图3-3中的$\phi 30$。

2) 实际尺寸

实际尺寸是通过测量获得的尺寸。

3) 极限尺寸

允许尺寸变化的两个界限值，统称为极限尺寸。是以基本尺寸为基数确定的，是零件加工的尺寸界限，合格零件的尺寸必须在两个极限尺寸之间。较大的一个称为最大极限尺寸，合格零件的实际尺寸不得超过此限，如图3-3中的$\phi30.002$。较小的一个称为最小极限尺寸，合格零件的实际尺寸不得低于此限，如图3-3中的$\phi29.999$。

4) 极限偏差

上偏差与下偏差统称为极限偏差。偏差可以为正值、负值或零值。

上偏差：最大极限尺寸与基本尺寸之差。如图3-3中的30.002-30=+0.002。

下偏差：最小极限尺寸与基本尺寸之差。如图3-3中的29.999-30=-0.001。

上、下偏差标注为$\phi30^{+0.002}_{-0.001}$。

5) 尺寸公差

允许尺寸的变动量，即上偏差与下偏差的代数差。

如图3-3中的0.002-(-0.001)=0.33，公差值总是正值。

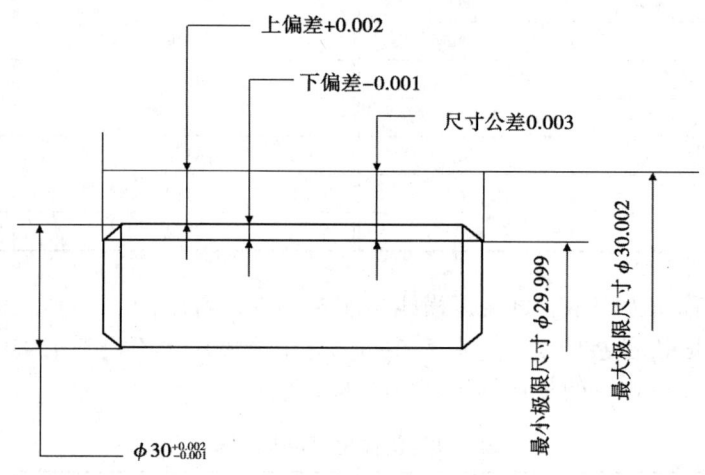

图3-3 尺寸于偏差

6) 公差带

代表上、下偏差的两条直线所限定的区域称为公差带。孔的公差带用剖面线表示，轴的公差带用网纹线表示。如图3-4所示，公差带的大小（即公差值）反映了零件加工后允许的尺寸变动范围，也反映了加工零件的难易程度。

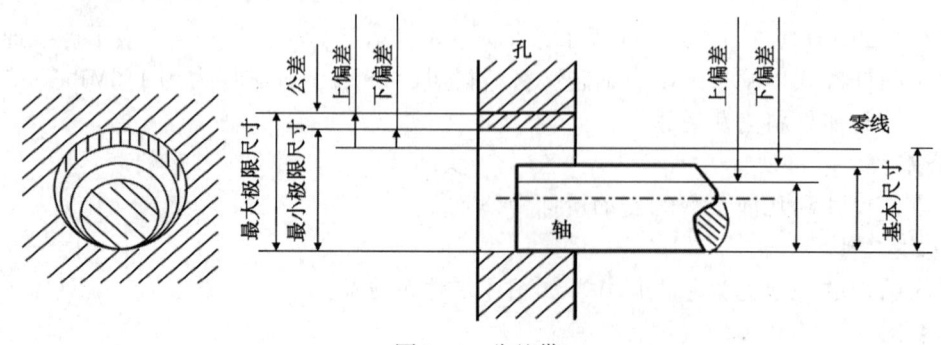

图3-4 公差带

二、例题

[例3-73] 新员工小张拿来一把活动扳手,上面没有尺寸规格字样,但是他量得扳手全长450mm,你能告诉小张这是几英寸扳手?其最大开口尺寸是多少吗?

解:由 1in=25mm,得:

$$\frac{450}{25}=18\text{in}$$

最大开口尺寸=活动扳手长度(in)×3+1=18×3+1=55mm

答:这是18in扳手,最大开口尺寸是55mm。

[例3-74] 员工小王从市场上买回一把15in活动扳手,你能告诉他这把扳手多长吗?

解:由 1in=25mm 得:

$$25\times15=375\text{mm}$$

答:这把扳手长375mm。

[例3-75] 员工小李欲拧紧M24的螺栓,现在他手里只有一把250mm活动扳手,你能知道这把扳手是否可以用于作业吗?

解:由 1in=25mm 得:

$$\frac{250}{25}=10\text{in}$$

最大开口尺寸=10×3=30mm

答:因为M24螺栓的外形为正六边形,对边宽度是36mm,而30mm<36mm,所以这把扳手不能用于作业。

[例3-76] 某工地新进一批管材,型号为 $\phi159\text{mm}\times8\text{mm}$,您知道这批管材的壁厚和内径是多少吗?

解:

$$\text{内径}\,D=159-8\times2=143\text{mm}$$

答:这批管材的壁厚是8mm;内径是143mm。

[例3-77] 某零件尺寸标注为 $\phi32^{+0.04}_{-0.02}$ 请问该零件的最大极限尺寸和最小极限尺寸是多少?

解:

$$\text{最大极限尺寸}=\text{基本尺寸}+\text{上偏差}=32+0.04=32.04\text{mm}$$

$$\text{最小极限尺寸}=\text{基本尺寸}+\text{下偏差}=32-0.02=31.98\text{mm}$$

答:最大极限尺寸是32.04mm;最小极限尺寸是31.98mm。

[例3-78] 某零件尺寸标注为 $25^{+0.003}_{-0.001}$ 请问该零件的尺寸公差是多少?

解:

$$\text{尺寸公差}=\text{上偏差}-\text{下偏差}=0.003-(-0.001)=0.004\text{mm}$$

答:该零件的尺寸公差是0.004mm。

第四章 机械采油工艺技术

第一节 抽 油 机

一、相关概念及其计算公式

1. 钢丝绳的安全负荷与破断拉力

(1) 钢丝绳的安全负荷,现场经验计算方法是其直径(英分❶)的平方再除以10,其公式:

$$P_{安}=\frac{D^2}{10} \tag{4-1}$$

式中 $P_{安}$——安全负荷,tf;
D——直径,英分。

(2) 钢丝绳的破断拉力,现场经验计算方法是其直径(英分)的平方的一半,其公式:

$$P_{断}=\frac{D^2}{2} \tag{4-2}$$

式中 $P_{断}$——破断拉力,tf;
D——直径,英分。

2. 曲柄销子的锥度

曲柄销子的锥度,现场一般用式(4-3)计算:

$$M=\frac{D-d}{L} \tag{4-3}$$

式中 M——圆锥部分的锥度;
D——大头直径,mm;
d——小头直径,mm;
L——圆锥部分的长度,mm。

3. 斜垫铁的斜度

斜垫铁的斜度,现场一般用式(4-4)计算:

$$M=\frac{H-h}{L} \tag{4-4}$$

---

❶ 1in=8 英分,或 1 英分=3.175mm。

式中　M——斜垫铁的斜度；
　　　H——大头厚度，mm；
　　　h——小头厚度，mm；
　　　L——斜铁的长度，mm。

4. 抽油机传动皮带长度计算

抽油机传动皮带长度，现场一般用式（4-5）计算：

$$L = \pi \times \frac{D_1 + D_2}{I} + 2I \tag{4-5}$$

式中　L——传动皮带长度，mm；
　　　I——两轮中心距，mm；
　　　D_1——减速箱大皮带轮直径，mm；
　　　D_2——马达轮直径，mm。

5. 减速箱扭矩

现场计算减速箱扭矩一般用式（4-6）计算：

$$M = 30S + 0.236S(P_{max} - P_{min}) \tag{4-6}$$

式中　M——减速箱扭矩，kgf·m；
　　　S——实际冲程，m；
　　　P_{max}——驴头最大负荷，kgf；
　　　P_{min}——驴头最小负荷，kgf。

上面公式在应用中，有习惯于将负荷取牛顿为单位者，若取牛顿为负荷单位，则上面公式可变形为：

$$M = 300S + 0.236S(P_{max} - P_{min}) \tag{4-7}$$

式中　M——减速箱扭矩，N·m；
　　　S——实际冲程，m；
　　　P_{max}——驴头最大负荷，N；
　　　P_{min}——驴头最小负荷，N。

现场也有采用另一个公式计算减速箱扭矩：

$$M = \frac{1.06S(P_{max} - P_{min})}{4} \tag{4-8}$$

式中符号含义及单位同上文。

6. 驴头悬点载荷

抽油机悬点承受各种各样的载荷，除了抽油杆柱和液柱重量外，还有惯性载荷、振动载荷及摩擦载荷。沉没压力和井口回压也会影响悬点载荷。要准确计算出各种条件下的悬点载荷是比较困难的。下面介绍两套简便的计算公式，以便预测不同抽吸参数下悬点的最大载荷与最小载荷。

1）最大载荷

$$P_{Imax} = P'_{液} + P_{杆}\left(b + \frac{Sn^2}{1440}\right) \tag{4-9}$$

$$P_{\text{II max}} = (P'_{\text{液}} + P_{\text{杆}})\left(1 + \frac{Sn^2}{1790}\right) \tag{4-10}$$

2) 最小载荷

$$P_{\text{I min}} = P_{\text{杆}}\left(b - \frac{Sn^2}{1440}\right) \tag{4-11}$$

$$P_{\text{II min}} = P_{\text{杆}}\left(1 - \frac{Sn^2}{1790}\right) \tag{4-12}$$

式中 $P_{\max}$——驴头最大负荷，kgf；

$P_{\min}$——驴头最小负荷，kgf；

$P'_{\text{液}}$——作用在活塞整个截面积上的液柱重量，kgf；

$P_{\text{杆}}$——抽油杆柱在空气中的重量，kgf；

b——考虑抽油杆柱在液体中减轻重量系数（$b = 1 - \dfrac{\rho_{\text{液}}}{\rho_{\text{钢}}}$，其中 $\rho_{\text{钢}}$ 为钢的相对密度；$\rho_{\text{液}}$ 为抽吸液体的相对密度）；

S——实际冲程，m；

n——实际冲数，$\min^{-1}$。

如果井口回压与沉没压力较接近，便可忽略它们对悬点载荷的影响，则：

$$P'_{\text{液}} = F\rho_{\text{液}} H_B \tag{4-13}$$

式中 $P'_{\text{液}}$——作用在活塞整个截面积上的液柱重量，kgf；

F——活塞整个截面积，m²；

$\rho_{\text{液}}$——抽吸液体的重度，kgf/m³；

H_B——泵挂深度，m。

如果沉没压力与井口回压的差别很大，需要考虑它们的影响时，则：

$$P'_{\text{液}} = F(\rho_{\text{液}} H_{\text{折液}} + p_{\text{回}}) \tag{4-14}$$

式中 $P'_{\text{液}}$——作用在活塞整个截面积上的液柱重量，N；

F——活塞整个截面积，m²；

$\rho_{\text{液}}$——抽吸液体的重度，N/m³；

$H_{\text{折液}}$——折算动液面深度（套压为零时，为实测动液面深度），m；

$p_{\text{回}}$——井口回压，MPa。

第一套公式把抽油机悬点运动看作曲柄滑块机构的滑块运动，并取曲柄旋转半径与连杆长度之比为 1:4，它只考虑了液柱和抽油杆柱重量以及抽油杆柱的惯性载荷。

第二套公式与第一套公式的区别在于，把抽油机悬点运动看作简谐运动，并考虑了液柱的惯性载荷。具体油田上选用哪一套公式，应该与实测结果对比后确定。

7. 抽油机总机效率

抽油机总机效率一般用式（4-15）计算：

$$\eta = Q \times \frac{H_D + \dfrac{100(p_o - p_t)}{\rho}}{\sqrt{3} IU \cos\phi \times 0.102} \tag{4-15}$$

式中 η——抽油机总机效率；
 Q——油井产量，kg/s；
 H_D——动液面深度，m；
 ρ——抽吸液体重度，kg/m³；
 p_o——油管压力，MPa；
 p_t——套管压力，MPa；
 I——工作电流，A；
 U——工作电压，V；
 $\cos\phi$——功率因数。

关于抽油机总机效率，现场还有另一种计算方法：

$$N_{出}=\frac{QH_B\rho}{75\ (hp)}=\frac{QH_B\rho}{102\ (kW)} \tag{4-16}$$

式中 $N_{出}$——深井泵的输出功率，kW；
 Q——油井产量，m³/s；
 H_B——深井泵的有效提升高度，m；
 ρ——抽吸液体的密度，kg/m³。

$$N_{电}=\sqrt{3}IU\cos\phi \tag{4-17}$$

式中 $N_{电}$——电动机的输出功率，kW；
 I——工作电流，A；
 U——工作电压，kV；
 $\cos\phi$——功率因数。

$$\eta=\frac{N_{出}}{N_{电}}\times100\% \tag{4-18}$$

8. 抽油机井系统效率

抽油机井系统效率，一般用式（4-19）计算：

$$\eta = Q \times \frac{H_D + \dfrac{100(p_o - p_t)}{\rho}}{8812.8P} \tag{4-19}$$

式中 η——抽油机井系统效率；
 Q——油井产量，kg/s；
 H_D——动液面深度，m；
 ρ——抽吸液体的密度，kg/m³；
 p_o——油管压力，MPa；
 p_t——套管压力，MPa；
 P——耗电量，kW·h。

9. 传动比与冲数

1) 抽油机皮带传动比

抽油机皮带传动比，一般用式（4-20）计算：

$$I_{皮} = \frac{D}{d} \tag{4-20}$$

式中　$I_{皮}$——皮带传动比，无量纲；
　　　D——减速箱大皮带轮直径，mm；
　　　d——马达轮直径，mm。

2）减速箱传动比

减速箱普遍采用三轴二级齿轮传动，需先计算出一级和二级传动比，再相乘的积就是减速箱传动比。

（1）一级传动比：

$$I_1 = \frac{E_2}{E_1} \tag{4-21}$$

式中　I_1——一级齿轮传动比，无量纲；
　　　E_1——一级减速主动齿轮齿数，个；
　　　E_2——一级减速从动齿轮齿数，个。

（2）二级传动比：

$$I_2 = \frac{E_4}{E_3} \tag{4-22}$$

式中　I_2——二级齿轮传动比，无量纲；
　　　E_3——二级减速主动齿轮齿数，个；
　　　E_4——二级减速从动齿轮齿数，个。

（3）减速箱总传动比：

$$I_{减} = I_1 I_2 \tag{4-23}$$

式中　$I_{减}$——减速箱总传动比，无量纲量。
其他符号含义同前文。

3）冲数

冲数可用式（4-24）计算：

$$n = \frac{N}{I_{皮} I_{减}} \tag{4-24}$$

式中　n——冲数，$\min^{-1}$；
　　　N——电动机转数，$\min^{-1}$。
其他符号含义同前文。

10. 抽油机的"五率"

1）水平率

$$水平率 = \frac{抽油机水平度合格井数}{抽油机使用总数} \times 100\% \tag{4-25}$$

2）对中率

$$对中率 = \frac{抽油机对中合格井数}{抽油机使用总数} \times 100\% \tag{4-26}$$

对中是指悬绳位于悬绳器上盘两边的距离相等,光杆位于密封盒孔眼中央,以光杆不磨密封盒孔眼边缘为准。现场也取驴头中分线与井口中心线的对中。其偏差要求:冲程 1.5~2.5m 时,偏差小于 18mm;冲程 2.6~3.5m 时,偏差小于 22mm;冲程大于 3.6m 时,偏差小于 28mm。

3) 紧固率

$$紧固率 = \frac{抽油机紧固合格井数}{抽油机使用总数} \times 100\% \quad (4-27)$$

4) 润滑率

$$润滑率 = \frac{抽油机润滑合格井数}{抽油机使用总数} \times 100\% \quad (4-28)$$

5) 平衡率

$$平衡率 = \frac{抽油机平衡度合格井数}{抽油机使用总数} \times 100\% \quad (4-29)$$

单机平衡度是指抽油机下冲程时电动机的最大电流与上冲程时电动机的最大电流之比,其比值在 85%~115% 为平衡度合格井。单机平衡度计算公式:

$$B = \frac{I_{下}}{I_{上}} \times 100\% \quad (4-30)$$

式中 B——抽油机平衡度,%;

$I_{上}$——上冲程时最大电流,A;

$I_{下}$——下冲程时最大电流,A。

6) 抽油机平衡计算

从使上、下冲程电动机做功相等的原则出发,不同平衡方式下的平衡计算公式不同。

(1) 游梁平衡:

$$F_{游} = \frac{a\left(P'_{杆} + \dfrac{P_{液}}{2}\right)}{C} - X_{不平} \quad (4-31)$$

式中 $F_{游}$——需要装在游梁尾部的平衡块重量,kgf;

$P_{液}$——活塞截面积以上液柱重量,kgf;

$P'_{杆}$——抽油杆柱在井液中的重量,kgf;

a——游梁前臂长,cm;

C——游梁支点(中轴轴心)至平衡块重心的距离,cm;

$X_{不平}$——抽油机结构不平衡重,查出厂说明书可查得,kgf。

结构不平衡重是指抽油机卸掉驴头负荷,拔出曲柄销子时,要保持游梁处于水平状态,需要加在驴头悬点上的力。其力向上为负值,向下为正值。

(2) 曲柄平衡:

$$R = r \times \frac{\dfrac{a\left(P'_{杆} + \dfrac{P_{液}}{2}\right)}{b} - X_{不平}}{F} - \frac{F_{曲} R_{曲}}{F} \quad (4-32)$$

式中　R——平衡半径（即平衡块重心指示标记到曲柄轴中心的距离），cm；
　　　r——曲柄旋转作用半径，随所用冲程而变，cm；
　　　F——曲柄平衡块的总重量，kgf；
　　　$F_{曲}$——曲柄自重，kgf；
　　　$R_{曲}$——曲柄重心至曲柄轴中心的距离，cm；
　　　b——游梁后臂长，cm。
其余符号含义同前文。

（3）复合平衡：

$$R = \frac{ra\left(P'_{杆} + \dfrac{P_{液}}{2}\right)}{bF} - \frac{rCF_{液}}{Fb} - \frac{rCX_{不平}}{Fb} - \frac{F_{曲}R_{曲}}{F} \tag{4-33}$$

式中符号含义同前文。

（4）将不同型号的抽油机有关参数代入上述公式，可得各型抽油机的实用平衡计算公式：

CYJ3-915 型

$$R = \frac{r\left(P'_{杆} + \dfrac{P_{液}}{2}\right)}{840} - 0.07nr - 0.11 - 22 \tag{4-34}$$

式中　r——游梁平衡块数，无量纲。
其余符号含义同前文。

CYJ5-1812 型

$$R = \frac{r\left(P'_{杆} + \dfrac{P_{液}}{2}\right)}{1930} - \frac{qnr}{1850} - 0.08r - 27.4 \tag{4-35}$$

式中　q——游梁平衡块每块重量，kgf。
其余符号含义同前文。

CYJ5-2712（新系列 CYJ5-2.7-26F）型

$$R = \frac{r\left(P'_{杆} + \dfrac{P_{液}}{2}\right)}{1950} - 0.1919r - 47.4 \tag{4-36}$$

CYJ10-3012（新系列 CYJ8-3-48B）型

$$R = \frac{r\left(P'_{杆} + \dfrac{P_{液}}{2}\right)}{3340} - 0.06r - 63.5 \tag{4-37}$$

上述公式中 r 及 R 的单位均为 cm，载荷单位均为 kgf。对具体油井进行平衡计算时首先要计算出需要的有效平均值 $C_{有效}$，然后利用相应的公式就可以求得需要平衡半径 R。

7）需要的有效平均值 $C_{有效}$

需要的有效平均值 $C_{有效}$ 的确定方法有理论计算和根据示功图计算两种。理论公式为：

$$C_{有效} = P'_{杆} + \frac{P_{液}}{2} \tag{4-38}$$

式中，$P'_{杆}$ 和 $P_{液}$ 均为计算值，符号含义同前文。

（1）利用示功图面积计算，如图 4-1（a）所示：

$$C_{有效} = \frac{f_a\left(A_1 + \dfrac{A_2}{2}\right)}{IS} \tag{4-39}$$

式中　A_1——示功图下冲程载荷线包围的面积；
　　　A_2——示功图载荷线围成的面积；
　　　f_a——示功仪力比，kgf/mm；
　　　IS——示功图上的冲程长度（即示功图长度），mm。

（2）利用平分示功图线高度计算，如图 4-1（b）所示，有：

$$C_{有效} = h f_a \tag{4-40}$$

式中　h——平分示功图线的高度，mm；
　　　f_a——示功仪力比，kgf/mm。

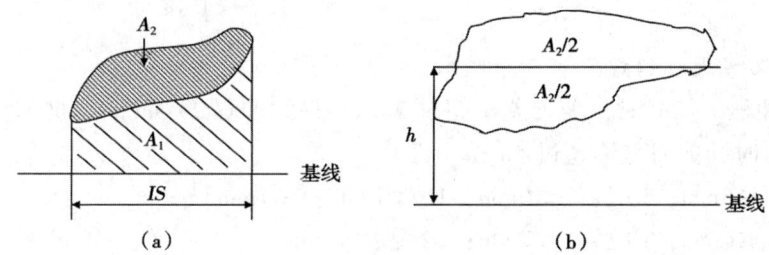

图 4-1　需要的有效平均值 $C_{有效}$ 示功图计算示意图

（3）利用最大载荷、最小载荷计算：

$$C_{有效} = \frac{P_{max} + P_{min}}{2} \tag{4-41}$$

理论计算最准确，但需要用求积仪。
根据示功图计算最简便，比较适用于泵的充满程度较好的正常示功图。

8）现场调曲柄平衡的计算方法
其公式为：

$$R = \frac{30S + 0.236S(P_{max} - P_{min})}{Q_{曲}} \times \left(\frac{I_{上} - I_{下}}{I_{上} + I_{下}}\right) \tag{4-42}$$

式中　R——平衡半径（即平衡块重心指示标记到曲柄轴中心的距离），m；
　　　P_{max}——驴头最大负荷，kgf；
　　　P_{min}——驴头最小负荷，kgf；
　　　$I_{上}$——上冲程时最大电流，A；

$I_下$——下冲程时最大电流，A；
$Q_曲$——平衡块重量，kgf；
S——冲程，m。

11. 剪刀差

抽油机两曲柄侧平面由于不重合而形成的像剪刀一样差开叫剪刀差。剪刀差常用的测量方法有直尺检测法和曲柄检测法两种。另外，还有一种是检测棒检测法，不常用。

1) 直尺检测法

停机，曲柄停在 90° 位置，断电，刹死刹车。将木直尺放在两曲柄尾端平面上，水平尺放到木直尺的中间部位，在水平尺气泡偏移的相反方向的木直尺下面加垫片或塞尺，直至水平尺气泡居中为止，计算垫片或塞尺的总厚度，即可得到剪刀差数据。注意：此种方法的应用条件是 4 块平衡块应在一个平衡位置上不得错开。

2) 曲柄测量法

如直尺检测法将曲柄停在 90° 位置，先用水平尺测量一侧曲柄的水平度，再测量另一侧曲柄的水平度，然后用大数减去小数，除以水平尺长度，乘以曲柄长度，即得出剪刀差数据。其计算公式：

$$剪刀差 = (大数 - 小数) \times \frac{曲柄长度}{水平尺长度} \tag{4-43}$$

3) 关于剪刀差大小的规定有 3 个版本。

（1）最大冲程 1~2m 时，剪刀差不超过 2mm；最大冲程 2~3m 时，剪刀差不超过 3mm；最大冲程 3~4m 时，剪刀差不超过 4mm。

（2）5 型：≤5mm；10 型：≤6mm；10 型以上：≤7mm。

（3）5 型：≤6mm；10 型：≤7mm；12 型：≤8mm。

12. 保险丝（片）的选用

保险丝（片）应串联在电路中，起短路保护作用。选用时应注意保险丝（片）的工作电压与电路的电压一致。保险丝（片）的额定电流为电动机额定电流的 1.5~2.5 倍。

13. 电动机的选用

选用电动机时，应使其工作电流在额定电流的 70%~100% 范围内最为合适。

二、例题集

[例 4-1] 有一块 90mm 长的斜垫铁，大头厚 25mm，斜度为 1:9，求该垫铁小头尺寸是多少？

解：由 $M = \frac{H-h}{L}$，得：

$$h = H - ML = 25 - 90 \times (1:9) = 15\text{mm}$$

答：该垫铁小头尺寸 15mm。

[例 4-2] 用 600mm 水平尺测某抽油机底座水平度，左右不平的平均值为 1.2mm，前后不平的平均值为 1.8mm，求该抽油机的横向和纵向不平度是多少？

解：由于不平度是指每米长度不水平的值，所以：

$$横向不平度 \Delta_{横} = \frac{1.2}{600} = 0.002 = 2‰$$

纵向不平度 $\Delta_{纵} = \frac{1.8}{600} = 0.003 = 3‰$

答：该抽油机的横向和纵向不平度分别是2‰和3‰。

[例4-3] 测得一曲柄销子的圆锥部分长200mm，大头直径100mm，小头直径80mm，求该销子圆锥部分的锥度是多少？

解：

$$M = \frac{D-d}{L} = \frac{100-80}{200} = 1:10$$

答：该销子圆锥部分的锥度是1:10。

[例4-4] 求 $\phi 13$mm 和 $\phi 19$mm 钢丝绳的破断拉力是多少？

解：由 1in=25.4mm 和 1in=8英分，可得：

$$1 \text{英分} = \frac{25.4}{8} = 3.175\text{mm}$$

$$\phi 13\text{mm} = \frac{13}{3.175} = 4 \text{英分}$$

$$\phi 19\text{mm} = \frac{19}{3.175} = 6 \text{英分}$$

由 $P_{断} = \frac{D^2}{2}$，得：

$$P_{断13} = \frac{4^2}{2} = 8\text{tf}$$

$$P_{断19} = \frac{6^2}{2} = 18\text{tf}$$

答：$\phi 13$mm 和 $\phi 19$mm 钢丝绳的破断拉力是8tf和18tf。

[例4-5] 估算 $\phi 22$mm 钢丝绳的安全负荷是多少？

解：由 1in=25.4mm 和 1in=8英分，可得：

$$1 \text{英分} = \frac{25.4}{8} = 3.175\text{mm}$$

$$\phi 22\text{mm} = \frac{22}{3.175} = 7 \text{英分}$$

由 $P_{安} = \frac{D^2}{10}$ 得：

$$P_{安22} = \frac{7^2}{19} = 4.9\text{tf}$$

答：$\phi 22$mm 钢丝绳的安全负荷是4.9tf。

[例4-6] 某井活塞以上液柱每米重1.10kgf，下泵深度1000m，每米抽油杆在空气中重2.35kgf，冲程2.1m，冲次 6min^{-1}，问用 $\phi 22$mm 钢丝绳制作毛辫子是否能满足要求？

解：

$$P'_{液} = 1.10 \times 1000 = 1100 \text{kgf}$$

$$P_{杆} = 2.35 \times 100 = 2350 \text{kgf}$$

$$P_{max} = (P'_{液} + P_{杆})\left(1 + \frac{Sn^2}{1790}\right) = (1100 + 2350)\left(1 + \frac{2.1 \times 6^2}{1790}\right) = 3595.7 \text{kgf} \approx 3.6 \text{tf}$$

$$\phi 22 \text{mm} = \frac{22}{3.175} = 7 \text{英分}$$

由 $P_{安} = \dfrac{D^2}{10}$ 得：

$$P_{安22} = \frac{7^2}{10} = 4.9 \text{tf}$$

因为 $P_{max} = 3.6 \text{tf} < 4.9 \text{tf}$，所以用 $\phi 22 \text{mm}$ 钢丝绳制作毛辫子能满足要求。

答：用 $\phi 22 \text{mm}$ 钢丝绳制作毛辫子能满足要求。

[**例 4-7**] 某抽油机减速箱大皮带轮直径 800mm，马达轮直径 200mm，两轮中心距 2819mm，问需要多大型号的传动皮带？

解：

$$L = \pi \frac{D_1 + D_2}{I} + 2I = \pi \frac{800 + 200}{2819} + 2 \times 2819 = 5639 \text{mm}$$

答：需要型号为 5639 的传动皮带。

[**例 4-8**] 某井选用冲程 1.5m，冲数 10min^{-1}，泵径 $\phi 44$ mm，下泵深度 840m，计算驴头最大负荷 2436.7kgf，最小负荷 896.6kgf，求该抽油机实际扭矩是多少？

解：

$$M = 30S + 0.236S(P_{max} - P_{min}) = 30 \times 1.5 + 0.236 \times 1.5 \times (2436.7 - 896.6) = 590.2 \text{kgf} \cdot \text{m}$$

答：该抽油机实际扭矩是 590.2 kgf·m。

[**例 4-9**] 一台抽油机最大冲程 1.5m，冲数 10min^{-1}，泵径 $\phi 56$ mm，泵挂深度 800m，悬点最大载荷 7500kgf，最小载荷 2400kgf，求减速箱实际扭矩是多少 kN·m？

解：

$$M = 300S + 0.236S(P_{max} - P_{min}) = 300 \times 1.5 + 0.236 \times 1.5 \times$$
$$(7500 - 2400) \times 10 = 18504 \text{N} \cdot \text{m} = 18.5 \text{kN} \cdot \text{m}$$

答：减速箱实际扭矩是 18.5 kN·m。

[**例 4-10**] 2-1 井下泵深度 500m，冲程 1.5m，冲数 10min^{-1}，泵径 $\phi 38$mm，该井含水 80%，采用 $\phi 19$mm 许用应力为 9kgf/mm^2 的 20CrMn 钢抽油杆，$\phi 19$mm 抽油杆在空气中质量为 2.35kgf/m，原油密度为 0.85t/m^3，计算结果取两位小数。试计算：（1）抽油机悬点最大载荷；（2）抽油机悬点最小载荷。

解：首先求混合液密度

$$\rho_L = \rho_o(1 - f_w) + \rho_w f_w = 0.85 \times (1 - 80\%) + 1 \times 80\% = 0.97 \text{tf/m}^3 = 970 \text{kgf/m}^3$$

求活塞以上每米液柱质量：

$$q_L = \frac{\rho_L L \pi D^2}{4} = \frac{970 \times 1 \times \pi 0.038^2}{4} = 1.10 \text{kgf/m}$$

求活塞以上液柱质量

$$P'_{液} = q_L H_B = 1.10 \times 500 = 550 \text{kgf}$$

求抽油杆柱在空气中的质量

$$P_{杆} = q_{杆} H_B = 2.35 \times 500 = 1175 \text{kgf}$$

$$\frac{Sn^2}{1790} = \frac{1.5 \times 10^2}{1790} = 0.0838$$

$$P_{\max} = (P'_{液} + P_{杆})\left(1 + \frac{Sn^2}{1790}\right) = (550 + 1175)(1 + 0.0838) = 1869.56 \text{kgf}$$

$$P_{\min} = P_{杆}\left(1 - \frac{Sn^2}{1790}\right) = 1175 \times (1 - 0.0838) = 1076.54 \text{kgf}$$

答：(1) 抽油机悬点最大载荷是1869.56kgf；(2) 抽油机悬点最小载荷是1076.54kgf。

[**例 4-11**] 某井下入 ϕ44mm 管式泵，冲程1.2m，冲数10min^{-1}，使用⅞in 抽油杆，下泵深度420m，环形空间液体密度0.944t/m³，抽油机负荷利用率为85%，⅞in 抽油杆在空气中质量为3.24kgf/m，在该井液中质量为2.72kgf/m。问选用CYJ3-915型抽油机是否适用？

解：首先求活塞以上每米液柱质量

$$q_L = \frac{\rho_L L \pi D^2}{4} = \frac{0.944 \times 10^3 \times 1 \times 0.044^2 \pi}{4} = 1.43 \text{kgf/m}$$

求活塞以上液柱质量

$$P'_{液} = q_L H_B = 1.43 \times 430 = 600.6 \text{kgf}$$

求抽油杆柱在空气中的质量

$$P_{杆} = q_{杆} H_B = 3.24 \times 420 = 1360.8 \text{kgf}$$

$$\frac{Sn^2}{1790} = \frac{1.2 \times 10^2}{1790} = 0.067$$

$$P_{\max} = (P'_{液} + P_{杆})\left(1 + \frac{Sn^2}{1790}\right) = (600.6 + 1360.8)(1 + 0.067) = 2092.8 \text{kgf}$$

$$P_{\min} = P_{杆}\left(1 - \frac{Sn^2}{1790}\right) = 1360.8 \times (1 - 0.067) = 1265.5 \text{kgf}$$

$$M = 30S + 0.236S(P_{\max} - P_{\min}) = 30 \times 1.2 + 0.236 \times 1.2 \times (2092.8 - 1265.5) = 270.3 \text{kgf·m}$$

查《采油技术手册》(《采油技术手册》编写组，1977) 得知：CYJ3-915型抽油机曲柄最大扭矩为650kgf·m，悬点最大载荷3000kgf，按负荷利用率85%计算，驴头实际负荷应该不超过：

$$3000\text{kgf} \times 85\% = 2550 \text{kgf} \quad 2550\text{kgf} > 2092.8\text{kgf} \quad 270.3\text{kgf·m} < 650\text{kgf·m}$$

答：选用CYJ3-915型抽油机适用。

[**例 4-12**] 某井泵挂800m，冲程1.0m，冲数6min^{-1}，泵径ϕ38mm，抽油杆柱上、下行摩阻为800kgf，ϕ19mm 抽油杆在空气中质量为2.38kgf/m，活塞以上每米液柱质量为0.918kgf/m，求驴头最大载荷与最小载荷是多少？

解：求活塞以上液柱质量

$$P'_{液} = q_L H_B = 0.918 \times 800 = 734.4 \text{kgf}$$

求抽油杆柱在空气中的质量

$$P_{杆} = q_{杆} H_B = 2.38 \times 800 = 1904 \text{kgf}$$

$$\frac{Sn^2}{1790} = \frac{1.0 \times 6^2}{1790} = 0.02011$$

$$P_{max} = (P'_{液} + P_{杆})\left(1 + \frac{Sn^2}{1790}\right) = (734.4 + 1904)(1 + 0.02011) = 3491.5 \text{kgf}$$

$$P_{min} = P_{杆}\left(1 - \frac{Sn^2}{1790}\right) = 1904 \times (1 - 0.02011) = 1065.7 \text{kgf}$$

答：驴头最大载荷是 3491.5kgf；驴头最小载荷是 1065.7kgf。

[**例 4-13**] 某油井泵深 800m，冲程 3m，冲数 6min^{-1}，含水 45%，抽油杆在空气中质量为 3.24kgf/m，在液体中质量为 2.73kgf/m，活塞截面以上每米液柱质量 2.12kgf/m，钢的密度为 7.85tf/m^3，井内液体密度为 0.923t/m^3。求该井抽油机悬点最大载荷与最小载荷是多少？

解：求活塞以上液柱质量

$$P'_{液} = q_L H_B = 2.12 \times 800 = 1696 \text{kgf}$$

求抽油杆柱在空气中的质量

$$P_{杆} = q_{杆} H_B = 3.24 \times 800 = 2592 \text{kgf}$$

$$b = 1 - \frac{\rho_{液}}{\rho_{钢}} = 1 - \frac{0.923}{7.85} = 0.8824$$

$$\frac{Sn^2}{1400} = \frac{3 \times 6^2}{1440} = 0.075$$

$$P_{max} = P'_{液} + P_{杆}\left(b + \frac{Sn^2}{1440}\right) = 1696 + 2592 \times (0.8824 + 0.075) = 4177.6 \text{kgf}$$

$$P_{min} = P_{杆}\left(b - \frac{Sn^2}{1440}\right) = 2592 \times (0.8824 - 0.075) = 2092.8 \text{kgf}$$

答：该井抽油机悬点最大载荷是 4177.6kgf；最小载荷是 2092.8kgf。

[**例 4-14**] 某井产液 64t/d，动液面深度 900m，油压 0.5MPa，套压 1.2MPa，电流 25A，电压 375V，电动机功率因数 0.7，混合液密度 0.9t/m^3，求抽油机总机效率是多少？

解：

$$Q = \frac{64t}{d} = \frac{64 \times 1000}{24 \times 3600} = 0.74 \text{kgf/s}$$

$$\eta = Q \times \frac{H_D + \frac{100(p_o - p_t)}{\rho}}{\sqrt{3} IU \cos\phi \times 0.102} = 0.74 \times \frac{900 + \frac{100 \times (0.5 - 1.2)}{0.9}}{\sqrt{3} \times 25 \times 375 \times 0.7 \times 0.102} = 0.525 = 52.5\%$$

答：抽油机总机效率是 52.5%。

[例 4-15]　某井产液 25t/d，综合含水 24%，动液面深度 468.4m，油压 0.3MPa，套压 0.9MPa，抽油机日耗电 127.2kW·h，原油密度 0.86t/m³，求该井系统效率是多少？

解：首先求混合液密度

$$\rho_L = \rho_o(1-f_w) + \rho_w f_w = 0.86 \times (1-24\%) + 1 \times 24\% = 0.894 \text{t/m}^3$$

$$Q = \frac{25t}{d} = \frac{25 \times 1000}{24 \times 3600} = 0.289 \text{kg/s}$$

$$\eta = Q \times \frac{H_D + \dfrac{100(p_o - p_t)}{\rho}}{\dfrac{8812.8P}{}} = 0.289 \times \frac{468.4 + \dfrac{100 \times (0.3-0.9)}{0.894}}{\dfrac{8812.8 \times 127.2}{24}} = 21.48\%$$

答：该井系统效率是 21.48%。

[例 4-16]　某井产液 64t/d，动液面深度 900m，油压 0.5MPa，套压 1.5MPa，电流 25A，电压 375V，电动机功率因数 0.7，混合液密度 0.9t/m³，求抽油机总机效率是多少？

解：首先求折算动液面深度密度

$$H = 900 + \frac{100 \times (0.5-1.5)}{0.9} = 788\text{m}$$

深井泵输出功率

$$N_{出} = \frac{QH\rho}{102} = \frac{64 \times 788 \times 900}{102} = 5.7\text{kW}$$

电动机输出功率

$$N_{电} = \sqrt{3} IU\cos\phi = \sqrt{3} \times 25 \times 375 \times 0.7 = 11.4\text{kW}$$

$$\eta = \frac{N_{出}}{N_{电}} \times 100\% = \frac{5.7}{11.4} \times 100\% = 50\%$$

答：抽油机总机效率是 50%。

[例 4-17]　某井选用三型抽油机，第一级减速主动齿轮齿数齿 $E_1=30$ 齿，从动齿轮齿数齿 $E_2=170$，第二级减速主动齿轮齿数齿 $E_3=24$ 齿，从动齿轮齿数齿 $E_4=146$ 齿，该机减速箱皮带轮直径 0.8m，马达轮直径 0.2m，电动机转数 960min⁻¹，求：（1）冲数是多少？（2）若将冲数调为 12min⁻¹，电动机换成 1440min⁻¹，需多大直径的马达轮（取整数）？

解：（1）抽油机皮带传动比：

$$I_{皮} = \frac{D}{d} = \frac{0.8}{0.2} = 4$$

一级传动比：

$$I_1 = \frac{E_2}{E_1} = \frac{170}{30}$$

二级传动比：

$$I_2 = \frac{E_4}{E_3} = \frac{146}{24}$$

减速箱总传动比：

$$I_{减} = I_1 I_2 = \frac{170 \times 146}{30 \times 24} = 34.4722$$

冲数：

$$n = \frac{N}{I_皮 I_减} = \frac{960}{4 \times 34.4722} \approx 7\min^{-1}$$

（2）若将冲数调为 $12\min^{-1}$，电动机换成 $1440\min^{-1}$ 时，由 $n = \frac{N}{I_皮 \times I_减}$，得

$$d = \frac{800 \times 34.4722 \times 12}{1400} = 229.815\text{mm} \approx 230\text{mm}$$

答：（1）冲数是 $1440\min^{-1}$。
（2）若将冲数调为 $12\min^{-1}$，电动机换成 $1440\min^{-1}$，需直径为 230mm 的马达轮。

[例 4-18] 某采油队共有抽油机 85 台在用，一季度设备"五率"检查时统计：紧固合格井 84 口井、润滑合格井 83 口井、对中合格井 80 口井、水平度合格井 79 口井、平衡度合格井 78 口井，请计算该队的"五率"情况。

解：（1）

$$水平率 = \frac{抽油机水平度合格井数}{抽油机使用总数} \times 100\% = \frac{79}{85} \times 100\% = 92.94\%$$

（2）

$$对中率 = \frac{抽油机对中合格井数}{抽油机使用总数} \times 100\% = \frac{80}{85} \times 100\% = 94.12\%$$

（3）

$$紧固率 = \frac{抽油机紧固合格井数}{抽油机使用总数} \times 100\% = \frac{84}{85} \times 100\% = 98.82\%$$

（4）

$$润滑率 = \frac{抽油机润滑合格井数}{抽油机使用总数} \times 100\% = \frac{83}{85} \times 100\% = 97.65\%$$

（5）

$$平衡率 = \frac{抽油机平衡度合格井数}{抽油机使用总数} \times 100\% = \frac{78}{85} \times 100\% = 91.76\%$$

答：该队的"五率"情况为：水平率 92.94%、对中率 94.12%、紧固率 98.82%、润滑率 97.65%、平衡率 91.76%。

[例 4-19] 某井新投产，采油工测得驴头对中偏差为 21mm，该井抽油机冲程为 3m，请问驴头对中偏差是否符合规定？

解：因为冲程在 2.6~3.5m 时，驴头对中偏差小于 22mm 为合格。所以该井驴头对中偏差 21mm<22mm 为合格。

答：驴头对中偏差符合规定。

[例 4-20] 某采油工用钳形电流表测得抽油机上冲程时最大电流为 25.0A，下冲程时最大电流为 23.2A，请问该机平衡度是否合格？

解：
$$B = \frac{I_\text{下}}{I_\text{上}} \times 100\% = \frac{23.2}{25.0} \times 100\% = 92.8\%$$

因为 92.8%在 85%~115%范围内，所以该机平衡度合格。

答：该机平衡度合格。

[例 4-21] 某采油井用钳形电流表测得抽油机上冲程时最大电流为 20.0A，下冲程时最大电流为 23.5A，请问该机平衡度是否合格？若不合格该如何调整？

解：
$$B = \frac{I_\text{下}}{I_\text{上}} \times 100\% = \frac{23.5}{20.0} \times 100\% = 117\%$$

答：因为 117%已超出 85%~115%范围内，所以该机平衡度不合格。表现为配重偏重。应减轻配重，即将平衡块向输出轴轴心方向移动。直至抽油机平衡度 B 值进入 85%~115%范围内为合格。

[例 4-22] 某 8 型抽油机曲柄长 2400mm，用 600mm 水平尺，采取曲柄测量法测剪刀差。先测得一侧曲柄的水平度为 29mm，再测得另一侧曲柄的水平度为 32mm。问该机剪刀差是多少？

解：
$$剪刀差 = 曲柄长度 \times \frac{大数-小数}{水平尺长度} = 2400 \times \frac{32-29}{600} = 12\text{mm}$$

答：该机剪刀差是 12mm。已超出 8 型机规定范围，应调整，使剪刀差小于 5mm。

[例 4-23] 某抽油机型号为 CYJ8-3-48B，用直尺法测抽油机剪刀差，水平尺气泡向左偏移，采油工在右侧直尺下加垫片，第一次加 2mm 厚，第二次加 1mm 厚，第三次加 0.5mm 厚时，水平尺气泡居中。问该机剪刀差是多少？

解：
$$剪切差 = 2+1+0.5 = 3.5\text{mm}$$

答：该机剪刀差是 3.5mm。

[例 4-24] 某井抽油机配用电动机功率为 17kW，额定电流为 35A，电源电压 380V，请你为该机选配保险丝（片）。

解：
$$35 \times (1.5~2.5) = 52.5~87.5\text{A}$$

答：该机应选配工作电压为 380V，额定电流为 60~80A 的保险丝（片）。

[例 4-25] 某新井准备投产，电源电压 380V，配用电动机功率为 37kW，电动机功率因数为 0.82，实测工作电流为 41.2A，请问电动机匹配是否合理？

解：

$$N_{出}=\sqrt{3}IU\cos\phi=\sqrt{3}\times41.2\times0.38\times0.82=22.24\text{kW}$$

$$\eta=\frac{N_{出}}{N_{电}}\times100\%=\frac{22.24}{37}\times100\%=60.11\%$$

答：因为60.11%不在70%~100%的合理范围内，存在大马拉小车现象。应重新配备30kW电动机比较合理。

[例4-26] 某井用CYJ3-1515型抽油机（一块平衡块重210kg），ϕ19mm抽油杆，泵挂800m，冲程1.5m，冲数10min^{-1}，泵径ϕ38mm，含水30%，原油密度860kg/m³，上冲程时最大电流7.2A，下冲程时最大电流4.4A，钢的密度为7850kg/m³，试计算要使抽油机达到平衡时平衡块的调整距离和方向。

解：

$$\rho_L=p_o(1-f_w)+\rho_w\times f_w=860\times(1-30\%)+1\times30\%=900\text{kg/m}^3$$

$$P'_{液}=\frac{\pi D^2 H_B \rho_L}{4}=\frac{0.038^2\times800\times900\pi}{4}=816\text{kg}$$

$$P_{杆}=\frac{\pi d^2 H_B \rho_{钢}}{4}=\frac{0.019^2\times800\times7850\pi}{4}=1780\text{kg}$$

用第二套公式计算如下：

$$P_{\max}=(P'_{液}+P_{杆})\left(1+\frac{Sn^2}{1790}\right)=(826+1780)\left(1+\frac{1.5\times10^2}{1790}\right)=2813\text{kg}$$

$$P_{\min}=P_{杆}\left(1-\frac{Sn^2}{1790}\right)=1780\times\left(1-\frac{1.5\times10^2}{1790}\right)=1630\text{kg}$$

$$R=\frac{30S+0.236S(P_{\max}-P_{\min})}{Q_{曲}}\times\frac{I_{上}-I_{下}}{I_{上}+I_{下}}=\frac{30\times1.5+0.236\times1.5\times(2813-1630)}{210\times4}\times\frac{7.2-4.4}{7.2+4.4}=13.3\text{cm}$$

用第一套公式计算如下：

$$P_{\max}=P'_{液}+P_{杆}\left(b+\frac{Sn^2}{1440}\right)=816+1780\times\left(1-\frac{900}{7850}+\frac{1.5\times10^2}{1440}\right)=2577.3\text{kg}$$

$$P_{\min}=P_{杆}\left(b-\frac{Sn^2}{1440}\right)=1780\times\left(1-\frac{900}{7850}-\frac{1.5\times10^2}{1440}\right)=1390.5\text{kg}$$

$$R=\frac{30S+0.236S(P_{\max}-P_{\min})}{Q_{曲}}\times\frac{I_{上}-I_{下}}{I_{上}+I_{下}}=\frac{30\times1.5+0.236\times1.5\times(2577.3-1390.4)}{210.4}\times\frac{7.2-4.4}{7.2+4.4}=13.4\text{cm}$$

注意：具体选用哪套公式计算，应根据各油田的实际情况而定。

答：因为上行电流大于下行电流，说明平衡配重偏轻，应将平衡块向远离曲柄轴方向移动13.3cm或13.4cm，才能达到抽油机平衡。

[例4-27] 某抽油机型号为CYJ8-3-48B，曲柄旋转作用半径82cm，测得示功图显示最大载荷51.27kN，最小载荷27.77kN，试求该机平衡半径是多少？

解：
$$P'_{杆} = P_{min} = 27.77\text{kN} = 2777\text{kgf}$$

$$P'_{液} = P_{max} - P_{min} = 51.27 - 27.77 = 33.50\text{kN} \approx 3350\text{kg}$$

$$R = \frac{r\left(P'_{杆} + \dfrac{P_{液}}{2}\right)}{3340} - 0.06r - 63.5 = \frac{82 \times \left(2777 + \dfrac{3350}{2}\right)}{3340} - 0.06 \times 82 - 63.5 = 40.88\text{cm}$$

答：该机平衡半径是 40.88cm。

第二节 抽 油 杆

一、相关概念及其计算公式

1. 抽油杆强度校核及计算：

$$\delta_{许} \geqslant \delta_{折} \tag{4-44}$$

$$\delta_{折} = \sqrt{\delta_{幅}\, \delta_{最大}} \tag{4-45}$$

$$\delta_{最大} = \frac{P_{max}}{f_{杆}} \tag{4-46}$$

$$\delta_{最小} = \frac{P_{min}}{f_{杆}} \tag{4-47}$$

$$\delta_{幅} = \frac{\delta_{最大} - \delta_{最小}}{2} = \frac{P_{max} - P_{min}}{2f_{杆}} \tag{4-48}$$

式中　$\delta_{许}$——抽油杆许用应力，kgf/mm²；

$\delta_{折}$——抽油杆折算应力，kgf/mm²；

$\delta_{幅}$——抽油杆不对称循环应力，kgf/mm²；

$\delta_{最大}$——抽油杆的最大应力，kgf/mm²；

$\delta_{最小}$——抽油杆的最小应力，kgf/mm²。

不同抽油杆的许用折算应力不同：优质碳素钢抽油杆的许用折算应力为70MPa（合7kgf/mm²，即70N/mm²）；合金钢抽油杆的许用折算应力为90MPa（合9kgf/mm²，即90N/mm²）。

1MPa = 10^6Pa = 10^6N/m² = 10^5kg/m² = 10^5kg/10^6mm² = 0.1kg/mm²

1kgf = 10N

利用强度条件公式不仅可以用来根据载荷核定强度，而且可以用来确定在给定条件下抽油杆的最大下入深度。例如：已知泵径、冲程、冲数、抽油杆直径和材料以及抽汲液体的比重，如果采用第二套最大、最小载荷公式，就可以用下式计算出在所给条件下抽油杆的最大允许下入深度：

$$L = \frac{\delta_{杆} f_{杆}}{\sqrt{\left(0.1 F\rho_L + q_{杆}\right)\left(1 + \frac{Sn^2}{1790}\right)\left[0.05 F\rho_L \left(1 + \frac{Sn^2}{1790}\right) + \frac{q_{杆} Sn^2}{1790}\right]}} \tag{4-49}$$

式中　L——抽油杆最大下入深度，m；

　　　$f_{杆}$——抽油杆截面积，mm²；

　　　$\delta_{许}$——抽油杆许用应力，kgf/mm²；

　　　F——活塞截面积，m²；

　　　ρ_L——抽汲液体密度，kg/m³；

　　　$q_{杆}$——每米抽油杆在空气中的重量，kgf/m；

　　　S——冲程，m；

　　　n——冲数，min⁻¹。

2. 抽油杆强度极限及伸长率、断面收缩率

（1）强度极限的计算公式：

$$\delta_b = \frac{F_b}{f_o} \tag{4-50}$$

（2）伸长率的计算公式：

$$\delta = \frac{L_1 - L_o}{L_o} \times 100\% \tag{4-51}$$

（3）断面收缩率计算公式：

$$\psi = \frac{f_1 - f_o}{f_o} \times 100\% \tag{4-52}$$

式中　δ_b——抽油杆的强度极限，kgf/mm²；

　　　F_b——抽油杆被拉断时的拉力，kgf；

　　　f_o——抽油杆的截面积，mm²；

　　　δ——抽油杆的伸长率，%；

　　　L_1——抽油杆被拉断后的总长度 m；

　　　L_o——抽油杆未受拉力前的长度，mm；

　　　ψ——抽油杆断面收缩率，%；

　　　f_1——抽油杆断面的平均面积，mm²。

二、例题

［例 4-28］ 某抽油井使用 ϕ22mm 抽油杆，测得悬点最大载荷 58kN，最小载荷 32kN，已知该抽油杆许用应力为 90N/mm²，请校核抽油杆的强度是否能满足要求？

解：

$$\delta_{最大} = \frac{P_{max}}{f_{杆}} = \frac{58 \times 10^3}{\frac{22^2 \pi}{4}} = 152.66 \text{N/mm}^2$$

$$\delta_{幅}=\frac{P_{\max}-P_{\min}}{2f_{杆}}=\frac{58\times10^3-32\times10^3}{\frac{2\times22^2\pi}{4}}=34.22\text{N/mm}^2$$

$$\delta_{折}=\sqrt{\delta_{幅}\,\delta_{最大}}=\sqrt{34.22\times152.66}=72.3\text{N/mm}^2$$

答：因为 $\delta_{折}=72.3\text{N/mm}^2\leqslant 90\text{N/mm}^2$，所以该抽油杆的强度能满足要求。

[例 4-29] 某井 $P_{\max}=4579\text{kgf}$，$P_{\min}=2380\text{kgf}$，$f_{杆}=380\text{mm}^2$，求抽油杆的负荷强度是多少？

解：

$$\delta_{最大}=\frac{P_{\max}}{f_{杆}}=\frac{4579}{380}=12.1\text{kgf/mm}^2$$

$$\delta_{幅}=\frac{P_{\max}-P_{\min}}{2f_{杆}}=\frac{4579-2380}{2\times380}=2.9\text{kgf/mm}^2$$

$$\delta_{折}=\sqrt{\delta_{幅}\,\delta_{最大}}=\sqrt{12.1\times2.9}=5.9\text{kgf/mm}^2$$

答：抽油杆的负荷强度是 5.9kgf/mm^2。

[例 4-30] 某油井实测悬点最大载荷为 4450kgf，最小载荷为 1450kgf，用¾in 抽油杆（截面积 285mm²），抽油杆许用应力为 90N/mm²，请校核抽油杆的强度。

解：

$$\delta_{最大}=\frac{P_{\max}}{f_{杆}}=\frac{4450}{285}=15.6\text{kgf/mm}^2$$

$$\delta_{幅}=\frac{P_{\max}-P_{\min}}{2f_{杆}}=\frac{4450-1450}{2\times285}=5.26\text{kgf/mm}^2$$

$$\delta_{折}=\sqrt{\delta_{幅}\,\delta_{最大}}=\sqrt{5.26\times15.6}=9.03\text{kgf/mm}^2=90.3\text{N/mm}^2$$

答：该井抽油杆折算应力 $90.3\text{N/mm}^2\approx 90\text{N/mm}^2$，符合抽油杆设计许用应力，可以下井。

[例 4-31] 某抽油井泵径 $\phi44\text{mm}$，冲程 2.1m，冲数 6min^{-1}，抽油杆直径 $\phi19\text{mm}$，抽汲液体密度 900kg/m^3，抽油杆许用应力为 8kgf/mm^2，$\phi19\text{mm}$ 抽油杆在空气中重 2.35kg/m。试用第二套负荷公式计算该抽油杆的最大下井深度。

解：

$$F=\frac{D^2\pi}{4}=\frac{0.044^2\pi}{4}=0.0015\text{m}^2$$

$$f_{杆}=\frac{d^2\pi}{4}=\frac{19^2\pi}{4}=284\text{mm}^2$$

$$\frac{Sn^2}{1790}=\frac{2.1\times6^2}{1790}=0.0422$$

把以上数值代入式（4-49）得 $L=3417\text{m}$。

答：用第二套负荷公式计算该抽油杆的最大下井深度 3417m。

第三节 深 井 泵

一、相关概念及其计算公式

深井抽油泵简称深井泵。深井泵是机械采油法的一种专用设备,泵下在油井井筒中动液面以下一定深度,依靠抽油杆传递抽油机动力,将原油抽出地面。

深井泵有管式泵和杆式泵两种,管式泵主要由工作筒、游动阀、固定阀、活塞、衬套等组成,杆式泵与管式泵在结构上多了一个外工作筒,有内外两个工作筒。

1. 充满系数

充满系数也叫冲满程度,是指抽油泵完成一次冲程时,泵内进入液体的体积和活塞让出的体积的比值。充满系数的大小,直接关系泵效的高低,反映泵的实际工作效率。

2. 气锁

当深井泵内进入气体后,使泵抽不出油来的现象叫气锁。气体大量进入泵筒,甚至充满整个泵筒后,活塞的运动只是对气体进行压缩和释放,使固定阀打不开,井液不能进泵,所以抽不出油来。

3. 深井泵的余隙容积

深井泵的余隙容积是指活塞在下死点时,下游动阀和固定阀之间泵筒内的体积。余隙容积会影响深井泵充满程度。尤其是气大的井,气体在余隙容积中压缩、膨胀,阻止原油吸入泵筒,所以余隙容积越小越好。

4. 深井泵的排量系数

深井泵的排量系数在数值上等于活塞截面积的1440倍。即:

$$K = 1440F = \frac{1440\pi D^2}{4} \quad (4-53)$$

式中 K——排量系数(常用深井泵的排量系数见表4-1),m^2;
F——活塞截面积,mm^2;
D——活塞直径(即泵径),m。

表4-1 深井泵排量系数表

D (mm)	28	32	38	43	44	55	56	70	83	95
K	0.89	1.16	1.63	2.09	2.19	3.42	3.54	5.54	7.79	10.21
F ($10^{-4} m^2$)	6.16	8.04	11.34	14.51	15.20	23.75	24.63	38.48	54.10	70.88

5. 深井泵的理论排量

深井泵的理论排量是指在理想的情况下,深井泵一天内可以排出的液量。其计算公式:

$$Q_{理} = KSn \quad (4-54)$$

若采用双作用泵时,式(4-54)则变形为:

$$Q_{理} = (2K_{大} - K_{小})Sn \quad (4-55)$$

式中 $Q_{理}$——理论排量,m^3/d;

K——排量系数，无量纲量；
S——冲程，m；
n——冲数，$\min^{-1}$；
$K_{大}$——下泵的排量系数，无量纲量；
$K_{小}$——上泵的排量系数，无量纲量；

6. 深井泵的泵效

深井泵的泵效也有叫抽油系数的，它是指抽油机井的实际产液量与深井泵的理论排量的百分比。其计算公式：

$$\eta = \frac{Q_{实}}{Q_{理}} \times 100\% \tag{4-56}$$

式中 $Q_{理}$——深井泵理论排量，m^3/d 或 t/d；
　　　$Q_{实}$——油井实际日产液量，m^3/d 或 t/d；
　　　η——泵效，%。

7. 深井泵下泵深度计算

深井泵下泵深度计算现场一般有两种计算方法，一种方法是依据地层压力和合理生产压差及沉没度求下泵深度；另一种方法是依据产液指数、静液面及合理沉没度求下泵深度。其计算公式：

$$H_{B} = H_{中} - \frac{100(p_{e} - \Delta p)}{\rho_{L}} + H_{沉} \tag{4-57}$$

$$H_{B} = \frac{Q_{L}}{J_{L}} + H_{静} + H_{沉} \tag{4-58}$$

采液指数有两种求法：一种是用生产压差求；另一种是动液面高差求。其计算公式：

$$J_{L1} = \frac{Q_{L}}{\Delta p} \tag{4-59}$$

$$J_{L2} = \frac{\Delta Q_{L}}{\Delta H} \tag{4-60}$$

采液指数的单位由 $t/(d \cdot MPa)$ 转化为 $t/(d \cdot m)$ 的计算，如产液指数单位为 $m[t/(d \cdot MPa)]$ 时，可用式（4-61）计算：

$$J_{L2} = \frac{m\rho_{L}}{100} \tag{4-61}$$

静液面深度可用式（4-62）计算：

$$H_{静} = H_{中} - \frac{100 p_{e}}{\rho_{L}} \tag{4-62}$$

式中 H_{B}——下泵深度，m；
　　　$H_{中}$——油层中部深度，m；

$H_沉$——合理沉没度，m；
$H_静$——静液面深度，m；
ρ_L——抽汲液体密度，t/m³；
p_e——地层压力（静压），MPa；
Δp——合理生产压差，MPa；
Q_L——油井日产液量，t/d；
J_{L1}——产液指数，t/(d·MPa)；
J_L，J_{L2}——产液指数，t/(d·m)；
ΔH——动液面高差（$\Delta H = H_2 - H_1$），m；
ΔQ_L——产液量之差（$\Delta Q_L = Q_{L2} - Q_{L1}$），t/d。

二、例题

[**例 4-32**] H87-9 井下 ϕ38mm 泵生产，冲程 3.1m，冲次 2min⁻¹，日产液 2.1t/d，井液密度 0.9t/m³，原油含水 33%，求该井泵效和日产油量是多少？

已知：$K = 1.63$，$S = 3.1$m，$n = 2$min⁻¹，$\rho_L = 0.9$t/m³，$Q_实 = 2.1$t/d，$f_w = 33\%$。

求：η 和 Q_o。

解：

$$Q_理 = KSn\rho_L = 1.63 \times 3.1 \times 2 \times 0.9 = 9.1 \text{t/d}$$

$$\eta = \frac{Q_实}{Q_理} \times 100\% = \frac{2.1}{9.1} \times 100\% = 23.08\%$$

$$Q_o = Q_实(1-f_w) = 2.1 \times (1-33\%) = 1.4 \text{t/d}$$

答：该井泵效是 23.08%；日产油量是 1.4t/d。

[**例 4-33**] 某井下 ϕ70mm 泵生产，冲程 2.7m，冲次 8min⁻¹，日产液 60m³/d，井液密度 850kg/m³，原油含水 60%，求该井泵效和日产油量是多少？

已知：$K = 5.54$，$S = 2.7$m，$n = 8$min⁻¹，$\rho_L = 850$kg/m³ $= 0.85$t/m³，$Q_实 = 60$m³/d，$f_w = 60\%$，$\rho_w = 1$t/m³。

求：η 和 Q_o。

解：

$$\rho_L = \rho_o(1-f_w) + \rho_w f_w = 0.85 \times (1-60\%) + 1 \times 60\% = 0.94 \text{t/m}^3$$

$$Q_理 = KSn = 5.54 \times 2.7 \times 8 = 119.66 \text{m}^3/\text{d}$$

$$\eta = \frac{Q_实}{Q_理} \times 100\% = \frac{60}{119.66} \times 100\% = 50.1\%$$

$$Q_o = Q_实(1-f_w)\rho_L = 60 \times (1-60\%) \times 0.94 = 22.6 \text{t/d}$$

答：该井泵效是 50.1%；日产油量是 22.6t/d。

[**例 4-34**] 某井下 ϕ56mm 泵生产，冲程 2.4m，冲次 9min⁻¹，日产液 35t/d，井液密度 0.9t/m³，原油含水 63%，求该井泵效和日产油量是多少？

已知：$K = 3.54$，$S = 2.4$m，$n = 9$min⁻¹，$\rho_L = 0.9$t/m³，$Q_实 = 35$t/d，$f_w = 63\%$。

求：η 和 Q_o。

解：

$$Q_{理} = KSn\rho_L = 3.54 \times 2.4 \times 9 \times 0.9 = 68.82 \text{t/d}$$

$$\eta = \frac{Q_{实}}{Q_{理}} \times 100\% = \frac{35}{68.82} \times 100\% = 50.9\%$$

$$Q_o = Q_{实}(1-f_w) = 35 \times (1-63\%) = 13.0 \text{t/d}$$

答：该井泵效是 50.9%；日产油量是 13.0t/d。

[**例 4-35**] 某井下 φ56mm 泵生产，冲程 2.4m，冲次 9min^{-1}，当日故障停机 130min，累计产油 32t，原油密度 0.86t/m³，原油含水 45%，求该井当日的泵效是多少？

已知：$S = 2.4$m，$n = 9$min^{-1}，$\rho_o = 0.86$t/m³，$Q_o = 32$t，$f_w = 45\%$，$D = 56$mm $= 0.056$m，$t = 1440-130 = 1310$min。

求：η。

解：

$$Q_L = \frac{Q_o f_w}{1-f_w} + \frac{Q_o}{\rho_o} = \frac{32 \times 0.45}{1-0.45} + \frac{32}{0.86} = 63.39 \text{m}^3$$

$$Q_{理} = \frac{Snt\pi D^2}{4} = \frac{2.4 \times 9 \times 1310 \times \pi \times 0.056^2}{4} = 69.69 \text{m}^2$$

$$\eta = \frac{Q_L}{Q_{理}} \times 100\% = \frac{63.39}{69.69} \times 100\% = 91.0\%$$

答：该井当日的泵效是 91.0%。

[**例 4-36**] 某井下泵到油层中部深度 450m，测得动液面 290m，相应示功图充满系数为 0.6，计量日产液 4t/d。修井换大泵生产后，测得动液面 340m，泵效达 80%，采液指数 20t/(d·MPa)，原油密度 0.8t/m³，示功图充满系数与泵效相同。

求：（1）修井前后两个泵径之比是多少？（2）该井静压是多少？

解：（1）首先换算采液指数的单位：

$$J_L = \frac{20 \times 0.8}{100} = 0.16 \text{t/(d·m)}$$

$$J_L = \frac{\Delta Q_L}{\Delta H} = \frac{Q_{后}-Q_{前}}{H_{后}-H_{前}} = \frac{Q_{后}-4}{340-290}$$

因此可得：

$$\frac{Q_{后}-4}{340-290} = 0.16$$

$$Q_{后} = 12 \text{t/d}$$

$$\eta_{前} = \frac{Q_{前}}{\frac{1440 Sn\pi\rho_L D_{前}^2}{4}} \quad ①$$

$$\eta_{后} = \frac{Q_{后}}{\frac{1440 Sn\pi\rho_L D_{后}^2}{4}} \quad ②$$

由 $\dfrac{①式}{②式}$ 可得：

$$D_前:D_后 = 2:3$$

（2）先计算流压：

$$p_{wf} = p_t + \rho_o \times \dfrac{H_中 - H_后}{100} = 0 + 0.8 \times \dfrac{450-340}{100} = 0.88\text{MPa}$$

由 $J = \dfrac{Q}{\Delta p}$ 可得：

$$\Delta p = \dfrac{Q_后}{J} = \dfrac{12}{20} = 0.6\text{MPa}$$

由 $\Delta p = p_e - p_{wf}$ 可得：

$$p_e = \Delta p + p_{wf} = 0.6 + 0.88 = 1.48\text{MPa}$$

答：（1）修井前后两个泵径之比是 2:3；（2）该井静压是 1.48MPa。

[例 4-37] 某井下 ϕ44mm 泵生产，冲程 2.1m，冲次 9min^{-1}，日产油 25t/d，原油密度 0.86t/m³，原油含水 40%，求该井泵效是多少？问该井工作制度是否合理，应采取什么措施？

解：

$$\rho_L = \rho_o(1-f_w) + \rho_w f_w = 0.86 \times (1-40\%) + 1 \times 40\% = 0.916\text{t/m}^3$$

$$Q_L = \dfrac{Q_o}{1-f_w} = \dfrac{25}{1-0.45} = 45.45\text{t/d}$$

$$Q_理 = KSn\rho_L = 2.19 \times 2.1 \times 9 \times 0.916 = 37.91\text{t/d}$$

$$\eta = \dfrac{Q_L}{Q_理} \times 100\% = \dfrac{45.45}{37.91} \times 100\% = 119.9\%$$

由于 $\eta = 119.9\% > 1$，该井工作制度偏小，应适当调大冲程；若不能调大冲程，可以在抽油机悬点载荷满足需求的情况下更换 ϕ56mm 泵；冲数 9min^{-1} 一般不能再调大了。

答：该井泵效 119.9%，说明工作制度不合理，偏小，应首先考虑调大冲程；若冲程不能调大，可考虑换 ϕ56mm 泵。

[例 4-38] 某井下 ϕ56mm 泵生产，冲程 1.8m，冲次 12min^{-1}，用 ϕ720mm 分离器进行玻璃管量油，4min 玻璃管水柱上升高度 30cm，含水 40%，日产气 2200m³/d，该井原油密度 0.86t/m³，求该井泵效和生产汽油比是多少？

解：

$$\rho_L = \rho_o(1-f_w) + \rho_w f_w = 0.86 \times (1-40\%) + 1 \times 40\% = 0.916\text{t/m}^3$$

$$Q_理 = KSn\rho_L = 3.54 \times 1.8 \times 12 \times 0.916 = 70.04\text{t/d}$$

依据连通器压力平衡原理，来求分离器内液柱上升高度，可得：

$$\dfrac{H_w \rho_w}{100} = \dfrac{H_L \rho_L}{100}$$

$$H_L = H_w \frac{\rho_w}{\rho_L} = 0.3 \times \frac{1}{0.916} = 0.3275\text{m}$$

$$Q_L = \frac{1440 H_L \rho_L \pi D^2}{4t} = \frac{1440 \times \pi \times 0.72^2 \times 0.3275 \times 0.916}{4 \times 4} = 43.97\text{m}^3$$

$$\eta = \frac{Q_L}{Q_{\text{理}}} \times 100\% = \frac{43.97}{70.04} \times 100\% = 62.8\%$$

$$Q_o = Q_L(1-f_w) = 43.97 \times (1-40\%) = 26.38\text{t/d}$$

$$E_{go} = \frac{Q_g}{Q_o} = \frac{2200}{26.38} = 84\text{m}^3/\text{t}$$

答：该井泵效是 62.8%；生产汽油比是 84m³/t。

[例 4-39] 某抽油机井下泵深度 600m，沉没度 60m，井液密度 0.9t/m³，求固定阀上、下两面的受力是多大？

解：

$$p_{\text{上}} = \frac{H_B \rho_L}{100} = \frac{600 \times 0.9}{100} = 5.4\text{MPa}$$

$$p_{\text{下}} = \frac{H_C \rho_L}{100} = \frac{60 \times 0.9}{100} = 0.54\text{MPa}$$

答：固定阀上、下两面的受力分别是 5.4MPa 和 0.54MPa。

[例 4-40] 某井油层中部深度为 1147m，静压 10.75MPa，生产压差 4.72MPa，井液密度 0.910t/m³，现场取合理沉没度为 200m，试求下泵深度是多少？

解：

$$H_B = H_{\text{中}} - 100 \times \frac{p_e - \Delta p}{\rho_L} + H_{\text{沉}} = 1147 - 100 \times \frac{10.75 - 4.72}{0.910} + 200 = 684.65\text{m}$$

答：下泵深度是 684.65m。

[例 4-41] 某井油层中部深度为 2053m，静压 17.89MPa，生产压差 4.72MPa，井液密度 0.86t/m³，若要求沉没度为 320m，套压为零，日产液 75t/d，产液指数 10.6t/(d·MPa)，试求下泵深度是多少？

解：首先换算采液指数的单位：

$$J_L = \frac{10.6 \times 0.86}{100} = 0.091\text{t/(d·m)}$$

$$H_{\text{静}} = H_{\text{中}} - \frac{100 p_e}{\rho_L} = 2053 - \frac{100 \times 17.89}{0.86} = 27.23\text{m}$$

$$H_B = \frac{Q_L}{J_L} + H_{\text{静}} + H_{\text{沉}} = \frac{75}{0.091} - 27.23 + 320 = 1116.9\text{m}$$

答：下泵深度是 1116.9m。

第四节　电动机及相关电工常识

一、相关概念及其计算公式

1. 部分电路欧姆定律

在部分电路中，通过负载的电流与负载两端的电压成正比，与负载荷的电阻成反比，这个规律是欧姆定律。用公式表示：

$$I = \frac{U}{R} \tag{4-63}$$

式中　I——电流，A；
　　　U——电压，V；
　　　R——电阻，Ω。

2. 电功率

（1）对直流电路和交流单相电路来讲，有：

$$P = IU \tag{4-64}$$

（2）对三相交流电路来讲，有：

$$P = \sqrt{3}\,IU\cos\phi \tag{4-65}$$

式中　P——功率，W 或 kW；
　　　I——电流，A；
　　　U——电压，V 或 kV；
　　　$\cos\phi$——功率因数，无量纲。

3. 电动机不同接法中，线电压和线电流的关系

（1）对称三相负载星接时，线电压为相电压的$\sqrt{3}$倍，线电流等于相电流。

（2）对称三相负载角接时，线电压等于相电压，线电流为相电流的$\sqrt{3}$倍。

（3）记忆口诀：星压角流根号3。

4. 电动机转差率

为了表示异步电动机的转数和同步转数的相对差值，引入转差率这一概念，它等于同步转数和电动机转数之差与同步转数的比值。即：

$$S = \frac{n_o - n}{n_o} \tag{4-66}$$

式中　S——转差率，无量纲（一般为 0.02~0.06）；
　　　n_o——同步转数，$\min^{-1}$；
　　　n——电动机转数，$\min^{-1}$。

5. 电度表的倍率和电量计算

通过感应式电度表一次线圈的电流（例如 200mA）与通过二次线圈的电流（一般电度表此值固定为 5mA）之比，是电度表的倍率。

$$\text{阶段耗电量}(kW \cdot h) = \text{阶段电表读数之差} \times \text{倍率} \qquad (4-67)$$

二、例题

[例4-42] 有一单相感应式电度表，表盘标示：1kW·h = 3000 盘转数，220V，4A。现在额定电压下接一只200W的灯泡，圆盘转动2圈要多少时间？

解：

1kW·h = $10^3 \times 3600$ W·s，由题意可得圆盘转动2圈的时间 t：

$$\frac{200t}{10^3 \times 3600} = \frac{2}{3000}$$

$$t = 12s$$

答：圆盘转动2圈要12s。

[例4-43] 使用最大量程为30A的安培表，准确度为1.5级，如被测结果为10A。求可能出现的最大相对误差是多少？

解：

$$\text{该表的最大绝对误差} = 1.5\% \times 30 = 45\%$$

$$\text{可能出现的最大相对误差} = 10 \times 4.5\% = 0.45A$$

答：可能出现的最大相对误差是0.45A。

[例4-44] 一块量程为100A的电流表，它在测量时的最大绝对误差是1.0A，求它的准确度是多少？

解：

$$\text{准确度} = \frac{\text{最大绝对误差}}{\text{最大量程}} \times 100\% = \frac{1.0}{100} \times 100\% = 1.0\%$$

答：它的准确度是1.0%。

[例4-45] 某照明电路中的熔断器熔断电流为5A，现将200V，1000W的负载接入电源，问熔断器是否会熔断？如果是220V，1500W的负载呢？

解：由 $P = IU$，得：

$$I_1 = \frac{P_1}{U_1} = \frac{1000}{200} = 5A$$

$$I_2 = \frac{P_2}{U_2} = \frac{1500}{220} \approx 6.8A$$

答：接入1000W负载时熔断器不会熔断；接入1500W负载时熔断器会熔断。

[例4-46] 一台单相照明变压器，额定容量为10kV·A，电压为3300V/220V，如果在副边接60W，220V的灯泡。要求变压器在额定情况下运行，试求：（1）可接入多少盏灯？（2）单相变压器原边电流和副边电流各是多少？

解：

（1）副边可接60W灯泡的个数：

$$n = \frac{10 \times 10^3}{60} = 166 \text{（盏）}$$

（2）原边电流：

$$I_{原} = \frac{10 \times 10^3}{3300} = 3.03\text{A}$$

副边电流：

$$I_{副} = \frac{10 \times 10^3}{220} = 45.5\text{A}$$

答：(1) 副边可接入166盏灯。(2) 单相变压器原边电流是3.03A；副边电流各是45.5A。

[例4-47] 已知一台三相电动机为星形接法，输入功率为10kW，额定电压为380V，功率因数为0.76，试求额定线电流和每相阻抗各是多少？

解：由 $P = \sqrt{3} I_{线} U_{线} \cos\phi$，得：

$$I_{线} = \frac{P}{\sqrt{3} U_{线} \cos\phi} = \frac{10 \times 10^3}{\sqrt{3} \times 380 \times 0.76} = 20\text{A}$$

在星形接法下：

$$I_{相} = I_{线} = 20\text{A}$$

$$U_{相} = \frac{U_{线}}{\sqrt{3}} = \frac{380}{\sqrt{3}} = 220\text{V}$$

每相阻抗 $= \dfrac{U_{相}}{I_{相}} = \dfrac{220}{20} = 11\Omega$

答：额定线电流20A；每相阻抗是11Ω。

[例4-48] 已知某异步电动机额定转数 $n = 1470\text{min}^{-1}$，电源频率 $f = 50\text{Hz}$，试求该电动机的额定转差率是多少？

解：因为异步电动机的额定转数接近并略小于同步转数，所以同步转数一定是 1500min^{-1}。因此，额定转差率为：

$$S = \frac{n_o - n}{n_o} = \frac{1500 - 1470}{1500} = 0.02$$

答：该电动机的额定转差率是0.02。

[例4-49] 某电度表的互感器上标有电流比为"200A/5A"字样，采油工4月初抄表读数为3215.1，5月初抄表读数为3755.1，问4月实耗电是多少？

解：

$$电表倍率 = \frac{200}{5} = 40 \text{ 倍}$$

$$实耗电 = (3755.1 - 3215.1) \times 40 = 21600\text{kW}\cdot\text{h}$$

答：4月实耗电是21600kW·h。

[例4-50] 在一条供电线路上并联着3盏电灯，已知通过各电灯的电流分别为0.27A，0.18A和0.07A，问供电线路中的总电流是多少？

解：根据柯西夫第一定律，流入节点的电流等于从节点流出的电流，有：

$$I = I_1 + I_2 + I_3 = 0.27 + 0.18 + 0.07 = 0.52\text{A}$$

答：供电线路中的总电流是 0.52A。

[例 4-51] 已知电路中 $E_1 = 12\text{V}$，$E_2 = 15\text{V}$，$R_1 = 20\text{k}\Omega$，$R_2 = 10\text{k}\Omega$，求电路中的电流是多少？

解：根据柯西夫第二定律，回路中的电动势（电位升）的代数和等于电阻上电压降（电位降）的代数和。有：

$$E_2 - E_1 = IR_1 + IR_2$$

$$I = \frac{E_2 - E_1}{R_1 + R_2} = \frac{15 - 12}{20 \times 10^3 + 10 \times 10^3} = 0.1 \times 10^{-3}\text{A} = 0.1\text{mA}$$

答：电路中的电流是 0.1mA。

[例 4-52] 已知一个电源的电压为 1.5V，其内电阻为 1.5Ω，问接通 1.5Ω 的灯泡时，其电流是多少？

解：

$$I = \frac{U}{R + r} = \frac{1.5}{1.5 + 1.5} = 0.5\text{A}$$

答：接通 1.5Ω 的灯泡时，灯泡的工作电流是 0.5A。

[例 4-53] 一个电路中电源电动势为 220V，外电阻 R 为 15Ω，内电阻是 5Ω，问电路中的电流是多少？

解：

$$R_\text{总} = R + r = 15 + 5 = 20\Omega$$

$$I = \frac{E}{R_\text{总}} = \frac{220}{20} = 11\text{A}$$

答：电路中的电流是 11A。

[例 4-54] 室内装有 40W 电灯 2 盏，50W 热吹风 1 个，问总闸处应装多大容量熔断器？

解：

$$P = P_1 + P_2 = 40 \times 2 + 50 = 130\text{W}$$

由 $P = IU$，得：

$$I = \frac{P}{U} = \frac{130}{220} = 0.59\text{A}$$

答：总闸处应装容量为 1A 的熔断器。

[例 4-55] 室内装有 70W 电灯 2 盏，80W 收音机 1 台，平均每日用电 5h，问总闸处应装允许多大电流通过的熔断器？

解：

$$P = P_1 + P_2 = 70 \times 2 + 80 = 220\text{W}$$

由 $P = IU$，得：

$$I = \frac{P}{U} = \frac{220}{220} = 1\text{A}$$

答：总闸处应装允许1A电流通过的熔断器。

[**例4-56**] 某电缆的电阻是220Ω，两端的电压是110V，求这条电缆上的电流强度是多少？

解：

$$I = \frac{U}{R} = \frac{110}{220} = 0.5\text{A}$$

答：这条电缆上的电流强度是0.5A。

第五节 抽油井管理和维护措施

一、相关概念及其计算公式

1. 抽油机井系统效率

将井液举升到地面的有效做功能量与系统输入能量之比值，称为抽油机井系统效率。

1）机械采油井的输入功率

拖动机械采油设备的电动机的输入功率叫机械采油井的输入功率。

2）机械采油井的有效功率

将井内液体输送到地面所需要的功率称为机械采油井的有效功率。可用式（4-69）计算：

$$P_{输入} = \sqrt{3}IU\cos\phi \tag{4-68}$$

$$P_{有效} = \frac{QH\rho_L}{86400} \tag{4-69}$$

式中 $P_{有效}$——有效功率，W；

Q——油井日产液量，m^3/d；

ρ_L——井液密度，N/m^3；

H——有效提升高度，$H = H_{折动} + \dfrac{P_{回}}{\rho_L}$，如果忽略沉没压力及井口回压的影响，则有效提升高度等于下泵深度，m。

3）机械采油井的系统效率

机械采油井的有效功率与输入功率之比值，称为机械采油井的系统效率。可用式（4-70）计算：

$$\eta_{系统} = \frac{P_{有效}}{P_{输入}} \times 100\% \tag{4-70}$$

式中 $\eta_{系数}$——机械采油井的系统效率，%。

其余符号含义同前文。

4）抽油机的光杆功率

光杆提升液体并克服井下各种阻力所消耗的功率称为抽油机的光杆功率。可用式（4-71）计算：

$$P_{光杆} = \frac{ASf_a n}{60 IS} \tag{4-71}$$

式中　$P_{光杆}$——光杆功率，W；
　　　S——光杆冲程，m；
　　　n——冲数，$\min^{-1}$；
　　　f_a——力比，N/mm；
　　　IS——示功图长度，mm；
　　　A——示功图面积，mm^2。

5）抽油机的地面效率

光杆功率与有效功率的比值称为抽油机的地面效率。可用式（4-72）计算：

$$\eta_{地面} = \frac{P_{光杆}}{P_{有效}} \times 100\% \tag{4-72}$$

式中　η——抽油机的地面效率，%。
　　　其余符号含义同前文。

6）抽油机井的井下效率

抽油机井的有效功率与光杆功率的比值称为抽油机井的井下效率。可用式（4-73）计算：

$$\eta_{井下} = \frac{P_{有效}}{P_{光杆}} \times 100\% \tag{4-73}$$

式中　$\eta_{井下}$——抽油机井的井下效率，%。
　　　其余符号含义同前文。

2. 抽油技术经济指标

1）抽油机悬点负荷利用率

$$f = \frac{P_{实}}{P_{铭}} \times 100\% \tag{4-74}$$

式中　f——抽油机悬点负荷利用率，%；
　　　$P_{实}$——实测悬点最大负荷，kgf 或 kN；
　　　$P_{铭}$——铭牌最大负荷，kgf 或 kN。

2）抽油机冲程利用率

$$S = \frac{S_{实}}{S_{铭}} \times 100\% \tag{4-75}$$

式中　S——抽油机冲程利用率，%；
　　　$S_{实}$——实际使用冲程，m；
　　　$S_{铭}$——铭牌最大冲程，m。

3）抽油机冲次利用率

$$n = \frac{n_{实}}{n_{铭}} \times 100\% \tag{4-76}$$

式中　n——抽油机冲次利用率，%；
　　　$n_{实}$——实际使用冲次，$\min^{-1}$；
　　　$n_{铭}$——铭牌最大冲次，$\min^{-1}$。

4）减速箱扭矩利用率

$$M = \frac{M_{实}}{M_{铭}} \times 100\% \tag{4-77}$$

式中　M——减速箱扭矩利用率，%；
　　　$M_{实}$——实际使用扭矩，$N \cdot m$ 或 $kgf \cdot m$；
　　　$M_{铭}$——铭牌最大扭矩，$N \cdot m$ 或 $kgf \cdot m$。

5）电动机功率利用率

$$N = \frac{N_{实}}{N_{铭}} \times 100\% \tag{4-78}$$

式中　N——电动机功率利用率，%；
　　　$N_{实}$——电动机实际输出功率，kW；
　　　$N_{铭}$——电动机铭牌功率，kW。

6）抽油机平衡度 [同式（4-30）]

$$B = \frac{I_{下}}{I_{上}} \times 100\%$$

式中　B——抽油机平衡度，%；
　　　$I_{上}$——上冲程时最大电流，A；
　　　$I_{下}$——下冲程时最大电流，A。

7）抽油杆强度校核 [同式（4-44）至式（4-48）]

$$\delta_{实} \leq \delta_{许}$$

$$\delta_{许} \geq \delta_{折} \tag{4-79}$$

$$\delta_{折} = \sqrt{\delta_{幅} \delta_{最大}}$$

$$\delta_{最大} = \frac{P_{\max}}{f_{杆}}$$

$$\delta_{最小} = \frac{P_{\min}}{f_{杆}}$$

$$\delta_{幅} = \frac{\delta_{最大} - \delta_{最小}}{2} = \frac{P_{\max} - P_{\min}}{2f_{杆}}$$

式中　$\delta_{许}$——抽油杆许用应力，kgf/mm^2；
　　　$\delta_{折}$——抽油杆折算应力，kgf/mm^2；
　　　$\delta_{幅}$——抽油杆不对称循环应力，kgf/mm^2；
　　　$\delta_{最大}$——抽油杆的最大应力，kgf/mm^2；
　　　$\delta_{最小}$——抽油杆的最小应力，kgf/mm^2。

8) 泵效 [同式 (4-56)]

$$\eta = \frac{Q_\text{实}}{Q_\text{理}} \times 100\%$$

式中 $Q_\text{理}$——深井泵理论排量，m^3/d 或 t/d；
$Q_\text{实}$——油井实际日产液量，m^3/d 或 t/d；
η——泵效，%。

9) 抽油装置的总机效率（也叫系统效率）

$$\eta_\text{总} = \frac{P_\text{有效}}{P_\text{输入}} \times 100\% \tag{4-80}$$

式中 $\eta_\text{总}$——抽油装置的总机效率（也叫系统效率），%。
其余符号含义同前文。

10) 单产耗电

单产耗电是指每采出 1t 井液所消耗的电量。可用下式计算：

$$e = \frac{24 P_\text{输入}}{Q} \tag{4-81}$$

式中 e——单产耗电，$kW \cdot h/t$；
$P_\text{输入}$——电动机输入功率，kW；
Q——油井实际产量，t/d。

3. 利用示功图计算杆、管断脱点和活塞脱出工作筒长度

1) 抽油杆柱断脱点计算

$$\frac{\text{下理论负荷线至基线距离(mm)}}{\text{断脱示功图中线至基线距离(mm)}} = \frac{\text{抽油杆柱长度(m)}}{\text{抽油杆柱断脱点深度(m)}} \tag{4-82}$$

现场一般用公式：

$$\text{抽油杆柱断脱点位置(m)} = \frac{\text{杆断脱示功图中线至基线距离(mm)} \times \text{力比(kgf/mm)}}{\text{每米抽油杆在井液中重量(kgf/m)}} \tag{4-83}$$

2) 油管柱断脱点计算

$$\frac{\text{管断脱示功图中线至上理论负荷线距离(mm)}}{\text{上下理论负荷线之间距离(mm)}} = \frac{\text{管断脱深度(m)}}{\text{管柱长度(m)}} \tag{4-84}$$

现场一般用公式：

$$\text{油管柱断脱点位置(m)} = \frac{\text{管断脱示功图中线至上理论负荷线距离(mm)} \times \text{力比(kgf/mm)}}{\text{活塞以上每米液柱重量(kgf/m)}} \tag{4-85}$$

3) 泵活塞脱出工作筒长度计算

$$\text{实际出筒长度(m)} = \frac{\text{示功图上的出筒长度(mm)}}{\text{减程比(mm/m)}} \tag{4-86}$$

4. 计算防冲距

计算防冲距的经验公式：

$$H_{防} = \frac{P'_{杆}H_B\left(\dfrac{1}{f_{杆}} + \dfrac{1}{f_{管}}\right)}{E} + (0.05 \sim 0.1) \tag{4-87}$$

式中　$H_{防}$——防冲距，m；

　　　$P'_{杆}$——抽油杆柱在井液中的质量，kg；

　　　E——钢的弹性系数，为 2.1×10^6；

　　　$f_{杆}$——抽油杆截面积，cm^2；

　　　$f_{管}$——油管的截面积，cm^2；

　　　H_B——下泵深度，m。

5. 计算冲程损失

计算冲程损失的公式：

$$\lambda = \frac{P_{液}H_B\left(\dfrac{1}{f_{杆}} + \dfrac{1}{f_{管}}\right)}{E} \tag{4-88}$$

式中　λ——冲程损失，m；

　　　$P_{液}$——活塞以上液柱质量，kg。

其余符号含义同前文。

二、例题

[例 4-57]　某井泵挂深度500m，下 ϕ38mm 泵生产，日产油4t，测动液面290m，为了挖潜，换 ϕ56mm 泵生产，测动液面340m，混合液密度 900kg/m³，采油指数 10t/(d·MPa)，问换大泵后日产油多少吨？

已知：$Q_1 = 4t$，$H_1 = 290m$，$H_2 = 340m$，$\rho = 900 kg/m^3 = 0.9 t/m^3$，$J = 10 t/(d \cdot MPa)$

求：Q_2。

解：

首先换算采油指数单位：

$$J = \frac{10 \times 0.9}{100} = 0.09 \text{t/(d} \cdot \text{m)}$$

$$J = \frac{\Delta Q}{\Delta H} = \frac{\Delta Q}{H_2 - H_2}$$

$$\Delta Q = J(H_2 - H_1) = 0.09 \times (340 - 290) = 4.5 \text{t/d}$$

$$Q_2 = Q_1 + \Delta Q = 4 + 4.5 = 8.5 \text{t/d}$$

答：换大泵后日产油 8.5t/d。

[例 4-58]　某井日产液 5.7t/d，含水痕迹，地层压力 20MPa，套压 0.15MPa，原油密度 0.85t/m³，油层中部深度500m，泵挂深度450m，采油指数 0.3t/(d·MPa)。求动液面深度是多少？

已知：$\rho = 0.85 t/m^3$，$Q = 5.7 t/d$，$H_{中} = 500m$，$J = 0.3 t/(d \cdot MPa)$，$p_e = 20MPa$，$p_t = $

0.15MPa，$f_w = 0$。

求：H_D。

解：

因为$f_w = 0$，所以，有：

$$Q_L = Q_o = 5.7 \text{t/d}$$

$$\rho_L = \rho_o = 0.85 \text{t/m}^3$$

$$p_{wf} = p_t + \rho_L \times \frac{H_中 - H_D}{100} = 0.15 + 0.85 \times \frac{500 - H_D}{100}$$

$$J = \frac{Q_o}{p_e - p_{wf}}$$

$$0.3 = \frac{5.7}{20 - 0.15 - 0.85 \times \frac{500 - H_D}{100}}$$

$$H_D = 400 \text{m}$$

答：动液面深度是400m。

[**例4-59**] 某井已安装CYJ5-2.7-26F抽油机，含水痕迹，地层压力11MPa，套压0.5MPa，原油密度0.86t/m³，油层中部深度1320m，考虑沉没度400m，采油指数14.7m³/(d·MPa)，配产43.0t/d，泵效达到65%，选用φ56mm泵，2.4m冲程生产。求下泵深度和冲次是多少？（计算结果取一位小数）

已知：$\rho_o = 0.86 \text{t/m}^3$，$Q = 43.0 \text{t/d}$，$H_中 = 1320 \text{m}$，$J = 14.7 \text{m}^3/(\text{d} \cdot \text{MPa})$，$p_e = 11 \text{MPa}$，$p_t = 0.5 \text{MPa}$，$f_w = 0$，$H_沉 = 400 \text{m}$，$S = 2.4 \text{m}$，$\eta = 65\%$，$D = 56 \text{mm}$。

求：H_B 和 n。

解：解法一

首先换算采油指数单位：

$$J = \frac{14.7 \times 0.86^2}{100} = 0.1087 \text{t/(d} \cdot \text{m)}$$

$$L_静 = H_中 - \frac{100 p_e}{\rho_o} = 1320 - \frac{100 \times 11}{0.86} = 40.9 \text{m}$$

套压的折算液面高度：

$$H_套 = \frac{100 p_t}{\rho_o} = \frac{100 \times 0.5}{0.86} = 58.1 \text{m}$$

$$H_B = \frac{Q}{J} + L_静 + H_沉 + H_套 = \frac{43.0}{0.1087} + 40.9 + 58.1 + 400 = 894.5 \text{m}$$

$$Q_理 = KSn\rho_o = 3.54 \times 2.4 \times 0.86 n = 7.307 n$$

由 $\eta = \frac{Q}{Q_理}$，得 $Q_理 = \frac{Q}{\eta}$，由此推得：

$$7.307 n = \frac{43.0}{65\%}$$

$$n = 9 \text{min}^{-1}$$

解法二

$$\Delta p = \frac{Q}{J} = \frac{\frac{43.0}{0.86}}{14.7} = 3.4\text{MPa}$$

由 $p_{wf} = p_e - \Delta p$ 和 $p_{wf} = p_t + \rho_L \times \frac{H_中 - H_D}{100}$，得：

$$p_e - \Delta p = p_t + \rho_L \times \frac{H_中 - H_D}{100}$$

$$11 - 3.4 = 0.5 + 0.86 \times \frac{1320 - H_D}{100}$$

$$H_D = 494.2\text{m}$$

$$H_B = H_D + H_沉 = 494.2 + 400 = 894.2\text{m}$$

以下同解法一。

答：该井下泵深度894.2m；冲次为9min^{-1}。

[例4-60] 某井原泵挂深度875m，沉没度为10m，日产油3.5t/d，不含水。后加深泵挂到925m时沉没度同加深前（其他条件不变），采油指数5t/(d·MPa)，原油密度0.8t/m³。求加深泵挂后日产油是多少？

已知：$Q_1 = 3.5\text{t/d}$，$H_1 = 875\text{m}$，$H_2 = 925\text{m}$，$\rho_o = 0.8\text{t/m}^3$，$f_w = 0$，$J = 5\text{t/(d·MPa)}$。

求：Q_2。

解：解法一

首先换算采油指数单位：

$$J = \frac{5 \times 0.8}{100} = 0.04\text{t/(d·m)}$$

$$J = \frac{\Delta Q}{\Delta H} = \frac{Q_2 - Q_1}{H_2 - H_1}$$

$$Q_2 = Q_1 + J(H_2 - H_1) = 3.5 + 0.04 \times (925 - 875) = 5.5\text{t/d}$$

解法二

$$\Delta Q = J\rho_o \frac{H_2 - H_1}{100} = 5 \times 0.8 \times \frac{925 - 875}{100} = 2\text{t/d}$$

$$Q_2 = Q_1 + \Delta Q = 3.5 + 2 = 5.5\text{t/d}$$

答：加深后日产油是5.5t/d。

[例4-61] 某正常生产的抽油井静压3.15MPa，泵挂在油层中部深度450m，采油指数不变，原油密度0.9t/m³，5月25日前计量产液量稳定在13.5t/d，动液面250m，5月25日调参后产液量18.0t/d。求5月25日调参后动液面深度是多少？

已知：$Q_1 = 13.5\text{t/d}$，$Q_2 = 18.0\text{t/d}$，$H_1 = 250\text{m}$，$\rho_o = 0.9\text{t/m}^3$，$J_1 = J_2$，$p_e = 3.15\text{MPa}$，$H_中 = 450\text{m}$。

求：H_2。

解：解法一

$$p_{wf} = p_t + \rho_L \frac{H_中 - H_D}{100} = 0 + 0.9 \times \frac{450 - 250}{100} = 1.8\text{MPa}$$

$$J_1=J_2=\frac{Q_1}{\Delta p}=\frac{Q_1}{p_e-p_{wf}}=\frac{13.5}{3.15-1.8}=10\text{t}/(\text{d}\cdot\text{MPa})$$

又

$$\Delta Q=J_2\rho_o\frac{H_2-H_1}{100}=10\times0.9\times\frac{H_2-250}{100}$$

$$\Delta Q=Q_2-Q_1=18.0-13.5=4.5\text{t/d}$$

因此有:

$$4.5=10\times0.9\times\frac{H_2-250}{100}$$

$$H_2=300\text{m}$$

解法二
同解法一求出:

$$J_1=J_2=10\text{t}/(\text{d}\cdot\text{MPa})$$

再换算采油指数单位:

$$J_1=J_2=10\times\frac{0.9}{100}=0.09\text{t}/(\text{d}\cdot\text{m})$$

又

$$J_2=\frac{\Delta Q}{\Delta H}=\frac{Q_2-Q_1}{H_2-H_1}=\frac{18.0-13.5}{H_2-250}$$

所以有:

$$\frac{18.0-13.5}{H_2-250}=0.09$$

$$H_2=300\text{m}$$

答: 5月25日调参后动液面深度是300m。

[**例4-62**] 某井深1000m, 泵深850m, 动液面500m, 下ϕ44mm泵生产, 冲程0.9m, 冲数10min^{-1}, 日产液量20t/d, 含水50%, 原油密度0.85t/m^3, 地层压力6.0MPa, 该井所测示功图充满系数85%。试求流压和采油指数, 并找出该井生产措施增产依据。

已知: $H_中=1000\text{m}$, $H_D=500\text{m}$, $H_B=850\text{m}$, $\rho_o=0.85\text{t/m}^3$, $\rho_w=1\text{t/m}^3$, $f_w=50\%$, $p_e=6.0\text{MPa}$, $Q_L=20\text{t/d}$, $S=0.9\text{m}$, $D=44\text{mm}$, $n=10\text{min}^{-1}$, $\beta=85\%$。

求: p_{wf}和J_o。

解:

$$\rho_L=\rho_o(1-f_w)+\rho_wf_w=0.85\times(1-50\%)+1\times50\%=0.925\text{t/m}^3$$

$$p_{wf}=p_t+\rho_L\frac{H_中-H_D}{100}=0+0.925\times\frac{1000-500}{100}=4.6\text{MPa}$$

$$J_o=\frac{Q_o}{\Delta p}=Q_L\frac{1-f_w}{p_e-p_{wf}}=20\times\frac{1-50\%}{6.0-4.6}=7.3\text{t}/(\text{d}\cdot\text{MPa})$$

$$Q_理=KSn\rho_L=2.19\times0.9\times10\times0.925=18.2\text{t/d}$$

$$\eta=\frac{Q_L}{Q_理}\times100\%=\frac{20}{18.2}\times100\%=109.89\%$$

由于泵效 $\eta>1$，表明该井参数偏小，处于连抽带喷的生产状态。而冲数 10min^{-1} 不宜再提高了，可根据抽油机的实际情况调大冲程；若冲程已调到铭牌最大值后参数仍偏小，可在抽油机负荷允许的情况下换 $\phi56\text{mm}$ 泵。

答：该井流压 4.6MPa；采油指数 $7.3\text{t}/(\text{d}\cdot\text{MPa})$；增产措施是调大冲程或换 $\phi56\text{mm}$ 泵。

[例 4-63] 某井原泵挂深度 950m，沉没度为 10m，日产油 3.5t/d，含水 20%，清蜡检泵后泵挂加深 50m，沉没度、静压和套压不变，含水 10%，采油指数为 $5\text{t}/(\text{d}\cdot\text{MPa})$，原油密度 $0.8\text{t}/\text{m}^3$。求清检后日产油量是多少？

已知：$Q_1=3.5\text{t}/\text{d}$，$H_{沉1}=H_{沉2}=10\text{m}$，$\rho_o=0.8\text{t}/\text{m}^3$，$\rho_w=1\text{t}/\text{m}^2$，$J=5\text{t}/(\text{d}\cdot\text{MPa})$，$f_{w1}=20\%$，$f_{w2}=10\%$，$H_B=950\text{m}$，$\Delta H_B=50\text{m}$。

求：Q_2。

解：解法一

$$\rho_L=\rho_o(1-f_{w2})+\rho_w f_{w2}=0.8\times(1-10\%)+1\times10\%=0.82\text{t}/\text{m}^2$$

换算采油指数单位：

$$J=5\times\frac{0.82}{100}=0.041\text{t}/(\text{d}\cdot\text{m})$$

$$J=\frac{\Delta Q}{\Delta H_B}=\frac{Q_2-Q_1}{\Delta H_B}=\frac{Q_2-3.5}{50}$$

因此，有：

$$\frac{Q_2-3.5}{50}=0.041$$

$$Q_2=5.6\text{t}/\text{d}$$

解法二
同解法一求得：

$$\rho_L=0.82\text{t}/\text{m}^3$$

$$\Delta Q=\frac{J\rho_L\Delta H_B}{100}=\frac{5\times0.82\times50}{100}=2.1\text{t}/\text{d}$$

$$Q_2=Q_1+\Delta Q=3.5+2.1=5.6\text{t}/\text{d}$$

答：清检后日产油量是 5.6t/d。

[例 4-64] 某井油层中部深度 1000m，动液面 500m，套压 0.5MPa，静压 10MPa，泵径 44mm，冲程 1.8m，冲数 9min^{-1}，泵效 65%，井液密度 $0.9\text{t}/\text{m}^3$。求该井的日产液量和采油指数是多少？

已知：$\rho_L=0.9\text{t}/\text{m}^3$，$H_中=1000\text{m}$，$p_e=10\text{MPa}$，$p_t=0.5\text{MPa}$，$H_D=500\text{m}$，$S=1.8\text{m}$，$\eta=65\%$，$D=44\text{mm}$，$n=9\text{min}^{-1}$。

求：Q_L 和 J_o。

解：

$$Q_L=Q_理\eta=KSn\rho_L\eta=2.19\times1.8\times9\times0.9\times65\%=20.8\text{t}/\text{d}$$

$$p_{wf}=p_t+\rho_L\times\frac{H_{中}-H_D}{100}=0.5\times0.9\times\frac{1000-500}{100}=5\text{MPa}$$

$$J_o=J_L=\frac{Q_L}{\Delta p}=\frac{Q_L}{p_e-p_{wf}}=\frac{20.8}{10-5}=4.2\text{t/(d·MPa)}$$

答：该井的日产液量是20.8t/d；采油指数是4.2t/(d·MPa)。

[例4-65] 某井静压2.74MPa，日产液18t/d，油层中部深度为440m，动液面340m，含水60%，该井调整工作制度后抽下液面20m，这时采液指数为1.26t/(d·MPa)，套压为零，原油密度0.86t/m³，泵工作正常。问该井目前日产液、日产油各是多少？

已知：$Q_{L1}=18\text{t/d}$，$f_w=60\%$，$H_D=340\text{m}$，$\Delta H_D=20\text{m}$，$J_L=1.26\text{t/(d·MPa)}$，$\rho_o=0.86\text{t/m}^3$，$\rho_w=1\text{t/m}^3$。

求：Q_{L2}和Q_{o2}。

解：

$$\rho_L=\rho_o(1-f_{w2})+\rho_w f_{w2}=0.86\times(1-60\%)+1\times60\%=0.944\text{t/m}^2$$

换算采油指数单位：

$$J=\frac{1.26\times0.944}{100}=0.01189\text{t/(d·m)}$$

$$\Delta Q_L=J\Delta H_D=0.01189\times20=0.24\text{t/d}$$

$$Q_{L2}=Q_{L1}+\Delta Q_L=18+0.24=18.24\text{t/d}$$

$$Q_{o2}=Q_{L2}(1-f_w)=18.24\times(1-60\%)=7.3\text{t/d}$$

答：该井目前日产液是18.2t/d；日产油是7.3t/d。

[例4-66] 某井静压6.0MPa，日产油18t/d，油层中部深度为800m，动液面550m，含水60%，该井调大工作制度后抽下液面100m，采液指数不变，套压为零，原油密度0.86t/m³，泵工作正常。问该井目前日产液、日产油各是多少？

已知：$p_e=6.0\text{MPa}$，$p_t=0$，$H_D=550\text{m}$，$\Delta H_D=100\text{m}$，$f_w=60\%$，$\rho_o=0.86\text{t/m}^3$，$\rho_w=1\text{t/m}^3$，$J_{L1}=J_{L2}$，$Q_{o1}=18\text{t/d}$，$H_{中}=800\text{m}$。

求：Q_{L2}和Q_{o2}。

解：

$$\rho_L=\rho_o(1-f_{w2})+\rho_w f_{w2}=0.86\times(1-69\%)+1\times60\%=0.944\text{t/m}^3$$

$$Q_{L1}=\frac{Q_{o1}}{1-f_w}=\frac{18}{1-60\%}=45\text{t/d}$$

$$p_{wf}=p_t+\rho_L\frac{H_{中}-H_D}{100}=0+0.944\times\frac{800-550}{100}=2.36\text{MPa}$$

$$\Delta p=p_e-p_{wf}=6.0-2.36=3.64\text{MPa}$$

$$J_{L1}=J_{L2}=\frac{Q_{L1}}{\Delta p}=\frac{45}{3.64}=12.36\text{t/(d·MPa)}$$

$$\Delta Q_{\text{L}}=J_{\text{L2}}\cdot \Delta p'=J_{\text{L2}}\times \frac{\Delta H_{\text{D}}\rho_{\text{L}}}{100}=12.36\times \frac{100\times 0.944}{100}=11.67\text{t/d}$$

$$Q_{\text{L2}}=Q_{\text{L1}}+\Delta Q_{\text{L}}=45+11.67=56.7\text{t/d}$$

$$Q_{\text{o2}}=Q_{\text{L2}}\times(1-f_{\text{w}})=56.67\times(1-60\%)=22.7\text{t/d}$$

答：该井目前日产液是 56.7t/d；日产油是 22.7t/d。

[例 4-67] 某抽油井配产 14t，采用 ϕ44mm 泵与 CYJ5-1812 抽油机，该井液密度 0.9t/m³，要求泵效大于 50%，试通过计算选择适合本井的参数组合。

已知：$Q_{\text{配}}=14\text{t/d}$，$K=2.19$，$\rho_{\text{L}}=0.9\text{t/m}^3$，$\eta>50\%$。

求：参数组合。

解：

$$Q_{\text{理}}=\frac{Q_{\text{配}}}{\eta}=\frac{14}{0.5}=28\text{t/d}$$

$$Sn=\frac{Q_{\text{理}}}{K\rho_{\text{L}}}=\frac{28}{2.19\times 0.9}=14.21$$

当 $S=1.8\text{m}$ 时

$$n=\frac{14.21}{1.8}\approx 7.9\text{min}^{-1}$$

当 $S=1.5\text{m}$ 时

$$n=\frac{14.21}{1.5}\approx 9.5\text{min}^{-1}$$

当 $S=1.2\text{m}$ 时

$$n=\frac{14.21}{1.2}\approx 12\text{min}^{-1}$$

本着长冲程慢冲数的原则，应选用 $S=1.8\text{m}$，$n=7\text{min}^{-1}$。再校核该组合下的泵效是否符合要求：

$$Q_{\text{理}}=KSn\rho_{\text{L}}=2.19\times 1.8\times 7\times 0.9=24.83\text{t/d}$$

$$\eta=\frac{Q_{\text{L}}}{Q_{\text{理}}}\times 100\%=\frac{14}{24.83}\times 100\%=56.83\%>50\%$$

因此，该组合下泵效也符合要求。

答：该井应选择 1.8m 冲程和 7min⁻¹ 冲数的参数组合。

[例 4-68] 有一口井原开井制度 3×8h，经摸索出油规律，改开井制度为 3×4h，产量稳定，该井配用 4.5kW 电动机，求每天节电多少？

已知：$\Delta t=3\times 8\text{h}-3\times 4\text{h}=12\text{h}$，$N=4.5\text{kW}$。

求：Q。

解：

$$Q=N\Delta t=4.5\times 12=54\text{kW}\cdot\text{h}$$

答：每天节电 54kW·h。

[例 4-69] 某井油层中部深度为 2050m，泵挂深度 1150m。测试结果：沉没度 750m，日产液 20t/d；沉没度 250m，日产液 30t/d。据测试计算合理沉没度为 450m，问该井的合理

日产液是多少？

已知：$H_{中}=2050m$，$H_B=1150m$，$H_{沉1}=750m$，$H_{沉2}=250m$，$H_{沉3}=450m$，$Q_1=20t/d$，$Q_2=30t/d$。

求：Q_3。

解：解法一

$$J=\frac{\Delta Q}{\Delta H}=\frac{Q_2-Q_1}{H_{沉2}-H_{沉1}}=\frac{30-20}{250-750}=-0.02t/(d\cdot m)$$

$$\Delta Q'=J\Delta H'=J(H_{沉3}-H_{沉1})=-0.02\times(450-750)=6t/d$$

$$Q_3=Q_1+\Delta Q'=20+6=26t/d$$

解法二

$$Q_3-Q_1=(Q_2-Q_1)\times\frac{H_{沉3}-H_{沉1}}{H_{沉2}-H_{沉1}}$$

$$Q_3=Q_1+(Q_2-Q_1)\frac{H_{沉3}-H_{沉1}}{H_{沉2}-H_{沉1}}=20+(30-20)\frac{450-750}{250-750}=26t/d$$

答：该井的合理日产液是26t/d。

[**例 4-70**] 某井油层中部深度为450m，套压0.2MPa，含水40%，原油密度为0.86t/m³，油层中部流压2.032MPa，静压为3.022MPa，日产液5.3t/d，量得动液面曲线上井口波到液面波距离70mm，声速为350m/s。试求马达走纸速度和采油指数是多少？

已知：$H_{中}=450m$，$p_e=3.022MPa$，$p_t=0.2MPa$，$p_{wf}=2.032MPa$，$f_w=40\%$，$\rho_o=0.86t/m^3$，$\rho_w=1t/m^3$，$Q_L=5.3t/d$，$h_{液}=70mm$，$v=350m/s$。

求：v'和J_o。

解：

$$\rho_L=\rho_o(1-f_w)+\rho_w f_w=0.86\times(1-40\%)+1\times40\%=0.916t/m^3$$

$$p_{wf}=p_t+\rho_L\times\frac{H_{中}-H_D}{100}$$

$$2.032=0.2+0.916\times\frac{450-H_D}{100}$$

$$H_D=250m$$

$$t=\frac{2H_D}{v}=\frac{2\times250}{350}=1.43s$$

$$v'=\frac{h_{液}}{t}=\frac{70}{1.43}=49mm/s$$

$$\Delta p=p_e-p_{wf}=3.022-2.032=0.99MPa$$

$$Q_o=Q_L(1-f_w)=5.3\times(1-40\%)=3.18t/d$$

$$J_o=\frac{Q_o}{\Delta p}=\frac{3.18}{0.99}=3.21t/(d\cdot MPa)$$

答：马达走纸速度是49mm/s；采油指数是3.21t/(d·MPa)。

[例 4-71] 某井静压 8.6MPa，采液指数 8t/(d·MPa)，油层中部深度为 1100m，套压为零，井液密度 0.86t/m³。如果需要日产液达到 25.9t/d，保持 300m 沉没度，请设计该井泵挂深度。

已知：$H_{中}=1100m$，$p_e=8.6MPa$，$p_t=0$，$H_{沉}=300m$，$\rho_o=0.86t/m^3$，$Q_L=25.9t/d$，$J_L=8t/(d·MPa)$。

求：H_B。

解：
$$J = 8 \times \frac{0.86}{100} = 0.0688 t/(d·m)$$

$$H_{静} = H_{中} - \frac{100 p_e}{\rho_o} = 1100 - \frac{100 \times 8.6}{0.86} = 100m$$

$$H_B = \frac{Q_L}{J} + H_{静} + H_{沉} = \frac{25.9}{0.0688} + 100 + 300 = 776.45m$$

答：设计该井泵挂深度为 776.45m。

[例 4-72] 测得某抽油机上下行的最大电流分别是 50A 和 33A，问该机是否平衡？若不平衡怎么办？

解：
$$B = \frac{I_{下}}{I_{上}} \times 100\% = \frac{33}{50} \times 100\% = 66\% < 85\%$$

所以该机不平衡。

答：该机不平衡。由上行电流大于下行电流可知，该机平衡重偏轻，应适当增加平衡重。即若采取曲柄平衡时，增加平衡半径；若是混合平衡时，可增加平衡半径或增加游梁平衡块来增加平衡重。

[例 4-73] 某抽油机全月运转 29d10h，已知该月日历天数为 30d，求该抽油机井这月的时率是多少？

解：
$$T_{ok} = \frac{t_{实}}{t_{历}} \times 100\% = \frac{24 \times 29 + 10}{24 \times 30} \times 100\% = 98.06\%$$

答：该抽油机井这月的时率是 98.06%。

[例 4-74] 某井选用 CYJ8-3-37HB 型抽油机，φ56mm 管式泵，φ22mm 抽油杆柱，下入深度 1000m，冲程 2.4m，冲次 9min⁻¹，原油密度为 0.86t/m³，含水 70%，φ22mm 抽油杆柱在空气中重 3.24kg/m，求该井的：(1) 悬点载荷利用率；(2) 冲程利用率；(3) 冲次利用率；(4) 减速箱扭矩利用率。

已知：$D=0.056m$，$H_B=1000m$，$\rho_o=0.86t/m^3$，$\rho_w=1t/m^3$，$f_w=70\%$，$q_{杆}=3.24kg/m$，$S_{实}=2.4m$，$S_{铭}=3m$，$n_{实}=9min^{-1}$，$n_{铭}=12min^{-1}$，$M_{铭}=3700kg·m$，$P_{铭}=8000kg$。

求：(1) f；(2) S；(3) n；(4) M。

解：(1)
$$\rho_L = \rho_o(1-f_w) + \rho_w f_w = 0.86 \times (1-70\%) + 1 \times 70\% = 0.0958t/m^3 = 958kg/m^3$$

$$q_{液} = \frac{\pi D^2 \rho_L}{4} = \frac{\pi 0.056^2 \times 0.958 \times 1}{4} = 2.36 kgf/m$$

$$P_{液} = q_{液} H_B = 2.36 \times 1000 = 2360 \text{kgf}$$

$$P_{杆} = q_{杆} H_B = 3.24 \times 1000 = 3240 \text{kgf}$$

$$P_{实} = P_{\max} = (P_{液} + P_{杆})\left(1 + \frac{S_{实} n_{实}^2}{1790}\right) = (2360 + 3240)\left(1 + \frac{2.4 \times 9^2}{1790}\right) = 6208.2 \text{kgf}$$

$$f = \frac{P_{实}}{P_{铭}} \times 100\% = \frac{6208.2}{8000} \times 100\% = 75.47\%$$

（2）

$$S = \frac{S_{实}}{S_{铭}} \times 100\% = \frac{2.4}{3} \times 100\% = 80\%$$

（3）

$$n = \frac{n_{实}}{n_{铭}} \times 100\% = \frac{9}{12} \times 100\% = 75\%$$

（4）

$$P_{\min} = P_{杆}\left(1 - \frac{S_{实} n_{实}^2}{1790}\right) = 3240 \times \left(1 - \frac{2.4 \times 9^2}{1790}\right) = 2888.1 \text{kgf}$$

$$M_{实} = 30 S_{实} + 0.236 S_{实}(P_{\max} - P_{\min}) = 30 \times 2.4 + 0.236 \times 2.4 \times (6208.2 - 2888.1) = 1952.5 \text{kgf} \cdot \text{m}$$

$$M = \frac{M_{实}}{M_{铭}} \times 100\% = \frac{1952.5}{3700} \times 100\% = 52.77\%$$

答：该井的：(1) 悬点载荷利用率是 75.47%；(2) 冲程利用率是 80%；(3) 冲次利用率是 75%；(4) 减速箱扭矩利用率是 52.77%。

[例 4-75] 已知抽油机减速箱总传动比为 29.75，皮带轮直径 800mm，马达轮直径 200mm，抽油机用 960min^{-1} 电动机。请计算抽油机冲数是多少？

已知：$I_{减} = 28.75$，$D = 800\text{mm}$，$d = 200\text{mm}$，$N = 960\text{min}^{-1}$。

求：n。

解：

$$I_{皮} = \frac{D}{d} = \frac{800}{200} = 4$$

$$n = \frac{N}{I_{减} \times I_{皮}} = \frac{960}{29.75 \times 4} \approx 8 \text{min}^{-1}$$

答：抽油机冲数是 8min^{-1}。

[例 4-76] 有相邻两口井，第一口井油层厚度 20m，在生产压差 2.94MPa 下产量 100t/d；第二口井油层厚度 5m，在相同的压差下，其产量为 30t/d。问哪口井的采油指数大？试比较两口井油层生产能力大小？

解：

两口井的采油指数分别为：

$$J_{o1} = \frac{Q_1}{\Delta p} = \frac{100}{2.94} = 34 \text{t}/(\text{d} \cdot \text{MPa})$$

$$J_{o2}=\frac{Q_2}{\Delta p}=\frac{30}{2.94}=10.2\text{t/(d·MPa)}$$

由于两口井油层厚度不同，要比较生产能力，可看比采油指数：

$$J_{oh1}=\frac{J_{o1}}{h_1}=\frac{34}{20}=1.7\text{t/(d·m·MPa)}$$

$$J_{oh2}=\frac{J_{o2}}{h_2}=\frac{10.2}{5}=2.04\text{t/(d·m·MPa)}$$

答：第一口井采油指数大；第二口井生产能力大。

[例4-77] 某油井用φ56mm泵生产，下泵深度为1000m，冲程为1.8m，抽汲液体密度901kg/m³，采用3/4in抽油杆（$f_{杆}=2.85\text{cm}^2$）和2½in油管（$f_{管}=11.9\text{cm}^2$），已知钢材弹性系数$E=2.1\times10^6\text{kg/cm}^2$。求冲程损失和因静载荷而使泵效降低值是多少？

解：

$$\lambda=\frac{P_{液}H_B\left(\frac{1}{f_{杆}}+\frac{1}{f_{管}}\right)}{E}=\frac{0.056^2\times901\times1000^2\pi\left(\frac{1}{2.85}+\frac{1}{11.9}\right)}{4\times2.1\times10^6}=0.4596\text{m}$$

$$\eta=\frac{\lambda}{S}\times100\%=\frac{0.4596}{1.8}\times100\%=25.53\%$$

答：冲程损失是0.4596m；因静载荷而使泵效降低值是25.53%。

[例4-78] 某井用2½in油管（$f_{管}=11.9\text{cm}^2$）和3/4in抽油杆（$f_{杆}=2.85\text{cm}^2$），下泵深度1000m，抽汲液体密度860kg/m³，抽油杆密度7860kg/m³，求防冲距是多少？

解：

$$P'_{杆}=f_{杆}(\rho_{钢}-\rho_L)H_B=2.85\times10^{-2}\times(7860-860)\times1000=199500\text{kgf}$$

由

$$H_{防}=\frac{P'_{杆}H_B\left(\frac{1}{f_{杆}}+\frac{1}{f_{管}}\right)}{E}+(0.05\sim0.1)$$

得：

$$H_{防}=\frac{P'_{杆}H_B\left(\frac{1}{f_{杆}}+\frac{1}{f_{管}}\right)}{E}+0.1=\frac{199500\times1000\times\left(\frac{1}{2.85}+\frac{1}{11.9}\right)}{2.1\times10^6}+0.1=0.51\text{m}$$

答：防冲距是0.51m。

[例4-79] 某井油层中部深度1147.4m，预测地层压力10.75MPa，流动压力6.03MPa，生产压差为4.72MPa，产液量126m³/d，含水36%，流饱压差0.89MPa，原油密度860kg/m³，若按套压0.98MPa计算，取沉没度200m。求下泵深度是多少？

解：

$$\rho_L=\rho_o(1-f_w)+\rho_w f_w=0.86\times(1-36\%)+1\times36\%=0.9104\text{t/m}^3$$

由

$$p_{wf}=p_t+\rho_L\times\frac{H_{中}-H_D}{100}$$

得：

$$H_D = H_{中} - 100 \times \frac{p_{wf} - p_t}{\rho_L} = 1147.4 - 100 \times \frac{6.03 - 0.98}{0.9104} = 687.6 \text{m}$$

$$H_B = H_D + H_{沉} = 687.6 + 200 = 887.6 \text{m}$$

答：下泵深度是 887.6m。

[例 4-80] 某井采用双作用泵。下泵径 70mm，上泵径 43mm，冲数 9min^{-1}，冲程 2.7m，求理论排量及排量提高多少？

解：

$$Q_{理} = (2K_{大} - K_{小})Sn = (2 \times 5.54 - 2.09) \times 2.7 \times 9 = 218.5 \text{m}^3/\text{d}$$

单用 ϕ70mm 泵的排量：

$$Q_{70} = KSn = 5.54 \times 2.7 \times 9 = 135 \text{m}^3/\text{d}$$

$$\Delta Q = Q_{理} - Q_{70} = 218.5 - 135 = 83.5 \text{m}^3/\text{d}$$

答：理论排量是 218.5m^3/d；排量提高 83.5m^3/d。

[例 4-81] 某井环形空间的平均温度 $t = 20$℃，测动液面时，回声仪参数：$S_{液} = 115$mm，走纸速度 $v_{回} = 50$mm/s（取 $K = 1.285$，$Z = 1$），并且天然气组分分析组成数据见表 4-2。求动液面深度是多少？

表 4-2 天然气组分分析

组分	CH$_4$	C$_2$H$_6$	C$_3$H$_8$	C$_4$H$_{10}$	CO$_2$	N$_2$
体积分数（%）	83.5	4.19	5.42	4.17	0.55	2.14
密度（kg/m^3）	0.5539	1.038	1.52	2.0065	1.518	0.97

解：

首先求环形空间气体密度：

$$\rho_g = \frac{83.5 \times 0.5539 + 4.19 \times 1.038 + 5.42 \times 1.52 + 4.17 \times 2.0065 + 0.55 \times 1.518 + 2.14 \times 0.97}{83.5 + 4.19 + 5.42 + 4.17 + 0.55 + 2.14} = 0.712 \text{kg/m}^3$$

用公式 $v = 16.95 \times \sqrt{ZK \frac{273+t}{\rho_g}}$ 求环形空间的声速：

$$v = 16.95 \times \sqrt{1 \times 1.285 \times \frac{273+20}{0.712}} = 393 \text{m/s}$$

$$H_D = \frac{vS_{液}}{2v_{回}} = \frac{393 \times 115}{2 \times 50} = 451 \text{m}$$

答：动液面深度是 451m。

[例 4-82] 某井原油密度 0.86t/m^3，含水 40%，日产液 2.8t/d，泵挂深度 1500m，平均工作电流 23A，电压 380V，2.4m 冲程，4min^{-1} 冲数，动力仪力比 3500N/mm，示功图冲程长度 41mm，电动机功率因数是 0.85，用求积仪求得示功图面积为 350mm^2，求该井的：（1）系统效率是多少？（2）抽油机的地面效率是多少？（3）井下效率是多少？

已知：$\rho_o = 0.86$t/m^3，$\rho_w = 1$t/m^3，$f_w = 40\%$，$Q_L = 2.8$t/d，$H = 1500$m，$I = 23$A，$U = $

380V，$S=2.4$m，$n=4\text{min}^{-1}$，$f_a=3500$N/mm，$IS=41$mm，$\cos\phi=0.85$，$A=350\text{mm}^2$。

求：（1）$\eta_{系统}$；（2）$\eta_{地面}$；（3）$\eta_{井下}$。

解：（1）

$$\rho_L = p_o(1-f_w) + \rho_w f_w = 0.86\times(1-40\%) + 1\times 40\% = 0.916\text{t/m}^3 = 9160\text{N/m}^2$$

$$P_{输入} = \sqrt{3}IU\cos\phi = \sqrt{3}\times 23\times 380\times 0.85 = 12867.4\text{W}$$

$$P_{有效} = \frac{QH\rho_L}{86400} = \frac{\frac{2.8}{0.916}\times 1500\times 9160}{86400} = 486.1\text{W}$$

$$\eta_{系统} = \frac{P_{有效}}{P_{输入}}\times 100\% = \frac{486.1}{12867.4}\times 100\% = 3.78\%$$

（2）

$$P_{光杆} = \frac{ASf_a n}{60IS} = \frac{350\times 2.4\times 3500\times 4}{60\times 41} = 4780\text{W}$$

$$\eta_{地面} = \frac{P_{光杆}}{P_{输入}}\times 100\% = \frac{4780}{12867.4}\times 100\% = 37.15\%$$

（3）

$$\eta_{井下} = \frac{P_{有效}}{P_{光杆}}\times 100\% = \frac{486.1}{4780}\times 100\% = 10.17\%$$

答：该井的：（1）系统效率是3.78%；（2）抽油机的地面效率是37.15%；（3）井下效率是10.17%。

[例4-83] 某井电动机铭牌功率37kW，实测平均工作电流46.8A，电压380V，电动机功率因数是0.9，求该井电动机功率利用率是多少？

解：

$$N_{实} = \sqrt{3}IU\cos\phi = \sqrt{3}\times 46.8\times 0.38\times 0.9 = 27.7\text{kW}$$

$$N = \frac{N_{实}}{B_{铭}}\times 100\% = \frac{27.7}{37}\times 100\% = 74.86\%$$

答：该井电动机功率利用率是74.86%。

[例4-84] 某井实测工作电流45A，电压380V，电动机功率因数是0.9，实际日产液65.5t/d，求该井单产耗电是多少？

解：

$$P_{输入} = \sqrt{3}IU\cos\phi = \sqrt{3}\times 45\times 0.38\times 0.9 = 26.66\text{kW}$$

$$e = \frac{24P_{输入}}{Q} = \frac{24\times 26.66}{65.5} = 9.77\text{kW}\cdot\text{h}$$

答：该井单产耗电是9.77kW·h。

[例4-85] 某井泵深850m，实测示功图反映抽油杆柱断脱，测得示功图中线至基线距离为11.8mm，下理论负荷线至基线距离为15.3mm，请计算断点位置是多少？

解：

$$\frac{H_{断}}{850} = \frac{11.8}{15.3}$$

$$H_{断} = \frac{850 \times 11.8}{15.3} = 655.6 \text{m}$$

答：断点位置距井口 655.6m 处。

[**例 4-86**] 某井泵深 900m，实测示功图反映油管柱断脱，测得示功图中线至上理论负荷线距离为 10.9mm，上下理论负荷线间距离为 14.3mm，请计算断点位置是多少？

解：

$$\frac{H_{断}}{900} = \frac{10.9}{14.3}$$

$$H_{断} = \frac{900 \times 10.9}{14.3} = 686 \text{m}$$

答：断点位置距井口 686m 处。

[**例 4-87**] 某井实际冲程 2.4m，动力仪减程比 40mm/m，实测示功图反映活塞部分脱出工作筒。资料员测得该示功图活塞图上有效行程 50mm。请求活塞脱出工作筒的长度是多少？

解：

正常示功图活塞图上有效行程 $S_{有效} = \dfrac{2.4 \times 1000}{40} = 60 \text{mm}$

活塞脱出工作筒在示功图上的长度 $\Delta S = S_{有效} - S_{实际} = 60 - 50 = 10 \text{mm}$

活塞脱出工作筒的实际长度 $S = \dfrac{\Delta S}{减程比} = \dfrac{10}{40} = 0.25 \text{m}$

答：活塞脱出工作筒的长度是 0.25m。

第六节　电动潜油泵采油和螺杆泵采油

一、相关概念及其计算公式

1. 潜油电泵的轴功率和有效功率

潜油电泵的轴功率和有效功率与地面的离心泵一致。计算公式如下：

$$N_{有效} = \frac{QH\rho_L}{75} \text{ (hp)} = \frac{QH\rho_L}{102} \text{kW} \tag{4-89}$$

式中　Q——产液量，m³/s；

　　　H——扬程，m；

　　　ρ_L——井液密度，kg/m³；

　　　$N_{有效}$——有效功率，hp 或 kW。

若将式（4-89）中的 ρ_L 单位改为 N/m³，其余符号单位不变，则上式的数学解析式为：

$$N_{有效} = \frac{1.36 QH\rho_L}{1000} \text{ (hp)} = \frac{QH\rho_L}{1000} \text{kW} \tag{4-90}$$

轴功率计算公式：

$$N_{轴} = \sqrt{3} IU \cos\phi \eta \tag{4-91}$$

式中　I——电流，A；

U——电压，kV；
$\cos\phi$——电动机功率因数，无量纲；
η——电动机效率，无量纲；
$N_{轴}$——轴功率，kW。

2. 潜油电泵井实际举升高度

潜油电泵井实际举升高度可用式（4-92）计算：

$$H_{举} = H_D + 100 \times \frac{p_o - p_t}{\rho_L} \tag{4-92}$$

式中 $H_{举}$——实际举升高度，m；
H_D——动液面深度，m；
p_o——井口油压，MPa；
p_t——井口套压，MPa；
ρ_L——井液密度，N/m³。

3. 潜油电泵总压头

潜油电泵总压头可用式（4-93）计算：

$$H = H_d + p_o + F_t = H_p + p_o + F_t - H_b - p_t \tag{4-93}$$

式中 H——总压头，m；
H_d——垂直举升度，m；
p_o——油压折算压头，m；
p_t——套压折算压头，m；
F_t——油管摩阻损失，m；
H_p——泵挂深度，m；
H_b——泵吸入口深度，m。

4. 螺杆泵的理论排量

螺杆泵的理论排量可用式（4-94）计算：

$$Q_{理} = 1440 \times 4eDTn = 5760eDTn \tag{4-94}$$

式中 $Q_{理}$——理论排量，m³/d；
e——转子偏心距，m；
D——螺杆（转子）外径，m；
T——定子导程，m；
n——转数，min⁻¹。

现场应用中，根据选用泵的型号可计算出理论排量，公式如下：

$$Q_{理} = 1440qn \times 10^{-6} \tag{4-95}$$

式中 q——螺杆泵每转排量，mL/r。
其余符号含义同上文。

5. 螺杆泵的转子理论扭矩（不考虑摩阻损失）用下式计算：

$$M = \frac{4eDT\Delta P \times 10^6}{2\pi} \tag{4-96}$$

式中 M——转子理论扭矩（有功扭矩），N·m；
ΔP——螺杆泵扬程，MPa。
其余符号含义同上文。

6. 螺杆泵的轴向力，用式（4-97）表示：

$$F_t = \left(8eD + \frac{\pi D^2}{4} - \frac{\pi d^2}{4}\right) \times \Delta P \times 10^6 \tag{4-97}$$

式中 F_t——转子所受的总轴向力，N；
d——抽油杆直径，mm；
D——转子截圆直径，mm；
e——转子偏心距，mm；
ΔP——螺杆泵扬程，MPa。

7. 螺杆泵井防冲距确定

$$\Delta L = \Delta L_1 + \Delta L_2 + \Delta L_3 \tag{4-98}$$

其中

$$\Delta L_1 = \frac{2GH_B^2}{\pi d^2 E} \tag{4-99}$$

$$\Delta L_2 = \frac{4F'_t H_B}{\pi d^2 E} \tag{4-100}$$

式中 F'_t——转子承受的液柱载荷，N；
d——抽油杆平均直径，m；
G——抽油杆柱单位长度质量，N/m；
H_B——泵挂深度，m；
E——钢材弹性模量，一般为 $2.1 \times 10^7 \text{N/m}^2$；
ΔL——防冲距，m；
ΔL_1——抽油杆柱自然伸长，m；
ΔL_2——转子受液压差轴向力作用抽油杆柱伸长量，m；
ΔL_3——定子衬套最下端至定位销的距离，一般为 0.2~0.4m。

8. 潜油电泵的欠载整定值和过载整定值

潜油电泵的欠载整定值和过载整定值计算：

$$\text{欠载整定值} = \text{实际工作电流（A）} \times 80\% \tag{4-101}$$

$$\text{过载整定值} = \text{额定电流（A）} \times 120\% \tag{4-102}$$

9. 电泵井变压器的输出电压

$$\text{输出电压} = \text{电机额定电压} + \text{电缆压降}$$
$$= \text{电机额定电压} + \text{电缆长度} \times \text{电缆每千米压降} \tag{4-103}$$

10. 潜油电泵的排量偏差（允许±5%）

$$\text{排量偏差} = \frac{\text{标注排量} - \text{实测排量}}{\text{实测排量}} \times 100\% \tag{4-104}$$

11. 潜油电泵的效率偏差（允许±5%）

$$效率偏差 = \frac{标注效率 - 实测效率}{实测效率} \times 100\% \quad (4-105)$$

12. 潜油电泵的三相电流不平衡度（允许±5%）

$$I_{平均} = \frac{I_A + I_B + I_C}{3} \quad (4-106)$$

$$三相电流不平衡度 = \frac{I_{最大} - I_{平均}}{I_{平均}} \times 100\% \quad (4-107)$$

13. 螺杆泵的定子导程

$$定子导程(mm) = \frac{转子螺距(mm) \times (转子头数 + 1)}{转子头数} \quad (4-108)$$

14. 螺杆泵的转子型线长度（L）

$$L = 级数 \times 转子螺距(mm) \quad (4-109)$$

15. 螺杆泵定子长度（L）

$$L = 定子型腔长度 + 限位销长度 + 接箍长度的一半 \quad (4-110)$$

16. 螺杆泵的输入功率

$$N_{输入} = \frac{Mn_i}{9550} \quad (4-111)$$

式中　$N_{输入}$——螺杆泵的输入功率，kW；
　　　M——转矩，N·m；
　　　n_i——压力点实测转数，$\min^{-1}$。

17. 螺杆泵的输出功率

$$N_{输出} = \frac{p_i Q_{in}}{3.6} \quad (4-112)$$

式中　$N_{输出}$——螺杆泵的输出功率，kW；
　　　p_i——全压力，MPa；
　　　Q_{in}——压力点规定转数下的体积流量，m³/h。

18. 螺杆泵的初始过盈量

$$初始过盈量 = 转子截面圆直径的 0.005 \sim 0.01 倍 \quad (4-113)$$

19. 螺杆泵定子、转子间的过盈量

$$过盈量 = 初始过盈量 + 橡胶衬套热胀过盈量 + 橡胶衬套油溶胀过盈量 \quad (4-114)$$

20. 螺杆泵井抽油杆柱总扭矩（M）

$$M = 举升扭矩 + 定子和转子间摩擦扭矩 + 液体对抽油杆柱的摩阻扭矩 \quad (4-115)$$

21. 螺杆泵的容积效率（η）

$$\eta = \frac{额定压力下的体积流量}{零压力点下的体积流量} \times 100\% \qquad (4-116)$$

22. 螺杆泵的理论转速（n）

$$n = \frac{电动机转速 \times 减速器传动比 \times 电动机轮直径}{减速箱皮带轮直径} \qquad (4-117)$$

二、例题

[例 4-88] 某潜油电泵电机额定电压为 1075V，井深为 1250m，电缆千米压降 80V，试求变压器输出电压为多少伏才能使电泵运行正常？

解：

$$U = \frac{1250 \times 80}{1000} + 1075 = 1175\text{V}$$

答：变压器输出电压为 1175V 才能使电泵运行正常。

[例 4-89] 已知三相电流 I_A 为 53A，I_B 为 46A，I_C 为 51A，试求三相电流平衡度是多少？

解：

$$I_{平均} = \frac{I_A + I_B + I_C}{3} = \frac{53 + 46 + 51}{3} = 50\text{A}$$

因为平均电流 $I_{平均}$ 与 I_B 相差最大，所以：

$$三相电流不平衡度 = \frac{I_{最大} - I_{平均}}{I_{平均}} \times 100\% = \frac{I_B - I_{平均}}{I_{平均}} \times 100\% = \frac{46 - 50}{50} \times 100\% = -8\%$$

答：三相电流平衡度是 -8%。

[例 4-90] 有三台同型号（N80）潜油电泵，额定排量为 320m³/d，额定扬程为 1000m，电动机转速为 2900min⁻¹，分别用来举升密度为 0.8t/m³、1.0t/m³ 和 1.35t/m³ 的 3 种液体，排量恰好都是 320m³/d。试求总压头分别为多少？为什么？

答：总压头都是 1000m；因为扬程与转速有关，转速一定则扬程不变。

[例 4-91] 某潜油电泵井排量为 4500m³/d，泵的扬程为 1200m，泵的效率为 80%，混合液密度为 0.80t/m³，求潜油电泵机械功率是多少？

解：

$$N = \frac{QH\rho_L}{86400 \times 10^3 \eta} = \frac{4500 \times 1200 \times 8000}{86400 \times 10^3 \times 80\%} = 624\text{kW}$$

答：潜油电泵机械功率是 625kW。

[例 4-92] 某电泵井动液面 800m，油压 2.7MPa，套压 1.5MPa，井液密度 0.96t/m³，试求实际举升高度是多少？

解：

$$H_{举} = H_D + 100 \times \frac{p_o - p_t}{\rho_L} = 800 + 100 \times \frac{2.7 - 1.5}{0.96} = 925\text{m}$$

答：实际举升高度是 925m。

[例 4-93] 某潜油电泵井产液量为 400m³/d，下泵深度 1050m，吸入口沉没度 200m，油压 3.0MPa，套压 2.0MPa，油管摩擦系数 0.05，井液密度 0.9t/m³，试求该电泵井总压头是多少？

解：
油压折算压头

$$p_o = 100 \times \frac{3.0}{0.9} \approx 333.33 \text{m}$$

套压折算压头

$$p_t = 100 \times \frac{2.0}{0.9} \approx 222.22 \text{m}$$

油管摩阻损失

$$F_t = 0.05 \times 1050 = 52.50 \text{m}$$

总压头

$$H = H_d + p_o + F_t = H_p + p_o + F_t - H_b - p_t = 1050 + 333.33 + 52.50 - 200 - 222.22 = 1013.6 \text{m}$$

答：该电泵井总压头是 1013.6m。

[例 4-94] 某潜油电泵机组，当电源频率为 50Hz 时，转速为 2915min⁻¹，排量为 425m³/d，扬程为 800m。若现将电源频率改为 60Hz 时，机组转速为 3500min⁻¹。问排量和扬程各是多少？

解：
潜油电泵的转速与排量和扬程有下列关系：

$$\frac{Q_B}{Q_A} = \frac{N_B}{N_A} \quad \frac{H_B}{H_A} = \left(\frac{N_B}{N_A}\right)^2$$

因此有：

$$Q_B = Q_A \frac{N_B}{N_A} = 425 \times \frac{3500}{2915} = 510.3 \text{m}^3/\text{d}$$

$$H_B = H_A \left(\frac{N_B}{N_A}\right)^2 = 800 \times \left(\frac{3500}{2915}\right)^2 = 1153.3 \text{m}$$

答：排量 510.3 m³/d；扬程是 1153.3m。

[例 4-95] 某井下入型号为 GLB1200-12 螺杆泵，转速为 150min⁻¹，总级数为 12 级。求该泵理论排量是多少？

解：因为 GLB1200-12 螺杆泵得每转公称排量为 1200mL，所以：

$$Q_{理} = 1440 q n \times 10^{-6} = 1440 \times 1200 \times 150 \times 10^{-6} = 259.2 \text{m}^3/\text{d}$$

答：该泵理论排量是 259.2m³/d。

[例 4-96] 一台 50m³/d 电泵机组的电机额定电压为 406V，功率为 16kW，额定电流为 34A，效率 η=0.88，试计算功率因数。

解：由 $N=\sqrt{3}IU\cos\phi\eta$，得：

$$\cos\phi = \frac{N}{\sqrt{3}IU\eta} = \frac{16}{\sqrt{3} \times 34 \times 0.406 \times 0.88} = 0.76$$

答：功率因数是 0.76。

[例 4-97] 已知 30 m^3/d 电泵机组的电机额定电压为 516V，功率为 12kW，效率 0.8，功率因数是 0.8，试计算电动机额定电流。

解：由 $N=\sqrt{3}IU\cos\phi\eta$，得：

$$I = \frac{N}{\sqrt{3}U\cos\phi\eta} = \frac{12}{\sqrt{3} \times 0.516 \times 0.8 \times 0.8} = 21A$$

答：电动机额定电流是 21A。

[例 4-98] 已知电动机半径为 57.15mm，泵的半径为 50.8mm，电缆厚度为 13mm，护罩厚为 4mm。机组最大投影尺寸是多少？

解：

$$S = R_1 + R_2 + R_3 + R_4 = 57.15 + 50.8 + 13 + 4 = 124.95 mm$$

答：机组最大投影尺寸是 124.95mm。

[例 4-99] 已知一台 100m^3/d 潜油电机额定容量为 24kW，电动机转速为 2850min^{-1}，求电动机的额定转矩是多少？

解：依据经验公式 $M \approx \frac{97.5N}{n}$，得：

$$M \approx \frac{97.5 \times 24}{2850} = 0.82 N \cdot m$$

答：电动机的额定转矩是 0.82N·m。

[例 4-100] 某井下入一套 250m^3/d 电泵机组，额定电流为 43A，投产后运行电流为 39A，问欠载整定值 38A 是否合适？

解：

$$欠载整定值 = 实际工作电流 \times 80\% = 39 \times 80\% = 31.2A$$

答：欠载整定值 38A 不合适，应调到 31.2A。

[例 4-101] 某井下入一套 250m^3/d 电泵机组，额定电流为 43A，问过载值应调到多少？

解：

$$过载整定值 = 额定电流 \times 120\% = 43 \times 120\% = 51.6A$$

答：过载整定值应调到 51.6A。

[例 4-102] 已知井下电动机的额定电压为 958V，电动机深度为 1000m，电缆压降为 60V/km，问变压器输出挡位应为多少？

解：

$$变压器输出电压 = 电动机额定电压 + 电缆压降 = 958 + 60 = 1018V$$

答：根据变压器铭牌，可选择输出挡位为1050V。

[例4-103] 已知井下电动机的额定电压为617V，电动机深度为1000m，电缆压降为55V/km，问变压器输出挡位应为多少？

解：
$$变压器输出电压 = 电动机额定电压 + 电缆压降 = 617 + 55 = 672V$$

答：根据变压器铭牌，可选择输出档位为672V。

[例4-104] 欲使产量 $Q_1 = 200\text{m}^3/\text{d}$ 的螺杆泵井提高到产量 $Q_2 = 250\text{m}^3/\text{d}$，光杆的转数由 $n_1 = 100\text{min}^{-1}$，必须提高到多少？

解：
由公式
$$\frac{n_2}{n_1} = \frac{Q_2}{Q_1}$$

得：
$$n_2 = n_1 \times \frac{Q_2}{Q_1} = 100 \times \frac{250}{200} = 125\text{min}^{-1}$$

答：光杆的转数由 $n_1 = 100\text{min}^{-1}$，必须提高到 125min^{-1}。

[例4-105] 已知驱动装置电动机转数为 970min^{-1}，电动机主动轮直径为170mm，减速箱从动轮直径为350mm，减速箱齿轮比为6:35，求驱动装置主轴输出速度是多少？

解：
由公式
$$\frac{n_主}{n_电} = \frac{D_主}{D_从} n_{齿轮比}$$

得：
$$n_主 = n_电 \, n_{齿轮比} \frac{D_主}{D_从} = 970 \times \frac{6}{35} \times \frac{170}{350} = 80\text{min}^{-1}$$

答：驱动装置主轴输出速度是 80min^{-1}。

[例4-106] 有一潜油电泵标注排量为 $425\text{m}^3/\text{d}$，实测排量为 $400\text{m}^3/\text{d}$，问此泵是否合格？

解：
根据排量偏差公式，有：
$$Q_{偏差} = \frac{Q - Q'}{Q} \times 100\% = \frac{425 - 400}{400} \times 100\% = 6.25\%$$

答：因为排量偏差6.25%超出±5%的允许偏差范围，所以此泵不合格。

[例4-107] 现用Q20型叶导轮组装一套1000m扬程，排量为 $200\text{m}^3/\text{d}$ 的潜油泵，叶轮的单级扬程为5.95m，试计算所需叶导轮的级数。

解：
$$叶导轮级数 = \frac{扬程}{单级扬程} = \frac{1000}{5.95} = 168 \text{ 级}$$

答：所需叶导轮的级数为168级。

[例4-108] 有一潜油电泵效率要求达到57%，实测效率为52%，问该泵是否能出厂？

解：

根据效率偏差公式，有：

$$\eta_{偏差} = \frac{\eta - \eta'}{\eta} \times 100\% = \frac{57\% - 52\%}{52\%} \times 100\% = 9.62\%$$

答：因为效率偏差9.62%超出±5%的允许偏差范围，所以此泵不能出厂。

[例4-109] 单头螺杆泵的偏心距$e = 6$mm，转子的螺距$t = 70$mm，转子的大径$D_{大} = 60$mm，则该泵的几何排量q为多少？

解：

$$转子小径 D_{小} = D_{大} - 2e = 60 - 2 \times 6 = 48\text{mm}$$

$$定子导程 T = 2t = 2 \times 70 = 140\text{mm}$$

$$几何排量 q = 4eD_{小}T \times 10^{-3} = 4 \times 6 \times 48 \times 140 \times 10^{-3} = 161.28\text{mL/r}$$

答：该泵的几何排量q为161.28mL/r。

[例4-110] 单头螺杆泵的偏心距$e = 7.5$mm，定子的导程$T = 200$mm，转子的小径$D_{小} = 60$mm，则该泵的几何排量q为多少？

解：

$$几何排量 q = 4eD_{小}T \times 10^{-3} = 4 \times 7.5 \times 200 \times 60 \times 10^{-3} = 360\text{mL/r}$$

答：该泵的几何排量q为360mL/r。

[例4-111] 中心控制器输入的模拟电流为28A×3，中心控制器的电流显示值为27A，28A和29A，问控制柜是否达到运行要求？

解：

$$I_{平均} = \frac{I_A + I_B + I_C}{3} = \frac{27 + 28 + 29}{3} = 28\text{A}$$

因为平均电流$I_{平均}$与I_A相和I_C相差最大，所以：

$$三相电流不平衡度 = \frac{I_{最大} - I_{平均}}{I_{平均}} \times 100\% = \frac{I_C - I_{平均}}{I_{平均}} \times 100\% = \frac{29 - 28}{28} \times 100\% = 3.6\%$$

$$三相电流不平衡度 = \frac{I_{最大} - I_{平均}}{I_{平均}} \times 100\% = \frac{I_A - I_{平均}}{I_{平均}} \times 100\% = \frac{27 - 28}{28} \times 100\% = -3.6\%$$

答：因为三相电流不平衡度±3.6%在±5%的允许偏差范围内，所以控制柜达到运行要求。

[例4-112] 中心控制器输入的模拟电流为25A×3，中心控制器的电流显示值为25A，25A和27A，问控制柜是否达到运行要求？

解：

$$I_{平均} = \frac{I_A + I_B + I_C}{3} = \frac{25 + 25 + 27}{3} = 25.7\text{A}$$

因为平均电流 $I_{平均}$ 与 I_C 相差最大,所以:

$$三相电流不平衡度 = \frac{I_{最大} - I_{平均}}{I_{平均}} \times 100\% = \frac{I_C - I_{平均}}{I_{平均}} \times 100\% = \frac{27 - 25.7}{25.7} \times 100\% = 5\%$$

答:因为三相电流不平衡度5%在±5%的允许偏差范围内,所以控制柜负荷运行要求。

[例4-113] 驱动装置的电动机转数 $n = 1470\mathrm{min}^{-1}$,主动齿轮直径 $D_{主} = 170\mathrm{mm}$,从动齿轮直径 $D_{从} = 550\mathrm{mm}$,不计传动效率,计算驱动装置的齿轮轴转数 n_1。

解:由

$$\frac{n_1}{n} = \frac{D_{主}}{D_{从}}$$

得:

$$n_1 = n\frac{D_{主}}{D_{从}} = 1470 \times \frac{170}{550} = 454\mathrm{min}^{-1}$$

答:驱动装置的齿轮轴转数 n_1 为 $454\mathrm{min}^{-1}$。

[例4-114] 驱动装置的电动机转数 $n = 1470\mathrm{min}^{-1}$,主动齿轮直径 $D_{主} = 200\mathrm{mm}$,从动齿轮直径 $D_{从} = 440\mathrm{mm}^{-1}$,主动齿轮齿数齿 $r_{主} = 6$ 齿,从动齿轮齿数齿 $r_{从} = 36$ 齿,不计传动效率,计算光杆的转数 N。

解:
由

$$\frac{N}{n} = \frac{D_{主} r_{主}}{D_{从} r_{从}}$$

得:

$$N = n\frac{D_{主}}{D_{从}}\frac{r_{主}}{r_{从}} = 1470 \times \frac{200}{440} \times \frac{6}{36} = 111\mathrm{min}^{-1}$$

答:光杆的转数 N 为 $111\mathrm{mm}^{-1}$。

[例4-115] 有一台螺杆泵,定子导程为400mm,转子头数为单头,求螺杆泵的转子螺距是多少?

解:
根据公式 $T_{定} = T_{转}\frac{N+1}{N}$(式中 $T_{定} = 400\mathrm{mm}$,$N = 1$),有:

$$T_{转} = \frac{T_{定} N}{N + 1} = \frac{400 \times 1}{1 + 1} = 200\mathrm{mm}$$

答:螺杆泵的转子螺距是200mm。

[例4-116] 有一台螺杆泵,转子螺距是200mm,转子头数为单头,求螺杆泵的定子导程是多少?

解:根据公式 $T_{定} = T_{转} \times \frac{N+1}{N}$(式中 $T_{转} = 200\mathrm{mm}$,$N = 1$),有:

$$T_{定} = 200 \times \frac{1+1}{1} = 400\text{mm}$$

答:杆泵的定子导程是400mm。

[**例4-117**] 有一台螺杆泵,转子螺距$t=80$mm,级数$K=54$级,计算转子的型线长度L。

解:
$$L = Kt = 54 \times 80 = 4320(\text{mm})$$

答:转子的型线长度L为4320mm。

[**例4-118**] 有一台螺杆泵,定子导程为$T=240$mm,与之相配的转子级数$K=42$级,该转子的型线长度L至少为多少?

解:由$T=2t$,得:
$$t = \frac{T}{2} = \frac{240}{2} = 120\text{mm}$$

$$L = Kt = 42 \times 120 = 5040\text{mm}$$

答:该转子的型线长度L至少为5040mm。

[**例4-119**] 有一台螺杆泵,定子的型线长度为$L=5600$mm,与之配合的单头转子螺距$t=100$mm,则该定子的级数K是多少?

解:
由公式$L=KT=2Kt$,得:
$$K = \frac{L}{2t} = \frac{4500}{2 \times 100} = 28 \text{级}$$

答:该定子的级数K是28级。

[**例4-120**] 有一口井,泵挂深度$H_B=1000$m,泵设计时单级承压能力$p=0.5$MPa,管路沿程损失$p'=0.5$MPa,生产管线压力显示$p_1=1$MPa,计算该井下螺杆泵的定子最小级数K是多少?

解:
相当于泵深的液柱压力
$$p_L = \frac{H_B}{100} = \frac{1000}{100} = 10\text{MPa}$$

该泵井下压力
$$p_{总} = p_L + p' + p_1 = 10 + 0.5 + 1 = 11.5\text{MPa}$$

$$K = \frac{p_{总}}{p} = \frac{11.5}{0.5} = 23 \text{级}$$

答:该井下螺杆泵的定子最小级数K是23级。

[**例4-121**] 已知定子型腔长度L_1为5000mm,限位销长度L_2为200mm,接箍长度L_3为180mm,则该定子总长度L为多少?

解：

$L =$ 定子型腔长度 + 限位销长度 + 接箍长度的一半 $= L_1 + L_2 + \dfrac{L_3}{2} = 5000 + 200 + \dfrac{180}{2} = 5290\text{mm}$

答：该定子总长度 L 为5290mm。

[例4-122] 电泵机组在50Hz下排量为636m³/d，扬程为1280m，级数为198级，泵效率为72%，求：（1）叶导轮单级扬程为多少？（2）若使用变频技术，生产中最高可调到60Hz，至少配多大功率的电动机（不考虑分离器、保护器功耗）？

解：（1）

$$单级扬程 = 总扬程/叶导轮级数 = \dfrac{1280}{198} = 6.46\text{m}$$

（2）

由排量与频率成正比，即 $\dfrac{Q_1}{Q} = \dfrac{f_1}{f}$，得：

$$Q_1 = Q \times \dfrac{f_1}{f} = 636 \times \dfrac{60}{50} = 763.2\text{m}^3/\text{d}$$

由扬程与频率的平方成正比，即 $\dfrac{H_1}{H} = \left(\dfrac{f_1}{f}\right)^2$，得：

$$H_1 = H \times \left(\dfrac{f_1}{f}\right)^2 = 1280 \times \left(\dfrac{60}{50}\right)^2 = 1843.2\text{m}$$

$$N_{有效} = \dfrac{Q_1 H_1 \rho_L}{102} = \dfrac{763.2 \times 1843.2 \times 1000}{102 \times 86400} = 159.62\text{kW}$$

$$N_{轴} = \dfrac{N_{有效}}{\eta} = \dfrac{159.62}{0.72} = 221.69\text{kW}$$

答：（1）叶导轮单级扬程为6.46m。（2）至少配230kW的电动机。

[例4-123] 假定一个铭牌为QYB130-556/13331SIT的潜油泵，频率为50Hz，下排量为556m³/d，扬程为1333m，泵效率为64.5%，问：（1）根据产品规格，可能采用的叶导轮型号是什么？（2）65Hz下泵的排量、扬程、轴功率是多少？

解：（1）

根据排量，可采用QN55型号的叶导轮。

（2）

由排量与频率成正比，即 $\dfrac{Q_1}{Q} = \dfrac{f_1}{f}$，得：

$$Q_1 = Q \times \dfrac{f_1}{f} = 556 \times \dfrac{65}{50} = 722.8\text{m}^3/\text{d}$$

由扬程与频率的平方成反比，即 $\dfrac{H_1}{H} = \left(\dfrac{f_1}{f}\right)^2$，得：

$$H_1 = H \times \left(\frac{f_1}{f}\right)^2 = 1333 \times \left(\frac{65}{50}\right)^2 = 2252.77\text{m}$$

$$N_{\text{有效}} = \frac{Q_1 H_1 \rho_L}{102} = \frac{722.8 \times 2252.77 \times 1000}{102 \times 86400} = 184.77\text{kW}$$

$$N_{\text{轴}} = \frac{N_{\text{有效}}}{\eta} = \frac{184.77}{0.645} = 286.47\text{kW}$$

答：（1）采用 QN55 型号的叶导轮；（2）65Hz 下泵的排量是 722.8m³/d；扬程是 2252.77m；轴功率是 286.47kW。

[例 4-124] 有一螺杆泵，它的全压力 $p_i = 2$MPa，压力点规定转速下的体积流量 $Q_{in} = 10$m³/d，求螺杆泵的输出功率是多少？

解：

$$N_{\text{输出}} = \frac{p_i Q_{in}}{3.6} = \frac{2 \times 10}{3.6} = 5.55\text{kW}$$

答：螺杆泵的输出功率是 5.55kW。

[例 4-125] 有一螺杆泵，它的转矩 $M = 100$N·m，压力点实测转速 $n_i = 162$min⁻¹，求螺杆泵的输入功率是多少？

解：

$$N_{\text{输入}} = \frac{Mn_i}{9550} = \frac{100 \times 162}{9550} = 1.7\text{kW}$$

答：螺杆泵的输入功率是 1.7kW。

[例 4-126] 某螺杆泵，它的初始过盈 $\delta_1 = 0.20$mm，定子橡胶衬套热膨胀过盈 $\delta_2 = 0.10$mm，定子橡胶衬套油溶胀过盈 $\delta_3 = 0.20$mm，求定子、转子间的过盈量是多少？

解：

$$\delta = \delta_1 + \delta_2 + \delta_3 = 0.20 + 0.10 + 0.20 = 0.50\text{mm}$$

答：定子、转子间的过盈量是 0.50mm。

[例 4-127] 某螺杆泵，它的转子截面圆直径 $D = 51$mm，根据经验公式，求螺杆泵的初始过盈范围是多少？

解：

$$\delta = (0.005 \sim 0.01)D = (0.005 \sim 0.01) \times 51 = 0.255 \sim 0.51\text{mm}$$

答：螺杆泵的初始过盈范围是 0.255~0.51mm。

[例 4-128] 组装一节泵，在进行可加工压紧套程序时，测得最上一级叶导轮止口距壳体端面的距离为 315mm，泵的级数为 28 级，单级压缩量为 0.051mm，接头螺纹长度为 102mm，试计算所加压紧套的长度是多少？

解：

$$\text{压紧套的长度} = 315 - 102 + 28 \times 0.051 = 214\text{mm}$$

答：所加压紧套的长度是 214mm。

[例4-129] 有一螺杆泵井，举升扭矩 $M_P = 300N \cdot m$，定子和转子间的摩擦扭矩 $M_f = 170N \cdot m$，液体对抽油杆柱的摩阻扭矩 $M_y = 150N \cdot m$，求抽油杆柱总扭矩是多少？

解：
$$M_总 = M_P + M_f + M_y = 300 + 170 + 150 = 620N \cdot m$$

答：抽油杆柱总扭矩是 $620N \cdot m$。

[例4-130] 螺杆泵 GLB800-14 转子在额定压力状态下的理论扭矩是多少？

解：由螺杆泵型号 GLB800-14 可知，额定压力 $\Delta p = 7MPa$，排量 $q = 800mL/r$，螺杆将机械能转化为液体能，若不考虑损失，则由能量转换关系可得：

$$2\pi M = \Delta p q$$

即
$$M = \frac{\Delta p q}{2\pi}（式中 q 表示螺杆泵的排量，\Delta p 表示井压）$$

$$M_理 = \frac{\Delta p q}{2\pi} = \frac{7 \times 800}{2\pi} \approx 891.7N \cdot m$$

答：螺杆泵 GLB800-14 转子在额定压力状态下的理论扭矩是 $891.7N \cdot m$。

[例4-131] 检测某台螺杆泵 $150min^{-1}$ 下额定压力的体积流量是 $195m^3/d$，零压力点下的体积流量是 $200m^3/d$，求螺杆泵的容积效率是多少？

解：
$$\eta = \frac{额定压力下的体积流量}{零压力点下的体积流量} \times 100\% = \frac{195}{200} \times 100\% = 97.5\%$$

答：螺杆泵的容积效率是 97.5%。

[例4-132] 已知电动机皮带轮直径 $\phi_1 = 170mm$，光杆转速 $n_1 = 80min^{-1}$，光杆转速欲提高到 $n_2 = 99min^{-1}$ 时，在不换其他设备的情况下，需要更换的电动机皮带轮直径是多少？

解：
由 $\dfrac{n_1}{n_2} = \dfrac{\phi_1}{\phi_2}$，得：

$$\phi_2 = \frac{\phi_1}{\frac{n_1}{n_2}} = 170 \times \frac{99}{80} = 210mm$$

答：在不换其他设备情况下需要更换电机皮带轮直径 $210mm$。

[例4-133] 螺杆泵井，电动机转速为 $1480min^{-1}$，电动机皮带轮直径 $D_1 = 180mm$，减速箱皮带轮直径 $D_2 = 400mm$，减速器的传动比 I 为 0.2，求螺杆泵的理论转速是多少？

解：
$$n_理 = n_电 \times \frac{D_1}{D_2} \times I = 1480 \times \frac{180}{400} \times 0.2 = 133.2min^{-1}$$

答：螺杆泵的理论转速是 $133.2min^{-1}$。

第五章 油田注水工艺技术

第一节 注水名词解释

一、相关概念及其计算公式

1. 注水井

用来向油层内注水的井叫注水井。

2. 配水间

控制和调节各注水井注水量的操作间叫配水间。配水间分为多井配水间和单井配水间。多井配水间可控制和调节两口井以上注水井的注水量,单井配水间只控制和调节一口井的注水量。

3. 注水

利用注水井把水注入油层,以补充和保持油层压力的措施称为注水

1)排液井

为了采出注水井排上的油,油井每隔一口进行转注,另一口井继续采油排液,直到油井含水较高时再转注,这种井叫排液井。排液井按排液时间的长短分为短期排液井和长期排液井。

2)排液

注水井在正式注水前,要进行短期放大生产压差采油,叫排液。排液的目的是清除井内及井底周围油层内的脏物,降低井底周围的地层压力,采出注水井周围油层的油气和减少储量损失,为注水井注水创造有利条件。

3)投注程序

投注程序是指注水井从完井到正常注水的工作顺序与步骤。一般要经过排液、洗井、试注、配水4个步骤。

4)洗井

洗井是指用洗井液将井内杂质、脏物冲洗出来,以保持井筒和井底的清洁,避免油(气)层堵塞。

5)洗井液

洗井液是指用于洗井的液体。常用的洗井液有清水、淡盐水、原油、稀酸液、聚合物洗井液等。

6)洗井方式

洗井方式是指在洗井时洗井液的循环方式。洗井液从油管进,从套管返出地面叫正洗井(正循环)。洗井液从套管进,从油管返出地面叫反洗井(反循环)。

7) 试注

新井投注或油井转注的实验与施工过程叫试注。试注的目的是测吸水指示曲线，了解油层的吸水能力，确定合理的工作制度，为全井及层段配水提供依据。

8) 转注

注水井通过排液和洗井达到井筒清洁并且水质合格时，开始转入注水叫转注。

9) 注入水水质合格标准

总铁含量小于 0.5mg/L；机械杂质含量小于 2mg/L；污水含油小于 30mg/L。

10) 配水

配水也叫配注，是指根据周围有关油井对注水量的要求，注水井按不同层段的油层性质分配注水量。一般要求高渗透油层适当控制注水，低渗透油层加强注水，以减缓层间矛盾，提高油田开发效果。

11) 注水井工作制度

注水井工作制度是指注水井采用什么样的注水压差进行注水。

12) 注水井合理工作制度

注水井合理工作制度要求油层不产生裂缝，又要考虑油层的速敏性等特性，注水量能满足周围有关油井的需要，并有利于充分发挥各类油层的作用。

4. 注水方式

注水方式从大的方面划分有笼统注水和分层注水两种。笼统注水习惯上也叫混注。每种注水方式按注入水进入井内的方式不同又分为正注、反注与合注。

1) 笼统注水

在注水井上不分层段，在相同压力下的注水方式叫笼统注水。

2) 分层注水

在注水井上对不同性质的油层区别对待，应用封隔器、配水器为主组成的分层配水管柱，用不同压力定量注水的方式叫分层注水。

3) 正注

从油管往井内注水叫正注。

4) 反注

从套管往井内注水叫反注。

5) 合注

从油管和套管同时往井内注水叫合注。

6) 油套分注

把注水井划分为两个注水层段，上段从套管往井内注水，下段从油管往井内注水，这种方式叫油套分注。

5. 定量注水

要调节好注水量，达到每口注水井配注要求，根据每天的配注量算出每小时注水量。如果是用流量计计量，要算好流量计格数。

$$小时流量 = \frac{日配注量}{24} \qquad (5-1)$$

$$流量计格数 = \frac{小时流量}{挡板常数} \qquad (5-2)$$

如果采用电子水表计量,要用瞬时流量来调节下流阀的开启程度,以达到平稳定量注水。

$$瞬时流量 = \frac{日配注量}{24} \tag{5-3}$$

6. 启动压力
注水井开始吸水时的压力叫启动压力。

7. 启动压力的测定
测定启动压力一般都用降压法。当用流量计测定时,测出流量计指针落零时的压力;当用水表测定时,测出水表指针不动时的压力;当用电子水表测定时,测出瞬时流量为零时的压力。

8. 静水柱压力
从井口到油层中部的水柱压力叫静水柱压力。计算公式:

$$静水柱压力 = \frac{油层中部深度 \times 水的密度}{100} \tag{5-4}$$

9. 注水压差
注水井注水时,井底压力与地层压力的差值叫注水压差。

$$注水压差 = 井底流压 - 地层压力 = 井口压力 + 静水柱压力 - 地层压力 \tag{5-5}$$

注水井井底压力(也有叫井底流压或注水井流压的)称为注水压力。它在数值上等于井口压力加上相当于井深的静水柱压力。注水井若采用正注时,井口压力为油压;若采用反注时,井口压力为套压。

10. 注水强度
注水井单位有效厚度油层的日注水量叫注水强度。单位 $m^3/(d \cdot m)$。

$$注水强度 = \frac{日注水量}{有效厚度} \tag{5-6}$$

11. 吸水指数
注水井在单位注水压差下的日注水量叫吸水指数。可用下面两公式计算:

$$吸水指数 = \frac{日注水量}{注水井流压 - 注水井静压} \tag{5-7}$$

$$吸水指数 = \frac{两种工作制度下的日注水量之量}{相应两种工作制度下的流压之差} \tag{5-8}$$

$$视吸水指数 = \frac{注水井日注水量}{注水井井口压力} \tag{5-9}$$

13. 注水井指示曲线
注水井的注水压力与注水量的关系曲线称为注水指示曲线,也叫吸水指示曲线。测试时,注水压力应缓慢上升,每个测试点的注水压力和注水量必须稳定,测试点不应少于4个。如图5-1所示。

注水井指示曲线分全井指示曲线和分层指示曲线两种。

用注水井指示曲线来计算吸水指数时，式（5-8）将表示为：

$$I_w = \frac{Q_2 - Q_1}{p_2 - p_1} \quad (5\text{-}10)$$

式中 I_w——吸水指数，$m^3/(d \cdot MPa)$；
Q_2，Q_1——任意两点的注水量，m^3/d；
p_2，p_1——为 Q_2 和 Q_1 相对应的注水压力，MPa。

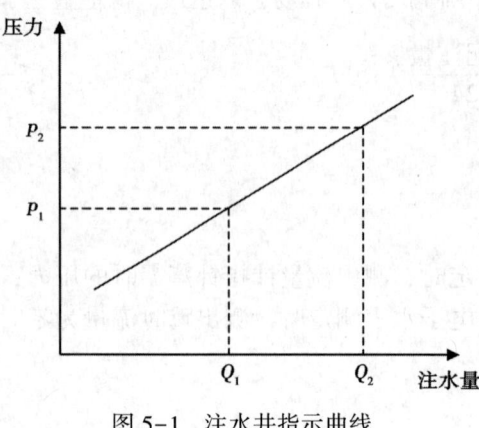

图 5-1 注水井指示曲线

14. 注水系统效率

注水系统中电动机效率、注水泵效率、管网效率和井筒效率的综合效率称为注水系统效率。

1) 管损

注水时油管内的沿程压力损失叫管损。管损可以通过管损曲线查出。

2) 嘴损

注水时通过水嘴的压力损失叫嘴损。

$$p_{嘴损} = p_{泵} - p_{配} - p_{管损} \quad (5\text{-}11)$$

式中 $p_{嘴损}$——嘴损，MPa；
$p_{泵}$——注水泵压，MPa；
$p_{配}$——配水压力，MPa；
$p_{管损}$——管损，MPa。

3) 注水系统地面效率

注水系统地面效率是指注水系统机、泵、管网的综合效率。其计算公式：

$$\eta_{系统} = \eta_{机} \, \eta_{泵} \, \eta_{管网} \quad (5\text{-}12)$$

式中 $\eta_{系统}$——注水系统地面效率，%；
$\eta_{机}$——电动机效率，由电动机铭牌给定，一般为 92%~95%；
$\eta_{泵}$——注水泵效率，%；
$\eta_{管网}$——管网效率，%。

$$\eta_{泵} = \frac{N_{有效}}{N_{轴}} \times 100\% \quad (5\text{-}13)$$

$$N_{有效} = \frac{QH\rho_w}{102} \quad (5\text{-}14)$$

或

$$N_{有效} = \frac{QH\rho_w}{1000} \quad (5\text{-}15)$$

或

$$N_{有效} = \frac{Q\Delta p}{1000} \tag{5-16}$$

$$N_{轴} = \sqrt{3}IU\cos\phi\eta_{机} \tag{5-17}$$

式中 $N_{有效}$——有效功率，kW；
$\quad\quad N_{轴}$——泵轴功率，kW；
$\quad\quad Q$——泵排量，m³/s；
$\quad\quad H$——泵扬程，m；
$\quad\quad \rho_w$——水的密度，t/m³；
$\quad\quad I$——电机工作电流，A；
$\quad\quad U$——电压，V 或 kV；
$\quad\quad \cos\phi$——功率因数，一般为 0.85~0.90；
$\quad\quad \Delta p$——泵进出口压差，MPa。

注水泵泵效现场常用温差法计算，公式如下：

$$\eta_{泵} = \frac{\Delta p}{\Delta p + 4.27\Delta T} \times 100\% \tag{5-18}$$

式中 Δp——离心泵进出口压差，MPa；
$\quad\quad \Delta T$——离心泵进出口温差，℃；
$\quad\quad \eta_{泵}$——注水泵效率，%。

$$\eta_{管网} = \frac{p_{注}}{p_{泵}} \times 100\% \tag{5-19}$$

式中 $p_{注}$——注水井平均井口压力，MPa；
$\quad\quad p_{泵}$——注水泵平均压力，MPa；
$\quad\quad \eta_{管网}$——注水泵效率，%。

15. 注水单耗

1）注水系统单耗

$$DH_1 = \frac{W_1}{V_1} \tag{5-20}$$

式中 DH_1——注水系统单耗，kW·h/m³；
$\quad\quad W_1$——注水系统电动机总耗电量，kW·h；
$\quad\quad V_1$——注水系统总注水量，m³。

2）注水站单耗

$$DH_2 = \frac{W_2}{V_2} \tag{5-21}$$

式中 DH_2——注水站单耗，kW·h/m³；
$\quad\quad W_2$——注水站电动机总耗电量，kW·h；
$\quad\quad V_2$——注水站输出水量，m³。

3) 注水泵机组单耗

$$DH_3 = \frac{W_3}{V_3} \tag{5-22}$$

式中 DH_3——注水泵机组单耗，kW·h/m³；
W_3——注水泵机组耗电量，kW·h；
V_3——注水泵输出水量，m³。

二、例题

[例 5-1] 某地下井组 2009 年投产，当年产油 1000t，12 月含水 5.0%，2010 年产油 900t，年平均注采比 1.2，采油速度 2.0%，年底含水 10%，原油密度为 800kg/m³，全年平均含水 5%，原油体积系数 1.2，求：（1）2010 年末采出程度是多少？（2）2010 年含水上升速度是多少？（3）2010 年注水量是多少？

已知：$Q_{2009} = 1000t$，$f_{w1} = 5.0\%$，$f_{w2} = 10\%$，$\bar{f}_w = 5\%$，$Q_{2010} = 900t$，$v_D = 2.0\%$，$\rho_o = 800\text{kg/m}^3 = 0.8\text{t/m}^3$，$R_{IP} = 1.2$，$B_o = 1.2$。

求：（1）R；（2）f_{wv}；（3）W。

解：（1）

$$N = \frac{Q_{2010}}{v_D} = \frac{900}{2.0\%} = 45000t$$

$$\Sigma Q = Q_{2009} + Q_{2010} = 1000 + 900 = 1900t$$

$$R = \frac{\Sigma Q}{N} \times 100\% = \frac{1900}{45000} \times 100\% = 4.2\%$$

（2）

$$f_{wv} = f_{w2} - f_{w1} = 10\% - 5\% = 5\%$$

（3）2010 年产水量：

$$W' = \frac{Q_{2010}\bar{f}_w}{1 - \bar{f}_w} = \frac{900 \times 5\%}{1 - 5\%} = 47.37t = 47.37\text{m}^3$$

或

$$W' = \frac{Q_{2010}}{1 - \bar{f}_w} - Q_{2010} = \frac{900}{1 - 5\%} - 900 = 47.37t = 47.37\text{m}^3$$

由注采比 $R_{IP} = \dfrac{W}{\dfrac{Q_{2010}B_o}{\rho_o} + W'}$，可得：

$$W = R_{IP}\left(\frac{Q_{2010}B_o}{\rho_o} + W'\right) = 1.2 \times \left(\frac{900 \times 1.2}{0.8} + 47.37\right) = 1676.8\text{m}^3$$

答：（1）2010年末采出程度是4.2%；（2）2010年含水上升速度是5%；（3）2010年注水量是1676.8m³。

[例5-2] 某站2009年投产，当年产油1000t，2010年产油900t，年平均注采比1.2，采油速度2.0%，年底综合含水由上年末的5%上升到10%，原油密度为0.8t/m³，全年平均含水5%，原油体积换算系数1.2，求：（1）2010年末采出程度是多少？（2）2010年含水上升率是多少？（3）2010年注水量是多少？

已知：$Q_{2009}=1000t$，$f_{w1}=5.0\%$，$f_{w2}=10\%$，$\bar{f}_w=5\%$，$Q_{2010}=900t$，$v_D=2.0\%$，$\rho_o=0.8t/m^3$，$R_{IP}=1.2$，$\alpha=1.2$。

求：（1）R；（2）I_{NW}；（3）W。

解：（1）

$$N = \frac{Q_{2010}}{v_D} = \frac{900}{2.0\%} = 45000t$$

$$\Sigma Q = Q_{2009} + Q_{2010} = 1000 + 900 = 1900t$$

$$R = \frac{\Sigma Q}{N} \times 100\% = \frac{1900}{45000} \times 100\% = 4.2\%$$

（2）

$$I_{NW} = \frac{f_{w2} - f_{w1}}{v_D} = \frac{10\% - 5\%}{2} = 2.5\%$$

（3）2010年产水量：

$$W' = \frac{Q_{2010}\bar{f}_w}{1-\bar{f}_w} = \frac{900 \times 5\%}{1-5\%} = 47.37t = 47.37m^3$$

或

$$W' = \frac{Q_{2010}}{1-\bar{f}_w} - Q_{2010} = \frac{900}{1-5\%} - 900 = 47.37t = 47.37m^3$$

由注采比 $R_{IP} = \dfrac{W}{Q_{2010}\alpha + W'}$，可得：

$$W = R_{IP}(Q_{2010}\alpha + W') = 1.2 \times (900 \times 1.2 + 47.37) = 1352.8m^3$$

答：（1）2010年年末采出程度是4.2%；（2）2010年含水上升率是2.5%；（3）2010年注水量是1352.8m³。

[例5-3] 某井分3个层段注水，第一段有效厚度1.8m，有效渗透率120mD；第二层段有效厚度2.0m，有效渗透率150mD；第三层段有效厚度3m，有效渗透率90mD。分注前已混注注水3600m³。求混注阶段各层的吸水量是多少？

解：
先求各层的吸水百分数，有：

$$K_{吸1} = \frac{K_1 h_1}{K_1 h_1 + K_2 h_2 + K_3 h_3} \times 100\% = \frac{120 \times 1.8}{120 \times 1.8 + 150 \times 2.0 + 90 \times 3} \times 100\% = 27.48\%$$

$$K_{吸2} = \frac{K_2h_2}{K_1h_1 + K_2h_2 + K_3h_3} \times 100\% = \frac{150 \times 2.0}{120 \times 1.8 + 150 \times 2.0 + 90 \times 3} \times 100\% = 38.17\%$$

$$K_{吸3} = \frac{K_3h_3}{K_1h_1 + K_2h_2 + K_3h_3} \times 100\% = \frac{90 \times 3}{120 \times 1.8 + 150 \times 2.0 + 90 \times 3} \times 100\% = 34.35\%$$

再求各层的吸水量：

$$Q_1 = QK_{吸1} = 3600 \times 27.48\% = 989.28\text{m}^3$$

$$Q_2 = QK_{吸2} = 3600 \times 38.17\% = 1374.12\text{m}^3$$

$$Q_3 = QK_{吸3} = 3600 \times 34.35\% = 1236.60\text{m}^3$$

答：混注阶段各层的吸水量分别是 989.28m³；1374.12m³；1236.60m³。

[例 5-4] 某注水泵进口压力 0.05MPa，出口压力 13.055MPa，进出口温差 2℃，试计算该泵泵效是多少？

解：

$$\Delta p = 13.055 - 0.05 = 13.005\text{MPa}$$

$$\eta_{泵} = \frac{\Delta p}{\Delta p + 42.7\Delta T} \times 100\% = \frac{13.005}{13.005 + 4.27 \times 2} \times 100\% = 60.36\%$$

答：该泵泵效是 60.36%。

[例 5-5] 某注水泵出口排量 50m³/h，进出口压差 13.05MPa，泵工作时测得电动机线电流 550A，线电压 380V，电动机功率因数 0.85，电动机效率 0.95，试计算该泵效是多少？

解：

$$N_{有效} = \frac{Q\Delta p}{1000} = \frac{50 \times 13.05 \times 10^6}{3600 \times 1000} = 181.25\text{kW}$$

$$N_{轴} = \sqrt{3}IU\cos\phi\eta_{机} = \sqrt{3} \times 550 \times 0.38 \times 0.85 \times 0.95 = 292.31\text{kW}$$

$$\eta_{泵} = \frac{N_{有效}}{N_{轴}} \times 100\% = \frac{181.25}{292.31} \times 100\% = 62.01\%$$

答：该泵效是 62.01%。

[例 5-6] 某注水井在 12.2MPa 时的注水量为 125m³/d，在 7.5MPa 时的注水量为 55m³/d，求该井的吸水指数是多少？

解：

$$I_w = \frac{Q_1 - Q_2}{p_1 - p_2} = \frac{125 - 55}{12.2 - 7.5} = 14.89\text{m}^3/(\text{d} \cdot \text{MPa})$$

答：该井的吸水指数是 14.89m³/(d·MPa)。

[例 5-7] 某井吸水指数是 12m³/(d·MPa)，注水压力 10MPa 时的日注水量 72m³/d，求该井的启动压力是多少？

解：

由 $I_w = \frac{Q_1 - Q_2}{p_1 - p_2}$，得：

$$I_w = \frac{Q-0}{p-p_启}$$

$$p_启 = p - \frac{Q}{I_w} = 10 - \frac{72}{12} = 4\text{MPa}$$

答：该井的启动压力是 4MPa。

[例 5-8] 某笼统注水井，油层顶界 1285.78m，底界 1312.61m，日注水量 250m³/d，求注水强度是多少？

解：

$$H = H_底 - H_顶 = 1312.61 - 1285.78 = 26.83\text{m}$$

$$h_w = \frac{Q}{H} = \frac{250}{26.83} = 9.32\text{m}^3/(\text{d}\cdot\text{m})$$

答：注水强度是 9.32m³/(d·m)。

[例 5-9] 某井配注 80m³/d，孔板常数 0.069，问水表应控制多少格能达到配注要求？

解：

$$\text{水表格数} = \frac{\frac{80}{24}}{0.069} = 48.3 \text{格}$$

答：水表应控制 48.3 格能达到配注要求。

[例 5-10] 某区块地面注水系统的电机效率 0.93，注水泵效 62.2%，注水井平均井口压力 10.6MPa，注水泵平均泵压 12.5MPa，试计算该区块的注水系统地面效率是多少？

解：

$$\eta_{管网} = \frac{p_注}{p_泵} \times 100\% = \frac{10.6}{12.5} \times 100\% = 84.8\%$$

$$\eta_{系统} = \eta_机 \times \eta_泵 \times \eta_{管网} = 0.93 \times 62.2\% \times 84.8\% = 49.05\%$$

答：该区块的注水系统地面效率是 49.05%。

[例 5-11] 某注水站有两台注水泵，日输出高压水 1250m³/d，日耗电为 6352kW·h，求注水站单耗是多少？

解：

$$DH_2 = \frac{W_2}{V_2} = \frac{6352}{1250} = 5.08\text{kW}\cdot\text{h}/\text{m}^3$$

答：注水站单耗是 5.08 kW·h/m³。

[例 5-12] 某注水机组，日输出高压水 250m³/d，日耗电为 3352kW·h，求注水机组单耗是多少？

解：

$$DH_3 = \frac{W_3}{V_3} = \frac{3352}{250} = 13.408\text{kW}\cdot\text{h}/\text{m}^3$$

答：注水机组单耗是 13.408kW·h/m³。

[例 5-13] 某厂注水系统有两个注水站，注水系统日输出高压水 3250m³/d，注水系统日耗电为 12352kW·h，求注水系统单耗是多少？

解：

$$DH_1 = \frac{W_1}{V_1} = \frac{12352}{3250} = 3.80 \text{kW} \cdot \text{h/m}^3$$

答：注水系统单耗是 3.80kW·h/m³。

第二节　注水井分层配注

一、相关概念及其计算公式

1. 注水井分层配水

（1）当油层无控制注水时，分层注入量为：

$$\text{注水量} = \text{地层吸水指数} \times \text{注水压差} \tag{5-23}$$

$$\text{注水压差} = \text{井口压力} + \text{静水柱压力} - \text{管损} - \text{油层启动压力} \tag{5-24}$$

（2）当油层控制注水时，分层注入量为：

$$\text{注水量} = \text{地层吸水指数} \times \text{配水压差} \tag{5-25}$$

$$\text{配水压差} = \text{井口压力} + \text{静水柱压力} - \text{管损} - \text{嘴损} - \text{油层启动压力} \tag{5-26}$$

2. 分层配水嘴选择

分层配水嘴选择有嘴损曲线法、原理推算法和简易法 3 种。

（1）空心配水器利用简易法计算水嘴直径的公式：

$$d_{调} = d_{原} \sqrt{\frac{Q_{配}}{Q_{实}}} \tag{5-27}$$

式中　$d_{调}$——需调换的水嘴直径，mm；
　　　$d_{原}$——原水嘴直径，mm；
　　　$Q_{配}$——配注量，m³/d；
　　　$Q_{实}$——实注量，m³/d。

（2）偏心配水器选配水嘴的经验公式：

$$d_{选} = d_{用} \, b \sqrt{\frac{Q_{配}}{Q_{实}}} \tag{5-28}$$

式中　$d_{选}$——需要选择的水嘴直径，mm；
　　　$d_{用}$——已用的水嘴直径，mm；
　　　$Q_{配}$——配注量，m³/d；
　　　$Q_{实}$——实注量，m³/d；

b——层段性质常数,加强层 $b=1.1$,平衡层 $b=1.0$,控制层 $b=0.9$。

二、例题

[例 5–14] 某井选用偏心配水管柱生产,一层配注量 $42m^3/d$,目前使用水嘴 $\phi 4.2mm$,实注量 $48m^3/d$,每天超注 $6m^3/d$,请选比较合适的水嘴。

解:

$$d_{调} = d_{原}\sqrt{\frac{Q_{配}}{Q_{实}}} = 4.2 \times \sqrt{\frac{42}{48}} = 3.9mm$$

答:选 $\phi 3.9mm$ 水嘴比较合适。

[例 5–15] 某井选用空心配水管柱生产,主力层配注量 $35m^3/d$,目前使用水嘴 $2\times\phi 6.5mm$,实注量 $40m^3/d$,请选比较合适的水嘴。

解:

$$d_{选} = d_{用}b\sqrt{\frac{Q_{配}}{nQ_{实}}} = 6.5 \times 1.1 \times \sqrt{\frac{35}{2\times 40}} = 4.7mm$$

答:选用 $2\times\phi 4.7mm$ 水嘴比较合适。

[例 5–16] 某井选用偏心配水管柱生产,主力层配注量 $40m^3/d$,目前使用水嘴 $\phi 6.5mm$,实注量 $35m^3/d$,请选比较合适的水嘴。

解:

$$d_{选} = d_{用}b\sqrt{\frac{Q_{配}}{Q_{实}}} = 6.5 \times 1.1 \times \sqrt{\frac{40}{35}} = 7.6mm$$

答:选用 $\phi 7.6mm$ 水嘴比较合适。

第三节 注水井分层测试

一、相关概念及其计算公式

1. 注水井投球测试原理

投球测试采用水量"递减逆算法"求各层段吸水量。每投一个球,便堵死钢球以下的层段,地面流量计反应的水量是这个钢球以上层段的吸水量。直到投最后一级钢球后的流量计读数才是从上数起第一个层段的吸水量。然后逆算流量计读数,即从上数起第二级投球后的吸水量减去第一级投球后的吸水量,便得出从上数起第二个层段的吸水量。同理,可计算出所有层段的吸水量。

投球测试适用于空心配水器管柱的注水井,一般不超过4层,各层吸水量的计算:

全井水量−第一次投球时吸水量(即上三层吸水量)= 第四层吸水量

第一次投球时吸水量(即上三层吸水量)−
第二次投球时吸水量(即上两层吸水量)= 第三层吸水量

第二次投球时吸水量（即上两层吸水量）-第三次投球时吸水量
（即最上面一层，也即第一层吸水量）=第二层吸水量

分别计算出每层的吸水量后，便可求出各层的吸水百分数。或已知各层的吸水百分数，来求各层的吸水量。其计算公式如下：

$$层段吸水百分数 = \frac{小层吸水量}{全井吸水量} \times 100\% \quad (5-29)$$

$$层段吸水量 = 层段吸水百分数 \times 全井吸水量 \quad (5-30)$$

2. 用内插法和外延法求相应压力点的吸水百分数

（1）用内插法求中间压力点的吸水百分数。

例如，某井测试结果是在 11.5MPa，11.0MPa，10.5MPa 和 10.0MPa 时的吸水百分数分别是 14%，13%，12% 和 10%。那么在 11.4MPa 压力点时的吸水百分数：

$$K_{吸} = 13\% + (11.4 - 11.0) \times \frac{14\% - 13\%}{11.5 - 11.0} = 13.8\%$$

（2）用外延法求外压力点的吸水百分数。

例如，上面那口井的测试结果，用外延法求 11.6MPa 时的吸水百分数：

$$K_{吸} = 14\% + (11.6 - 11.5) \times \frac{14\% - 13\%}{11.5 - 11.0} = 14.2\%$$

3. 每天按实际注水压力分水

（1）首先用测试资料或内插法或外延法，求得相应压力下各层段的吸水百分数。
（2）用相应层段的吸水百分数乘以全井注水量，即得该层段日注水量。

4. 注水合格率

$$层段注水合格率 = \frac{合格层段数}{总层段数-计划关井层段数} \times 100\% \quad (5-31)$$

$$有效注水合格率 = \frac{有效注水合格层段数}{总层段数-计划关井层段数} \times 100\% \quad (5-32)$$

二、例题

[例 5-17] 某注水井测试结果见表 5-1，当井口压力为 8.5MPa 时，全井日注水量为 230m^3，计算各层吸水量。

表 5-1 注水井测试成果表

井口压力 (MPa)	一层		二层		三层		全井日注 (m^3/d)
	日注水量 (m^3/d)	吸水 (%)	日注水量 (m^3/d)	吸水 (%)	日注水量 (m^3/d)	吸水 (%)	
8.0	78	38.42	46	22.66	79	38.92	203
9.0	98	41.18	56	23.52	84	35.30	238

解：用内插法求各层的吸水百分数，有：

$$K_{吸1} = 38.42\% + (8.5 - 8.0) \times \frac{41.18\% - 38.42\%}{9.0 - 8.0} = 39.80\%$$

$$K_{吸2} = 22.66\% + (8.5 - 8.0) \times \frac{23.52\% - 22.66\%}{9.0 - 8.0} = 23.09\%$$

$$K_{吸3} = 38.92\% + (8.5 - 8.0) \times \frac{35.30\% - 38.92\%}{9.0 - 8.0} = 37.11\%$$

求各层吸水量：

$$Q_1 = QK_{吸1} = 230 \times 39.80\% = 91.54 \text{m}^3/\text{d}$$

$$Q_2 = QK_{吸2} = 230 \times 23.09\% = 53.11 \text{m}^3/\text{d}$$

$$Q_3 = QK_{吸3} = 230 \times 37.11\% = 85.35 \text{m}^3/\text{d}$$

答：各层的吸水量分别是 91.54m³/d，53.11m³/d 和 85.35m³/d。

[例5-18] 已知注水井某层段井口压力 11.5MPa 时的吸水百分数为 14%，11MPa 时的吸水百分数为 13%，求井口压力为 11.2MPa 时该层段的吸水百分数是多少？

解：

$$K_{吸} = 13\% + (11.2 - 11.0) \times \frac{14\% - 13\%}{11.5 - 11.0} = 13.4\%$$

答：井口压力为 11.2MPa 时该层段的吸水百分数是 13.4%。

[例5-19] 某注水井测试结果和配注数据见表 5-2，根据表中数据求：（1）该井的启动压力是多少？（2）全井日注 80m³ 时的井口压力是多少？（3）一层合格注水的注水强度是多少？（4）孔板常数为 0.039，求注水卡片应控制多少格全井能达到合格注水？（5）不合格层是哪层？应选多大水嘴？

表 5-2 某注水井测试成果和配注数据表

层位	不同测试压力下的注水量（m³）					层段性质	配注（m³/d）	有效厚度（m）	水嘴（数量×直径）（个×mm）
	8.0MPa	7.5MPa	7.0MPa	6.5MPa	6.0MPa				
一层	25	20	15	10	5	普通	15	3	1×2.0
二层	45	37	29	21	13	加强	30	5	2×5.0
三层	50	45	40	35	30	限制	35	5	2×6.5
全井	120	102	84	66	48		80	13	

解：（1）

$$I_w = \frac{Q_1 - Q_2}{p_1 - p_2} = \frac{120 - 102}{8.0 - 7.5} = 36 \text{m}^3/(\text{d} \cdot \text{MPa})$$

$$p_启 = p - \frac{Q}{I_w} = 6.0 - \frac{48}{36} = 4.67 \text{MPa}$$

（2）
用内插法可得：

$$80 = 66 + (p - 6.5) \times \frac{84 - 66}{7.0 - 6.5}$$

$$p = 6.89 \text{MPa}$$

(3) 一层合格注水的注水量 $Q = 15\text{m}^3/\text{d}$。

$$\text{注水强度} = \frac{\text{日注水量}}{\text{有效厚度}} = \frac{15}{3} = 5\text{m}^3/(\text{d} \cdot \text{m})$$

(4) 水表卡片格数 $= \dfrac{\frac{80}{24}}{0.039} = 85.5$ 格。

(5) 由全井日配注 80m^3 可知，该井注水应控制在 7.0MPa，此时的不合格层段是 3 层。

$$d_{选} = d_{用} b \sqrt{\frac{Q_{配}}{nQ_{实}}} = 6.5 \times 0.9 \times \sqrt{\frac{35}{2 \times 40}} = 3.9\text{mm}$$

答：(1) 该井的启动压力是 4.67MPa；(2) 全井日注 80m^3 时的井口压力是 6.89MPa；(3) 一层合格注水的注水强度是 $5\text{m}^3/(\text{d} \cdot \text{m})$。(4) 孔板常数为 0.039，注水卡片应控制 85.5 格全井能达到合格注水；(5) 不合格层是三层段；应选 $2\times\phi 3.9\text{mm}$ 水嘴。

[例 5-20] 某注水井分三段注水，分层测试结果见表 5-3。

表 5-3 分层测试成果表

层段		一层	二层	三层	全井
注水量 (m^3)	9.0MPa	0	0	5	5
	9.5MPa	10	9	17.5	46.5
	10.0MPa	20	24	30	74
	10.5MPa	30	39	42.5	111.5
水嘴 (mm)		3.5	3	4	

(1) 画出吸水指示曲线。
(2) 求注水压力为 10.2MPa 时各层吸水百分数及全井水量是多少？
(3) 第一层段吸水 16m^3 时注水压力是多少？全井水量是多少？

解：(1) 画出吸水指示曲线如图 5-2 所示。
(2) 用内插法求注水压力为 10.2MPa 时各层的吸水量：

$$Q_1 = 20 + (10.2 - 10.0) \times \frac{30 - 20}{10.5 - 10.0} = 24\text{m}^3$$

$$Q_2 = 24 + (10.2 - 10.0) \times \frac{39 - 24}{10.5 - 10.0} = 30\text{m}^3$$

$$Q_3 = 30 + (10.2 - 10.0) \times \frac{42.5 - 30}{10.5 - 10.0} = 35\text{m}^3$$

全井吸水量 $Q = Q_1 + Q_2 + Q_3 = 24 + 30 + 35 = 89\text{m}^3$

各层吸水百分数：

$$K_{吸1} = \frac{24}{89} \times 100\% = 26.97\%$$

$$K_{吸2} = \frac{30}{89} \times 100\% = 33.71\%$$

$$K_{吸3} = \frac{35}{89} \times 100\% = 39.32\%$$

（3）由内插法可得：

$$16 = 10 + (p - 9.5) \times \frac{20 - 10}{10.0 - 9.5}$$

$$p = 9.8\text{MPa}$$

$$Q_1 = 10 + (9.8 - 9.5) \times \frac{20 - 10}{10.0 - 9.5} = 16\text{m}^3$$

$$Q_2 = 9 + (9.8 - 9.5) \times \frac{24 - 9}{10.0 - 9.5} = 18\text{m}^3$$

$$Q_3 = 17.5 + (9.8 - 9.5) \times \frac{30 - 17.5}{10.0 - 9.5} = 25\text{m}^3$$

全井吸水量 $Q = Q_1 + Q_2 + Q_3 = 16 + 18 + 25 = 59\text{m}^3$

答：（1）画出吸水指示曲线如图 5-2 所示。

（2）注水压力为 10.2MPa 时各层吸水百分数分别是 26.97%，33.71% 和 39.32%；全井水量是 89m³。

（3）第一层段吸水 16m³ 时注水压力是 9.8MPa；全井水量是 59m³。

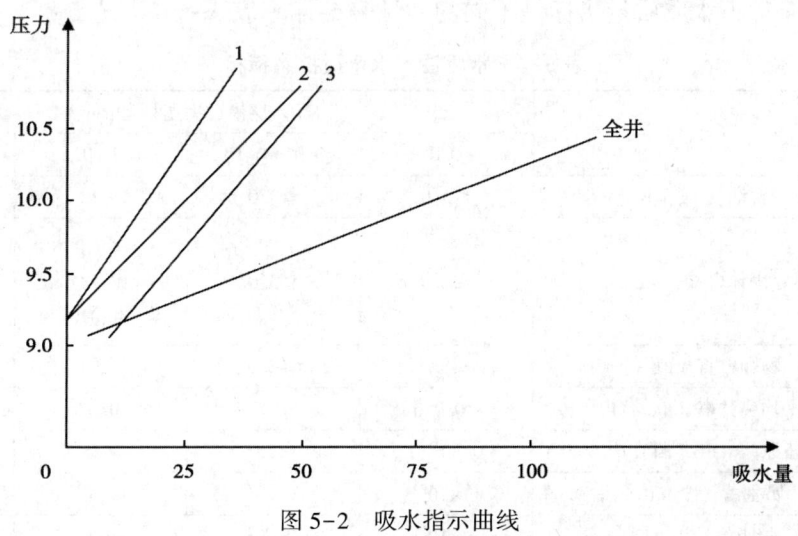

图 5-2　吸水指示曲线

第四节　注入水水质

一、相关概念及其计算公式

1. 注入水含铁测定

根据酸性介质中三价铁和硫氰化钾作用生成红色的硫氰化铁络合物的原理，用比色法测定其含量。具体操作步骤如下：

（1）取水样 10mL，盛于 25mL 比色管中。

（2）加入浓度为 1:1 盐酸 10 滴。

（3）加入 0.5%高锰酸钾 1 滴，使溶液呈微红色。

（4）加入 20%硫氰化钾 5 滴，使溶液呈粉红色。

（5）另取一只比色管，取蒸馏水 10mL，用上述方法分别加入试剂后，用微量吸管加入标准铁溶液，并注意观察溶液颜色变化，与样品溶液比较，当溶液与样品颜色一致时，记下标准铁液用量（体积），即可求出总铁含量（mg/L）：

$$总铁含量 = \frac{标准铁液浓度（mg/mL）\times 标准铁注消耗量（mL）}{水样体积（L）} \tag{5-33}$$

2. 矿化度

在地层水中含有各种盐类，每升地层水中含盐量的总和（mg）叫矿化度。矿化度用 mg/L 或 ppm 表示。如 1L 水中含 1000mg 的盐，其矿化度就是 1000mg/L，即 1000ppm。

3. 注入水水质标准

（1）悬浮物含量（一般称机械杂质）小于 2mg/L。

（2）总铁含量（一般称含铁）小于 0.5mg/L。

（3）污水含油小于 30mg/L。

4. 水质质量指标

不同油层条件下水质质量指标是不同的。见表 5-4 和表 5-5。

表 5-4　水驱注入水水质控制指标

序号	项目	注入层渗透率指标（μm^2）			
		<0.01	0.01~0.10	0.1~0.6	>0.6
1	含油（mg/L）	≤5.0	≤8.0	≤15	≤20
2	悬浮固体含量（mg/L）	≤1.0	≤3.0	≤5.0 地面污水 ≤10.0	≤10.0 地面污水 ≤15.0
3	悬浮物颗粒直径值（μm）	≤1.0	≤2.0	≤3.0	≤5.0
4	平均腐蚀率（mm/a）	<0.076	<0.076	<0.076	<0.076
5	硫酸盐还原菌（SRB 菌）（个/mL）	0	<25	<25	<25
6	腐生菌（个/mL）	$n\times 10^2$	$n\times 10^2$	$n\times 10^3$	$n\times 10^4$
7	铁细菌（个/mL）	$n\times 10^2$	$n\times 10^2$	$n\times 10^3$	$n\times 10^4$

注：$0 \leqslant n < 10$。

表 5-5 含聚合物污水水质控制指标

序号	项目	注入层渗透率指标（μm^2）		
		<0.1	0.1~0.6	>0.6
1	含油量（mg/L）	≤5.0	≤15	≤30
2	悬浮固体含量（mg/L）	≤5.0	≤15.0	≤30.0
3	悬浮物颗粒直径值（μm）	≤2.0	≤3.0	≤5.0
4	平均腐蚀率（mm/a）	≤0.076	≤0.076	≤0.076
5	硫酸盐还原菌（SRB 菌）（个/mL）	≤10^2	≤10^2	≤10^2
6	腐生菌（个/mL）	$n×10^2$	$n×10^3$	$n×10^4$
7	铁细菌（个/mL）	$n×10^2$	$n×10^3$	$n×10^4$

注：$0 \leq n < 10$。

二、例题

[例 5-21] 某注水井取样化验，取水样 10mL，用浓度为 10mg/mL 的标准铁液 1.5mL，求该注水井注入水的总铁含量是多少？

解：

$$总铁含量 = \frac{10 \times 1.5}{10 \times 10^3} = 15\text{mg/L}$$

答：该注水井注入水的总铁含量是 15mg/L。

[例 5-22] 某井化验水样，取 50mL 水样装入比色管中，发现水样的混浊程度与 3mg/L 的标准液相同。问此水样的杂质是多少？

解：

$$水样杂质含量 = \frac{50}{10} \times 3 = 15\text{mg/L}$$

答：此水样的杂质是 15mg/L。

[例 5-23] 化验工小李化验水样杂质含量时，第一次从 50mL 水样中取 10mL 放入比色管中用蒸馏水稀释至 50mL 后，发现还是比所有标准液的浊度都大，于是进行第二次如法稀释，结果试样与 1mg/L 标准液的浊度相同。问此水样含杂质多少？

解：

$$水样杂质含量 = \frac{50}{10} \times \frac{50}{10} \times 1 = 25\text{mg/L}$$

答：此水样含杂质 25mg/L。

[例 5-24] 某油田 2010 年全油田注入水平均机械杂质 2.5mg/L，2011 年改进水质后的机械杂质平均为 1mg/L，全油田平均日注 1500m^3，问 2011 年与 2010 年相比，少注入地下多少吨杂质？

解：由 1mg/L = 1g/m^3 = 10^{-6}t/m^3，可得：2.5mg/L = $2.5×10^{-6}$t/m^3。

因此，每天少注入地下杂质为：

$$m = (2.5 - 1) \times 10^{-6} \times 1500 = 2.25 \times 10^{-3} t$$

2011年为365天，故全年少注入地下杂质为：

$$M = 2.25 \times 10^{-3} \times 365 = 0.82t$$

答：2011年与2010年相比少注入地下0.821t杂质。

[例5-25] 某油田每年回注污水$52.53 \times 10^4 m^3$，2009年平均污水含油35mg/L，2010年对污水处理系统进行改造，使回注污水平均含油下降到20mg/L，问改造后每年可减少浪费原油多少吨？

解：

$$35mg/L = 35 \times 10^{-6} t/m^3$$

$$20mg/L = 20 \times 10^{-6} t/m^3$$

每年可减少浪费原油：

$$Q = (35 - 20) \times 10^{-6} \times 52.53 \times 10^4 = 7.88t$$

答：改造后每年可减少浪费原油7.88t。

第五节　注水计量仪表

一、相关概念及其计算公式

1. 高压水表校对出口误差

$$时间误差 = \frac{进口时间 - 出口时间}{出口时间} \times 100\% \tag{5-34}$$

$$排量误差 = \frac{出口排量 - 进口排量}{出口排量} \times 100\% \tag{5-35}$$

2. 高压水表校对示值误差

$$示值误差 = \frac{水表计数器读数水量 - 标准容器标尺读数水量}{标准容器标尺读数水量} \times 100\% \tag{5-36}$$

3. 用压差计计算水量

$$W = 0.01251 d^2 \alpha \sqrt{\frac{h}{\rho}} \tag{5-37}$$

式中　W——流量，m^3/h；

　　　d——孔板直径，mm；

　　　α——孔板常数，无量纲；

　　　h——流量计压差，mm液柱；

　　　ρ——压差计用介质密度，kg/m^3。

二、例题

[例 5-26] 在水表检定装置上鉴定一块旋翼式干式水表，在一定时间内，其最大流量、特性流量的 5% 和最小流量的示值读数分别为 101.5L，19.46L 和 10.1L，工作量器标尺的实际相应读数分别为 100L，20L 和 10L，计算这块水表的示值误差，并确定是否合格？

解：

由示值误差 $\delta = \dfrac{Q_{示} - Q_{实}}{Q_{实}} \times 100\%$，可得：

$$\delta_{最大} = \frac{101.5 - 100}{100} \times 100\% = 1.5\%$$

$$\delta_{特性} = \frac{19.46 - 20}{20} \times 100\% = -2.7\%$$

$$\delta_{最小} = \frac{10.1 - 10}{10} \times 100\% = 1\%$$

因为最大流量允许误差为 ±2%，特性流量 5% 的允许误差为 -3%~2%，最小流量允许误差为 ±5%，上述鉴定结果均在相应流量的允许误差范围内，所以这块水表合格。

答：这块表合格。其最大流量、特性流量的 5% 和最小流量的示值误差分别为 1.5%，-2.7% 和 1%。

[例 5-27] 某站用 CW 型压差计计量水量，其中挡板孔径 50mm，挡板流量系数 0.6801，流量计压差 4000mm 水柱，水密度 1000kg/m³，求每小时供水量是多少？

解：

$$W = 0.01251 d^2 \alpha \sqrt{\frac{h}{\rho}} = 0.01251 \times 50^2 \times 0.6801 \times \sqrt{\frac{4000}{1000}} = 42.5 \text{m}^3/\text{h}$$

答：每小时供水量是 42.5m³/h。

[例 5-28] DB2-10 井正常注水，配注 35m³/d，采油工老李 12 月 1 日 14 时接班时水表读数为 6521.6m³，22 时录取水表读数为 6533.1m³，12 月 2 日 6 时录取水表读数为 6544.8m³，14 时录取水表读数为 6555.9m³，求：（1）这口井日注水量是多少？是否达到全井配注合格？（2）这口井四点班、零点班和白班各注水多少？（3）这口井的瞬时流量应控制在什么范围内为合格注水？

解：（1）

$$W = 6555.9 - 6521.6 = 34.3 \text{m}^3/\text{d}$$

因为配注 35m³/d 时的水量允许波动范围为 32~38m³/d，所以，注水 34.3m³/d，达到全井配注合格标准。

（2）

$$W_{四} = 6533.1 - 6521.6 = 11.5 \text{m}^3$$

$$W_{零} = 6544.8 - 6533.1 = 11.7 \text{m}^3$$

$$W_{白} = 6555.9 - 6544.8 = 11.1 \text{m}^3$$

(3)

$$\frac{32}{24} = 1.33 m^3/h$$

$$\frac{38}{24} = 15.58 m^3/h$$

答：(1) 这口井日注水量是 34.3m³/d。达到全井配注合格。
(2) 这口井四点班、零点班和白班分别注水 11.5m³，11.7m³ 和 11.1m³。
(3) 这口井的瞬时流量应控制在 1.33~1.58m³/h 范围内为合格注水。

第六章 采油采气测试基本知识及资料分析

第一节 示功图测试

一、相关概念及其计算公式

1. 理论示功图

1) 理论示功图的绘制条件

(1) 假设泵、油管没有漏失。
(2) 假设油井供液充足，泵充满 100%。
(3) 不考虑摩擦、振动、惯性、冲击等载荷影响。
(4) 不考虑砂、蜡、水、气、稠油的影响。
(5) 不考虑连抽带喷。
(6) 认为进入泵内液体不可压缩，阀瞬时开启、关闭。

2) 理论示功图的要素

理论示功图的要素有"四点"和"四线"。

"四点"即：下死点（活塞下行终止点）、增载结束点（活塞上行初始点）、上死点（活塞上行终止点）、卸载结束点（活塞下行初始点）。

"四线"即：增载线、卸载线、活塞上行程线（最大载荷线）、活塞下行程线（最小载荷线）。

也有说"六线"者，即把增载线和活塞上行程线合并称为光杆上行程线，把卸载线和活塞下行程线合并称为光杆下行程线。

理论示功图的要素，见第二章油田开发基础部分的第三节油水井资料录取中的图 2-2。

3) 绘制理论示功图的相关计算

(1) 计算混合液密度用下式（也可查相关换算表求得）：

$$\rho_L = \rho_o(1 - f_w) + \rho_w f_w \tag{6-1}$$

(2) 计算抽油杆柱在空气中单位长度的重量，用下式（也可查表求得）：

$$q_{杆} = \frac{\pi d^2 \rho_G}{4} \tag{6-2}$$

式中 d——抽油杆直径，m；
ρ_G——抽油杆钢材的密度，一般为 $7850 \sim 8200 \text{kg/m}^3$；
$q_{杆}$——每米抽油杆在空气中的重量，kgf/m。

(3) 计算抽油杆柱在井液中单位长度的重量，用下式：

$$q'_{\text{杆}} = \pi d^2 \frac{\rho_G - \rho_L}{4} \tag{6-3}$$

式中　$q'_{\text{杆}}$——每米抽油杆在井液中的重量，kgf/m。
　　其余符号含义同前文。
（4）计算活塞截面以上单位长度液柱重量，用下式：

$$q_{\text{液}} = \frac{\pi D^2 \rho_L}{4} \tag{6-4}$$

式中　$q_{\text{液}}$——活塞截面以上单位长度液柱重量，kgf/m；
　　　D——活塞直径，m。
　　其余符号含义同前文。
（5）计算抽油杆截面积用下式（也可查表6-1求得）：

$$f_{\text{杆}} = \frac{\pi d^2}{4} \tag{6-5}$$

式中　$f_{\text{杆}}$——抽油杆截面积，cm^2；
　　　d——抽油杆直径，cm。
（6）计算油管环状截面积，用下式（也可查表6-2求得）：

$$f_{\text{管}} = \frac{\pi(D_{\text{外}}^2 - D_{\text{内}}^2)}{4} \tag{6-6}$$

式中　$f_{\text{管}}$——油管环状截面积，cm^2；
　　　$D_{\text{外}}$——油管外径，cm；
　　　$D_{\text{内}}$——油管内径，cm。
（7）计算活塞以上液柱重量，用下式：

$$P_{\text{液}} = q_{\text{液}} H_B \tag{6-7}$$

式中　$P_{\text{液}}$——活塞截面以上液柱重量，kgf；
　　　H_B——下泵深度，m。
（8）计算抽油杆柱在井液中的重量（即驴头最小载荷）用下式：

$$P_{\min} = P'_{\text{杆}} = q'_{\text{杆}} H_B \tag{6-8}$$

式中　$P_{\text{液}}$——驴头最小载荷，kgf；
　　　$P'_{\text{杆}}$——抽油杆柱在井液中的重量，kgf。
　　其余符号含义同前文。
（9）计算驴头最大载荷（即静载荷），用下式：

$$P_{\max} = P_{\text{液}} + P'_{\text{杆}} = (q_{\text{液}} + q'_{\text{杆}}) H_B \tag{6-9}$$

式中　$P_{\max}$——驴头最大载荷，kgf。
　　其余符号含义同前文。

（10）计算冲程损失，用下式：

$$\lambda = \lambda_1 + \lambda_2 = \frac{P_{液} H_B \left(\dfrac{1}{f_{杆}} + \dfrac{1}{f_{管}} \right)}{E} \tag{6-10}$$

式中　λ——冲程损失，m；
　　　λ_1——抽油杆柱伸长缩短长度，m；
　　　λ_2——油管柱伸长缩短长度，m；
　　　E——钢材的弹性模量，一般取 $E=2.1\times10^6 \text{kgf/cm}^2$。
其余符号含义同前文。

（11）计算最小载荷线高度，用下式：

$$h_{最小} = \frac{P'_{杆}}{f_a} \tag{6-11}$$

式中　$h_{最小}$——最小载荷线到基线的距离，mm；
　　　f_a——力比，kg/mm。
其余符号含义同前文。

（12）计算最大载荷线高度，用下式：

$$h_{最大} = \frac{P_{max}}{f_a} = \frac{P_{液} + P'_{杆}}{f_a} \tag{6-12}$$

式中　$h_{最大}$——最大载荷线到基线的距离，mm。
其余符号含义同前文。

（13）计算冲程损失在理论示功图上的长度，用下式：

$$\lambda' = \frac{\lambda}{i} \tag{6-13}$$

式中　λ'——冲程损失在理论示功图上的长度，mm；
　　　i——减程比，m/mm。
其余符号含义同前文。

（14）计算光杆冲程在理论示功图上的长度，用下式：

$$S_{光} = \frac{S}{i} \tag{6-14}$$

式中　$S_{光}$——光杆冲程在理论示功图上的长度，mm；
　　　S——光杆实际冲程，m。
其余符号含义同前文。

（15）计算活塞有效行程长度，用下式：

$$S_{活} = S_{光} - \lambda' \tag{6-15}$$

式中　$S_{活}$——活塞有效行程在理论示功图上的长度，mm。
其余符号含义同前文。

2. 冲程损失

由于抽油杆柱和油管柱之间的负荷转移，活塞运动滞后于光杆运动，造成活塞行程小于光杆冲程，这个差值是冲程损失。

3. 理论示功图的增载线和卸载线是斜线的原因

当光杆开始上行时，负荷由油管柱转移到抽油杆柱上，引起抽油杆柱伸长和油管柱缩短；当光杆开始下行时，负荷由抽油杆柱转移到油管柱上，引起抽油杆柱缩短和油管柱伸长，这一伸长一缩短，导致了光杆虽然移动，但活塞移动却滞后于光杆移动，这就是增载和卸载过程，正是这一过程导致了增载线和卸载线呈斜线状态。

4. 示功图的 4 个性质

（1）负荷尺寸是理论载荷线，是泵工作时承受的负荷大小。
（2）冲程损失是负荷转移、惯性等集合的反映。
（3）四点变化是泵工作状况的反应。
（4）封闭形式是泵做功多少的反映。

5. 示功图中四点变化反应泵工作状况的机理

当活塞在下死点 A 时，泵筒内液体转入油管的过程结束。此时，固定阀关闭，游动阀打开；活塞开始上行，到达增载结束点 B 时，游动阀在阀球自身重力和活塞以上液柱重力作用下首先关闭，接着活塞继续上行，泵筒内压力不断降低，当泵筒内压力降低到低于固定阀球自重与沉没压力之和时，固定阀在沉没压力作用下被顶开，进行吸液入泵的过程，当活塞上行到上死点 C 时，吸液入泵过程结束，此时，游动阀关闭，固定阀打开；接着活塞开始下行，到达卸载结束点 D 时，固定阀在阀球自身重力和泵筒内液体压力作用下首先关闭，活塞继续下行，泵筒内压力不断增加，当泵筒内压力增加到高于游动阀球自重与活塞以上液柱重力之和时，游动阀被顶开，进行泵筒内液体转入油管的过程。

6. 充满系数

泵的充满系数等于活塞的有效行程与活塞行程之比。即：

$$\beta = \frac{S_{有效}}{S_{活}} \times 100\% \tag{6-16}$$

式中　β——充满系数，%；
　　　$S_{有效}$——活塞有效行程，从示功图上量得，mm；
　　　$S_{活}$——活塞行程，从示功图上量得，mm。

7. 气体影响程度，可用下式计算：

$$\beta_{气} = \frac{S_{气}}{S_{活}} \times 100\% = \frac{S_{活} - S_{有效}}{S_{活}} \times 100\% \tag{6-17}$$

式中　$S_{气}$——气体影响导致的活塞无效行程，从示功图上量得，mm；
　　　$\beta_{气}$——气体影响程度，%。
其余符号含义同前文。

表 6-1　抽油杆常用数据表

抽油杆直径（mm）	16（5/8in）	19（3/4in）	22（7/8in）	25（1in）
每米抽油杆在空气中质量（kg/m）	1.65	2.38	3.24	4.20
抽油杆截面积（cm²）	2.01	2.84	3.80	4.91

表 6-2 油管常用数据表

油管尺寸（mm）(in)	外径（mm）	壁厚（mm）	环状面积（cm²）	容积（L/m）
φ62（2½in）	73	5.5	11.9	3.02

二、例题

[例 6-1] 某抽油井测示功图，选用 1:30 减程比，光杆冲程 0.9m，从示功图上量得活塞脱出工作筒长度 3mm，求活塞实际脱出工作筒的长度是多少？

解：

$$\frac{3}{1:30} = 90 \text{mm}$$

答：活塞实际脱出工作筒的长度是 90mm。

[例 6-2] 某抽油井采用 φ38mm 泵，0.9m 冲程，动力仪减程比为 1:30，经计算抽油杆的实际冲程损失为 90mm，油管的实际冲程损失为 60mm，求总的冲程损失在实测示功图上的长度是多少？

解：

$$(90+60) \times (1:30) = 5 \text{mm}$$

答：总的冲程损失在实测示功图上的长度是 5mm。

[例 6-3] 某井泵径 φ56mm，泵挂深度 700m，抽油杆直径为 φ19mm，抽油杆在空气中每米重 2.35kg，含 100%，计算驴头所承受的液柱重量、杆柱重量和抽油杆柱在空气中的重量各是多少？

解：

$$P_{液} = \frac{\pi(D^2 - d^2)\rho_L H_B}{4} = \frac{\pi(0.056^2 - 0.019^2) \times 1000 \times 700}{4} = 1540 \text{kgf}$$

$$P_{杆} = q_{杆} H_B = 2.35 \times 700 = 1645 \text{kgf}$$

$$P'_{杆} = \left(q_{杆} - \frac{\pi d^2 \rho_L}{4}\right) H_B = \left(2.35 - \frac{0.019^2 \times 1000\pi}{4}\right) \times 700 = 1446.5 \text{kgf}$$

答：驴头所承受的液柱重量、杆柱重量和抽油杆柱在空气中的重量分别是 1540kg、1446.5kg 和 1645kg。

[例 6-4] 某井泵挂深度 400m，沉没度 60m，回压 0.2MPa，套压 0.5MPa，混合液密度 0.9t/m³，求活塞上行时加在游动阀上的压力和固定阀打开的最小压力各是多少？

解：

$$P_{液} = \frac{400 \times 0.9}{100} + 0.2 = 3.8 \text{MPa}$$

$$P_{固} = \frac{60 \times 0.9}{100} + 0.5 = 1.04 \text{MPa}$$

答：活塞上行时加在游动阀上的压力和固定阀打开的最小压力分别是 3.8MPa 和 1.04MPa。

[例 6-5] 某井下 ϕ38mm 泵，泵深 450m，ϕ19mm 抽油杆，在空气中每米重 2.30kg，含水痕迹，原油密度 0.80t/m³，动力仪力比为 50kg/mm，求理论示功图下负荷线距基线的高度？

解：先求出每米抽油杆在井液中的重量，有：

$$q'_{杆} = q_{杆} - V_{杆}\rho_o = q_{杆} - \frac{\pi d^2 \rho_o}{4} = 2.30 - \frac{0.019^2 \times 1 \times 800\pi}{4} = 2.07 \text{kgf/m}$$

$$P'_{杆} = q'_{杆} H_B = 2.07 \times 450 = 931.5 \text{kgf}$$

$$h_{最小} = \frac{P'_{杆}}{f_a} = \frac{931.5}{50} = 18.6 \text{mm}$$

答：理论示功图下负荷线距基线的高度是 18.6mm。

[例 6-6] 某井采用 ϕ62mm（2½in）油管，ϕ19mm（3/4in）抽油杆，ϕ38mm 泵，泵深 800m，冲程 1.5m，原油密度为 860kg/m³，含水 30%，动力仪力比为 81kg/mm，动力仪减程比为 1:30，钢材的密度为 7850kg/m³，钢的弹性系数 $E = 2.1 \times 10^6 \text{kg/cm}^2$。试绘制理论示功图。

解：（1）计算混合液密度，有：

$$\rho_L = \rho_o(1 - f_w) + \rho_w f_w = 860 \times (1 - 30\%) + 1000 \times 30\% = 900 \text{kgf/m}^3$$

（2）计算抽油杆柱在井液中的重量（即驴头最小载荷），有：

$$P_{min} = P'_{杆} = \frac{\pi d^2(\rho_G - \rho_L)H_B}{4} = \frac{0.019^2 \times (7850 - 900) \times 800\pi}{4} = 1576 \text{kgf}$$

（3）计算活塞以上液柱重量，有：

$$P_{液} = q_{液} H_B = \frac{\pi D^2 \rho_L H_B}{4} = \frac{0.038^2 \times 900 \times 800\pi}{4} = 816 \text{kgf}$$

（4）计算驴头最大载荷（即静载荷），有：

$$P_{max} = P_{液} + P'_{杆} = 1576 + 816 = 2392 \text{kgf}$$

（5）计算冲程损失，查表 6-1 和表 6-2 得 $f_{杆} = 2.84 \text{cm}^2$，$f_{管} = 11.9 \text{cm}^2$，代入公式：

$$\lambda = \lambda_1 + \lambda_2 = \frac{P_{液} H_B \left(\frac{1}{f_{杆}} + \frac{1}{f_{管}}\right)}{E} = \frac{816 \times 800 \times \left(\frac{1}{2.84} + \frac{1}{11.9}\right)}{2.1 \times 10^6} = 0.135 \text{m} = 135 \text{mm}$$

（6）计算负荷、冲程等在示功图上的尺寸。

①计算最大载荷线高度：

$$h_{最大} = \frac{P_{max}}{f_a} = \frac{2392}{81} = 29.5 \text{mm}$$

②计算最小载荷线高度：

$$h_{\text{最小}} = \frac{P_{\max}}{f_a} = \frac{P'_{\text{杆}}}{f_a} = \frac{1576}{81} = 19.5\text{mm}$$

③计算光杆冲程在理论示功图上的长度：

$$S_{\text{光}} = \frac{S}{i} = \frac{1500}{30} = 50\text{mm}$$

④计算冲程损失在理论示功图上的长度：

$$\lambda' = \frac{\lambda}{i} = \frac{135}{30} = 4.5\text{mm}$$

（7）绘制理论示功图，见图 6-1。
①建立直角坐标系，横坐标表示冲程 S，纵坐标表示负荷 P。
②在纵坐标上取 A 点，使 $OA = 19.5$mm，并作横坐标的平行线 AD'。
③在纵坐标上取 B' 点，使 $OB' = 29.5$mm，并作横坐标的平行线 $B'C'$。
④在 $B'C'$ 上从 B' 点起截取 $BB' = 4.5$mm，并连接 AB。
⑤在 $B'C'$ 上从 B' 点起截取 $B'C = 50$mm，过 C 点作 AB 的平行线交 AD' 于 D 点。
⑥擦去多余线条，保留平行四边形 $ABCD$。
⑦平行四边形 $ABCD$ 就是所要绘制的理论示功图。

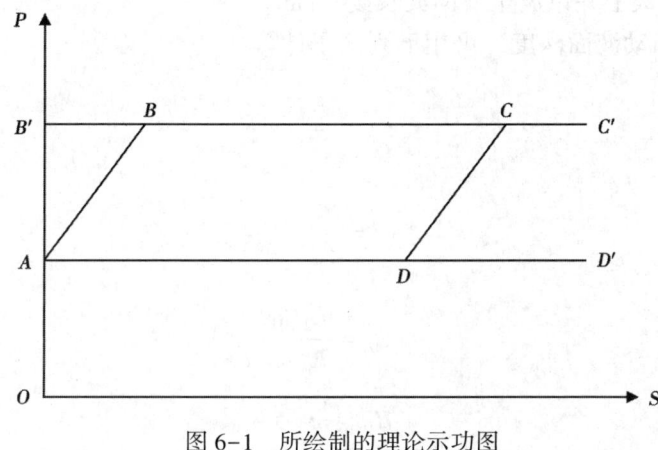

图 6-1　所绘制的理论示功图

第二节　动液面测试

一、相关概念及其计算公式

1. 动液面

动液面是指油井油套环形空间波动的液面。从井口到波动液面的距离称动液面深度。从井底到波动液面的距离称动液面高度。动液面曲线如图 6-2 所示。

2. 动液面深度计算

动液面深度计算方法有音标法、音速法两种。对于未下音标的抽油井，可用双频道回声

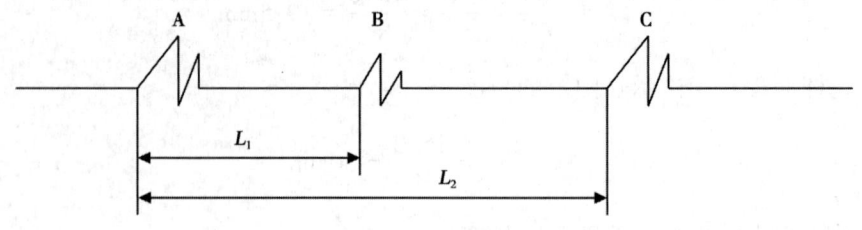

图 6-2 动液面曲线
A—声响波（井口波）；B—音标波；C—液面波
L_1—井口波到音标波距离，mm；L_2—井口波到液面波距离，mm

仪测试的高频曲线上的接箍波数，再查对作业完井数据的管柱数据求得。

（1）用音标法求动液面深度，可用下式计算：

$$H_\mathrm{D} = H_\text{标} \frac{L_2}{L_1} \tag{6-18}$$

式中　H_D——动液面深度，m；
　　　$H_\text{标}$——回音标深度，m；
　　　L_1——记录曲线上井口波至音标波长度，mm；
　　　L_2——记录曲线上井口波至液面波长度，mm。

（2）用音速法求动液面深度，可用下列式子计算：

$$t_\text{标} = \frac{L_1}{2v'} \tag{6-19}$$

$$v = \frac{H_\text{标}}{t_\text{标}} \tag{6-20}$$

$$t_\text{液} = \frac{L_2}{2v'} \tag{6-21}$$

$$H_\mathrm{D} = v t_\text{液} \tag{6-22}$$

式中　$t_\text{标}$——声波从井口传至音标所需时间，s；
　　　$t_\text{液}$——声波从井口传至液面所需时间，s；
　　　v'——回声仪记录纸走纸速度，一般为 100mm/s；
　　　v——声波在油套环形空间的传播速度，m/s。
　　其余符号含义同前文。

3. 油井测动液面的目的

（1）确定抽油泵的沉没度

$$H_\mathrm{c} = H_\mathrm{B} - H_\mathrm{D} \tag{6-23}$$

式中　H_c——抽油泵的沉没度，m。
　　其余符号含义同前文。

(2) 确定流压

$$p_{wf} = p_t + \rho_L \frac{H_中 - H_D}{100} \tag{6-24}$$

式中 $H_中$——油层中部深度，m；

其余符号含义同前文。

(3) 确定静压

$$p_e = \rho_L \frac{H_中 - H_J}{100} \tag{6-25}$$

式中 H_J——静液面深度，m；

其余符号含义同前文。

二、例题

[例6-7] 某井应用 CJ-1 型双频道回声仪测试，在液面曲线上量出距井口以下10根油管接箍波距60mm，每根油管长度为9.6m，井口波到液面波之间的距离为250mm，计算该井动液面深度和实测声速是多少？

解：

$$v = \frac{9.6 \times 10}{\frac{60}{2 \times 100}} = 320 \text{m/s}$$

$$H_D = 320 \times \frac{250}{2 \times 100} = 400 \text{m}$$

答：该井动液面深度400m；实测声速是320m/s。

[例6-8] 某井泵挂深度482m，回音标下到175m，用 CJ-1 型双频道回声仪快挡测得动液面曲线，井口波到音标波距为100mm，井口波到液面波距为125mm，求该井实测声速和沉没度是多少？

解：

$$v = \frac{175}{\frac{100}{2 \times 100}} = 350 \text{m/s}$$

$$H_D = 350 \times \frac{125}{2 \times 100} = 218.8 \text{m}$$

$$H_c = H_B - H_D = 482 - 218.8 = 263.2 \text{m}$$

答：该井沉没度度是263.2m；实测声速是350m/s。

[例6-9] 某井油层中部深度450m，井下单根油管长度均为9.7m，用 CJ-1 型双频道回声仪快挡测得动液面曲线上井口前10根油管接箍波距为50mm，液面波距为205mm，该井含水30%，原油密度0.86t/m³，套压0.2MPa，计算该井的动液面深度和流压是多少？

解：

$$v = \frac{9.7 \times 10}{\frac{50}{2 \times 100}} = 388 \text{m/s}$$

$$H_D = 388 \times \frac{205}{2 \times 100} = 397.7\text{m}$$

$$\rho_L = \rho_o(1 - f_w) + \rho_w f_w = 0.86 \times (1 - 30\%) + 1 \times 30\% = 0.902\text{t/m}^3$$

$$p_{wf} = p_t + \frac{(H_\text{中} - H_D)\rho_L}{100} = 0.2 + \frac{(450 - 397.7) \times 0.902}{100} = 0.67\text{MPa}$$

答：该井的动液面深度 397.7m；流压是 0.67MPa。

[例 6-10] 某井泵挂深度 500m，应用 CJ-1 型双频道回声仪快挡测试，回音标下入深度 250m，井口波到音标波距为 130mm，井口 10 根油管的实际长度为 97m，曲线波距长度为 50mm，井口 15 根油管的实际长度为 146.3m，曲线波距长度为 76mm，井口波到液面波距为 220mm，求该井声速和动液面深度是多少？

解：解法一

$$v = \frac{146.3}{\frac{76}{2 \times 100}} = 385\text{ms}$$

$$H_D = vt_\text{液} = 385 \times \frac{220}{2 \times 100} = 423.5\text{m}$$

解法二

$$v = \frac{97}{\frac{50}{2 \times 100}} = 388\text{m/s}$$

$$H_D = vt_\text{液} = 388 \times \frac{220}{2 \times 100} = 426.8\text{m}$$

解法三

由 $\dfrac{H_D}{H_\text{标}} = \dfrac{L_2}{L_1}$，得

$$H_D = H_\text{标} \times \frac{L_2}{L_1} = 250 \times \frac{220}{130} = 423.1\text{m}$$

或同解法一求得：

$$v = 385\text{m/s}$$

或同解法二求得：

$$v = 388\text{m/s}$$

答：该井声速是 385~388m/s；动液面深度约是 423m。

[例 6-11] 某井泵挂深度 350m，泵挂在油层中部以上，距油层中部深度 100m，沉没度为 100m，含水 40%，水的密度为 1t/m³，原油密度为 0.86t/m³，流压为 2.032MPa，求该井套压是多少？

解：

$$\rho_L = \rho_o(1-f_w) + \rho_w f_w = 0.86 \times (1-40\%) + 1 \times 40\% = 0.916 \text{t/m}^3$$

$$H_{中} = H_B + \Delta H = 350 + 100 = 450\text{m}$$

$$H_D = H_B - H_C = 350 - 100 = 250\text{m}$$

由 $p_{wf} = p_t + \dfrac{(H_{中} - H_D)\rho_L}{100}$,得:

$$p_t = p_{wf} - \frac{(H_{中} - H_D)\rho_L}{100} = 2.032 - \frac{(450-250) \times 0.916}{100} = 0.2\text{MPa}$$

答:该井套压是 0.2MPa。

[例 6–12] 某井油层中部深度 1805.8m,在 950m 处测得 $p_1 = 7.5$MPa,在 1050m 处测得 $p_2 = 8.8$MPa,求流压是多少?

解:

$$p_{wf} = p_1 + (p_2 - p_1) \times \frac{H_{中} - H_1}{H_2 - H_1} = 7.5 + (8.8 - 7.5) \times \frac{1805.8 - 950}{1050 - 950} = 18.62\text{MPa}$$

答:流压是 18.62MPa。

[例 6–13] 某井油层中部深度 450m,含水 40%,水的密度为 1t/m³,原油密度为 0.86t/m³,流压为 2.032MPa,套压 0.2MPa,静压 3.032MPa,日产液量 5.3t/d,动液面曲线上井口波到液面波之间的距离为 142.9mm,实测声速为 350m/s,求马达走纸速度和采油指数是多少?

解:

$$\rho_L = \rho_o(1-f_w) + \rho_w f_w = 0.86 \times (1-40\%) + 1 \times 40\% = 0.916\text{t/m}^3$$

由 $p_{wf} = p_t + \dfrac{(H_{中} - H_D)\rho_L}{100}$,得:

$$H_D = H_{中} - 100 \times \frac{p_{wf} - p_t}{\rho_L} = 450 - 100 \times \frac{2.032 - 0.2}{0.916} = 250\text{m}$$

由 $v = \dfrac{H_D}{t_{液}}$,得:

$$t_{液} = \frac{H_D}{v}$$

又 $t_{液} = \dfrac{L_2}{2v'}$,所以有:

$$\frac{L_2}{2v'} = \frac{H_D}{v}$$

即:

$$v' = \frac{vL_2}{2H_D} = \frac{350 \times 142.9}{2 \times 250} = 100\text{mm/s}$$

$$Q_o = Q_L(1-f_w) = 5.3 \times (1-40\%) = 3.18\text{t/d}$$

$$J_o = \frac{Q_o}{\Delta p} = \frac{Q_o}{p_e - p_{wf}} = \frac{3.18}{3.032 - 2.032} = 3.18 \text{t/(d·MPa)}$$

答：马达走纸速度是100mm/s；采油指数是3.18t/(d·MPa)。

[例6-14] 某井回音标深度448.09m，从井口起10根油管长96.53m，音速430m/s，马达走纸速度100mm/s，从井口波到音标波距为208mm，从井口波到液面波距为471mm，用音标法、音速法和接箍法3种方法分别计算动液面深度。

解：（1）音标法

$$H_D = H_标 \times \frac{L_2}{L_1} = 448.09 \times \frac{471}{208} = 1014.7 \text{m}$$

（2）音速法

由 $t_液 = \frac{L_2}{2v'}$ 和 $H_D = v t_液$，得：

$$H_D = \frac{vL_2}{2v'} = \frac{430 \times 471}{2 \times 100} = 1012.7 \text{m}$$

（3）接箍法

10根油管长96.53m的走纸距离：

$$L = \frac{208 \times 96.53}{448.09} = 44.8 \text{mm}$$

$$H_D = \frac{H_{10}L_2}{L} = \frac{471 \times 96.53}{44.8} = 1014.9 \text{m}$$

答：用音标法、音速法和接箍法3种方法分别计算动液面深度约为1014m。

第三节 高压试井相关知识

一、相关概念及其计算公式

1. 温度常用术语

1）温度

温度是表示物体冷热程度的物理量。温度反映了物体分子热运动的剧烈程度，是物体分子平均动能的标志。

2）摄氏温度

在一个标准大气压下，纯水和纯冰混合物的温度（冰点）定为摄氏零度，记为0℃；在一个标准大气压下，纯水的沸腾温度（沸点）定为100℃。在这两个温度之间分成一百等分，每一等分为1摄氏度，记为1℃。

3）热力学温度

在1976年的国际计量大会上规定，热力学温度选择自然界的最低极限温度（-273.15℃）作为绝对零度，每一度的大小与摄氏温度相同。其单位为开尔文，用K表示。在油气田开发生产中，一般都将绝对零度取整数273℃。热力学温度与摄氏温度的换算关系为：

$$T = t + 273 \tag{6-26}$$

式中　T——热力学温度，K；
　　　t——摄氏温度，℃。

4）摄氏温度与华氏温度，其换算公式：

$$1℃ = \frac{5}{9} \times (1℉ - 32) \tag{6-27}$$

$$1℉ = \frac{5}{9} \times (1℃ + 32) \tag{6-28}$$

5）井筒温度梯度

井筒中的深度每增加1m或100m时，温度的变化量称为井筒温度梯度，其计算公式：

$$T_{井梯} = \frac{\Delta T}{\Delta H} = \frac{T_2 - T_1}{H_2 - H_1} \tag{6-29}$$

式中　$T_{井梯}$——井筒温度梯度，℃/m或K/m；
　　　ΔT——井筒中两点的温度差，℃或K；
　　　ΔH——井筒中两点的深度差，m；
　　　T_1，T_2——井筒中两点的温度，℃或K；
　　　H_1，H_2——井筒中两点的深度，m。

6）地层温度

在油气层中部测得的流体温度称为地层温度，单位℃。

7）井筒平均温度

井筒平均温度指油气井井口温度与井底温度的平均值，单位℃。

8）地热增温率和地温梯度

(1) 地热增温率。

由于地热作用，油气层埋藏越深温度越高，地层温度每增加1℃时所增加的深度称为地热增温率。其计算公式：

$$M = \frac{H_中 - H_0}{T_中 - T_0} \tag{6-30}$$

(2) 地温梯度。

地热增温率的倒数称为地温梯度。其计算公式：

$$T_{地梯} = \frac{1}{M} = \frac{T_中 - T_0}{H_中 - H_0} \tag{6-31}$$

式中　$T_{地梯}$——地温梯度，℃/m；
　　　M——地热增温率，m/℃；
　　　$H_中$——油气层中部深度，m；
　　　H_0——恒温层深度，m；

$T_中$——油气层中部温度，℃；

T_0——恒温层温度，℃。

2. 井筒压力梯度

井筒中的深度每增加 1m 或 100m 时，所增加的压力值称为井筒压力梯度，其计算公式：

$$p_{井梯} = \frac{\Delta p}{\Delta H} = \frac{p_2 - p_1}{H_2 - H_1} \tag{6-32}$$

式中 $p_{井梯}$——井筒压力梯度，MPa/m 或 MPa/100m；

Δp——井筒中两点的压力差，MPa；

ΔH——井筒中两点的深度差，m；

p_1，p_2——井筒中两点的压力，MPa；

H_1，H_2——井筒中两点的深度，m。

3. 井口钢丝承受拉应力

$$\delta = \rho H + \frac{G_重}{\frac{\pi D^2}{4}} \tag{6-33}$$

式中 δ——井口钢丝承受拉应力，N/mm²；

ρ——钢丝密度，N/mm³；

H——仪器下入深度，mm；

$G_重$——连接仪器和加重杆的总重量，N；

D——钢丝直径，mm。

4. 作用在防喷盒上的上顶力

$$F = A p_{井口} = \frac{\pi D^2 p_{井口}}{4} \tag{6-34}$$

式中 F——作用在防喷盒上的上顶力，N；

A——防喷盒内顶部面积，m²；

$p_{井口}$——井口压力，Pa。

其余符号含义同前文。

5. 普通录井钢丝技术规范

普通录井钢丝技术规范见表 6-3。

表 6-3 普通录井钢丝技术规范

钢丝直径 （mm）	截面积 （mm²）	钢丝质量 （kg/100m）	钢丝长度 （m/kg）	抗拉极限 （kN）	弯曲折断次数
1.6	2.01	1.58	63.29	3.63~4.31	≥13
1.8	2.54	2.00	50.00	4.41~5.20	≥10
2.0	3.14	2.47	40.49	5.49~6.37	≥9
2.2	3.80	2.99	33.44	6.28~7.45	≥8
2.4	4.52	3.84	26.04	7.94~9.32	≥7

6. 电器设备接地与接零保护

1）接地与接零

接地与接零在电气技术中是最重要的安全措施之一。接地就是将设备的某一部分（通常是设备的金属外壳）通过接地装置与大地连接起来。工作接地就是将电器回路中的某一点进行接地，如变压器、发电机、电压互感器中的中性点接地；重复接地就是为了防止中性线断裂带来的危害，除电源外，在电路中性线上的其他地方与另外的接地装置相连；接地保护是在电气设备正常运行时，将不带电的金属外壳构架同接地体之间有良好的电气连接，能很好地保护人身与设备的安全；为防止静电和雷击灾害而采取防静电接地和防雷接地。

2）接地与接零保护

在中性点不接地的电器系统中，将设备的外壳接地，如果有某相线路与机壳相碰时，人又接触到机壳，此时人体电阻与接地电阻值形成并联，但接地电阻4Ω比人体电阻小得多，所以流过人体的电流值就很小，从而起到安全保护作用。

一般人体的电阻为：干燥（手与手间）皮肤电阻为 $1\times10^5 \sim 6\times10^5 \Omega$；潮湿（手与脚间）皮肤电阻为 $10^3 \Omega$；破皮的手与脚之间电阻为 $400 \sim 600 \Omega$；耳朵与耳朵之间电阻约为 100Ω。

人体接触的安全电压应小于30V，人体流过的安全电流应小于5mA，如果50mA电流通过人体，将引起心脏痉挛而死。

在中性线和机壳接地（电阻值为4Ω）时，如果某相线与机壳相碰，将产生27.5A电流，若此时熔断器不被烧毁，当人体接触机壳时，将承受110V的电压，发生触电危险。因此，中性线接地系统保护接零应该把机壳接在中性线上，在机壳发生单相直接短路时，会产生很大的电流，烧毁熔断器，防止触电事故发生。

7. 熔断器

熔断丝（熔断器的熔体）采用低熔点的铅锡合金制成，或采用直径较小的铜丝、银丝、锌丝等制成。当电路中发生短路或长期电流过大，将使熔体烧断切断电源，保护用电设备和电网，避免其他事故发生，烧断熔丝是由流过的电流与熔丝额定电流的倍数所决定的，熔断时间与电流倍数构成反时限关系。铅锡合金熔丝规格见表6-4。

表6-4　铅锡合金熔丝规格（铅75%，锡25%）

熔丝直径（mm）	近似线号	熔断电流（A）	额定电流（A）
0.51	25	3.0	2.0
0.56	24	3.5	2.3
0.61	23	4.0	2.6
0.71	22	5.0	3.3
0.81	21	6.0	4.1
0.92	20	7.0	4.8
1.22	18	10.0	7.0
1.63	16	16.0	11.0
1.83	15	19.0	13.0
2.03	14	22.0	15.0
2.34	13	27.0	18.0
2.64	12	32.0	22.0
2.95	11	37.0	26.0
3.25	10	44.0	30.0

8. 防静电保护

在自然界中，任何物质都由带正电的原子核和带负电的电子组成，如果由于外界原因（如摩擦）使物体获得或失去电子，从而打破电荷平衡，产生电荷积聚的现象，这种带电现象就称为静电现象。静电产生和积聚时的电流是很小的，仅百万分之一安培，但由于物体对大地绝缘，产生的电位差却可能达到几千伏甚至几万伏，静电场的强度一旦超过介质的绝缘强度时，会击穿介质产生火花放电，如果处在有可燃性气体存在的环境中，将会引起灾难性的事故发生。采用跨接和接地是加速静电的流散、消除火花的有效方法，还可采取一些其他措施破坏静电的积聚。

9. 防雷保护

天空中带电的雷云使地面上的建筑物或输电线发生静电感应，使它们产生大量集中电荷，可能与雷云之间形成几百万伏的高压，此时放电会产生很大的雷击电流，危及建筑物和人身安全。为了防止遭受直接雷击和引发高电位，通常要在建筑物上安装避雷针以及避雷线，在输电线上安装避雷线和避雷器，避雷线沿着整个输电线同时行走。

避雷针是用来接受雷击的，通常用铁管或钢筋制成；避雷装置是埋在地下的金属导体，接地电阻为4Ω左右，用来把雷电流引入地下；接地线是连接避雷针和避雷装置的连接线，用于传到雷击电流。

10. 常用压力单位换算

常用压力单位换算见表6-5。

表6-5 常用压力单位换算表

压力单位	帕斯卡（Pa）	标准大气压（atm）	工程大气压（at）	毫米汞柱（mmHg）（0℃）	毫米水柱（mmH$_2$O）（4℃）	磅力/英寸^2（lbf/in^2）
帕斯卡（Pa）	1	0.9869×10^{-5}	1.0197×10^{-5}	0.0075	0.1097	1.4505×10^{-4}
标准大气压（atm）	101325	1	1.0332	760	10332	14.695
工程大气压（at）	9.80665×10^4	0.9678	1	735.56	10000	14.223
毫米汞柱（mmHg）	133.3224	0.001316	0.00136	1	13.5951	0.01931
毫米水柱（mmH$_2$O）	9.80665	0.9678×10^{-4}	0.0001	0.073556	1	0.0014223
磅力/英寸^2（lbf/in^2）	6894.07	0.068	0.0703	51.715	703	1
兆帕（MPa）	10^6	9.86885	10.1972	7500.11	10.1973×10^4	145.035

11. 温度计的折合误差

温度计的折合误差是被测温度值与被测温度标准值的差占温度计上、下限值之差的百分数。其计算公式：

$$T_{折合} = \frac{T - T_0}{T_{max} - T_{min}} \times 100\% \tag{6-35}$$

式中 $T_{折合}$——温度计的折合误差，%；
T——被测温度值，℃；
T_0——被测温度标准值，℃；
T_{max}——温度计上限值，℃；

T_{min}——温度计下限值，℃。

12. 压力表的绝对误差和最大允许基本误差

1）压力表的绝对误差

压力表的绝对误差是测量值与真值的差。其计算公式：

$$绝对误差 = 测量值 - 真值 \tag{6-36}$$

2）压力表的最大允许基本误差

压力表的最大允许基本误差是压力表量程与精度等级的乘积。其计算公式：

$$最大允许基本误差 = 压力表量程 \times 压力表精度等级 \tag{6-37}$$

13. 试井钢丝的许用应力和极限应力

1）试井钢丝的许用应力

试井钢丝的许用应力，计算公式：

$$\delta_{许用} = \frac{\delta_{极限}}{n} \tag{6-38}$$

式中　$\delta_{许用}$——试井钢丝的许用应力，MPa；
　　　$\delta_{极限}$——试井钢丝的极限应力，MPa；
　　　n——安全系数，无量纲。

2）试井钢丝的极限应力

试井钢丝的极限应力计算公式：

$$\delta_{极限} = \frac{P}{A} = \frac{4P}{\pi D^2} \tag{6-39}$$

式中　P——抗拉极限，N；
　　　A——钢丝的横截面积，m²；
　　　D——钢丝的直径，m。

其余符号含义同前文。

14. 井下压力计

（1）井下压力计主要包扣机械压力计和电子压力计。其规格有 $\phi38mm$，$\phi36mm$，$\phi32mm$，$\phi25mm$ 和 $\phi20mm$。

机械压力计主要包括 CY613 型、JY72-1 型、CPG 型、KPG 型等。

电子压力计主要包括凯山 JDYD、新大 XD、佳时 ENH、沙洋 CEP-F、北京威尔 Well 系列、北京紫贝龙 BMP 系列及进口压力计。

（2）压力计量程的选择。

压力计量程的选择，应按下式计算：

$$p_{量程} = \left(p_0 + \frac{H\rho}{100}\right) \times 80\% \tag{6-40}$$

或

$$p_{量程} = \left(p_0 + \frac{H}{100}\right) \times 80\% \tag{6-41}$$

式中 $p_{量程}$——机械压力计量程，MPa；

p_0——测试井油压，MPa；

H——压力计下人深度，m；

ρ——井筒流体密度，N/m³。

二、例题

[例 6-15] 某井用 CY613A 型井下压力计测压，压力计螺杆长度为 $H=60$mm，装 $T=50$h 时钟，压力卡片曲线在基线上起落点间距离为 $h=40$mm，求压力计在井中测压时间 t 是多少？

解：由 $\dfrac{t}{T}=\dfrac{h}{H}$，得：

$$t = T\frac{h}{H} = 50 \times \frac{40}{60} = 33\frac{1}{3}\text{h} = 33 \text{ 小时 } 20 \text{ 分}$$

答：压力计在井中测压时间 t 是 33 小时 20 分。

[例 6-16] 某井需测压力恢复，该井油层中部深度为 800m，套管头高为 0.3m，绞车到滑轮的距离为 25m，滑轮到地面的距离为 3m，绞车滚筒直径为 0.45m，求该井测压时应下多少圈钢丝？

解：

$$\frac{800+25+3+0.3}{0.45\pi} \approx 586 \text{ 圈}$$

答：该井测压时应下 586 圈钢丝。

[例 6-17] 某井海拔 915m，油层中部深度为 400m，中部压力为 4.4MPa，液柱密度为 0.86 t/m³，求压力系数和 −300m 处的折算压力是多少？

解：

$$p_L = \frac{400 \times 0.86}{100} = 3.44\text{MPa}$$

$$\alpha_p = \frac{p_{wf}}{p_L} = \frac{4.4}{3.44} = 1.28$$

$$p_{-300} = 4.4 + \frac{(915-400+300)\times 0.86}{100} = 11.41\text{MPa}$$

答：压力系数是 1.28；−300m 处的折算压力是 11.41MPa。

[例 6-18] 某井油层中部深度为 3200m，油压为 6.0MPa，第一次测压应选用多大量程的压力计？

解：估计井下最大压力不会超过

$$p = \frac{3200 \times 1}{100} + 6.0 = 38\text{MPa}$$

因为选用压力计最大量程的 70% 左右为合理使用范围，所以

$$p_{选} = \frac{p}{70\%} = \frac{38}{70\%} = 54.3(\text{MPa}) \approx 50\text{MPa}$$

答：第一次测压应选用 50MPa 量程的压力计。

[例 6-19] 某注水井一段（层段常数 0.9）配注 46m³/d，使用 φ4.2mm 水嘴注水，经测调试选合适水嘴为 φ3.0mm，问该层测调试前每天超注多少？

解：由 $d_{选} = d_{用} b \sqrt{\frac{Q_{配}}{Q_{实}}}$，得：

$$Q_{实} = \frac{Q_{配} d_{用}^2 b^2}{d_{选}^2} = \frac{46 \times 4.2^2 \times 0.9^2}{3.0^2} \approx 73\text{m}^3/\text{d}$$

$$\Delta Q = Q_{实} - Q_{配} = 73 - 46 = 27\text{m}^3/\text{d}$$

答：该层测调试前每天超注 27m³/d。

[例 6-20] 某井砂岩厚度为 20.2m，有效厚度为 10.5m，有效渗透率为 0.5μm²，求该井油层的地层系数是多少？

解：

$$\text{地层系数} = Kh = 0.5 \times 10.5 = 5.25\mu\text{m}^2 \cdot \text{m}$$

答：该井油层的地层系数是 5.25μm²·m。

[例 6-21] 某井用 CY613A 型井下压力计测压，装 200h 时钟，测出的压力卡片走纸距离为 45mm，求该井关井测压时间是多少？

解：因为 CY613A 型井下压力计螺杆长度为 60mm，装 200h 时钟走完，卡片应走 60mm，所以卡片每走 1mm，压力计在井下的时间就是 200min，因此有：

$$t = \frac{200 \times 45}{60} = 150\text{h}$$

答：该井关井测压时间是 150h。

[例 6-22] 某井井口产量为 72t/d，测得一层视产量为 36t/d，二层视产量为 27t/d，三层视产量为 11t/d，四层视产量为 0，求各层核实产量是多少？

解：

$$\text{产量校正系数} = \frac{72}{36 + 27 + 11 + 0} = 0.973$$

$$Q_1 = 36 \times 0.973 = 35\text{t/d}$$

$$Q_2 = 27 \times 0.973 = 26.3\text{t/d}$$

$$Q_3 = 117 \times 0.973 = 10.7\text{t/d}$$

$$Q_4 = 0 \times 0.973 = 0\text{t/d}$$

答：一层至四层的核实产量分别为 35t/d、26.3t/d、10.7t/d 和零。

[例 6-23] 某注水井在 13MPa 下测得流量卡片，从流量计校对曲线查得：偏四层水量 30m³/d，偏三层水量 76m³/d，偏二层水量 120m³/d，偏一层水量 210m³/d。该井注水量为 250m³/d。求各层实际吸水量是多少？

解：

$$Q'_4 = 30 \text{m}^3/\text{d}$$

$$Q'_3 = 76 - 30 = 46 \text{m}^3/\text{d}$$

$$Q'_2 = 120 - 76 = 44 \text{m}^3/\text{d}$$

$$Q'_1 = 210 - 120 = 90 \text{m}^3/\text{d}$$

$$\text{水量校正系数} = \frac{250}{30 + 46 + 44 + 90} = 1.1905$$

$$Q_1 = 90 \times 1.1905 = 107.1 \text{m}^3/\text{d}$$

$$Q_2 = 44 \times 1.1905 = 52.4 \text{m}^3/\text{d}$$

$$Q_3 = 46 \times 1.1905 = 54.8 \text{m}^3/\text{d}$$

$$Q_4 = 30 \times 1.1905 = 35.7 \text{m}^3/\text{d}$$

答：该井偏一层至偏四层实际吸水量分别为 107.1m³/d，52.4m³/d，54.8m³/d 和 35.7m³/d。

[例 6-24]　某井测压用 2.2mm 钢丝下井，连接的仪器和加重杆共重 18kg，仪器下入深度 2800m，钢丝的密度 7.8g/cm³，求钢丝在井口所受到的拉应力有多大？

已知：$G_\text{重} = 18 \text{kgf} = 180 \text{N}$，$H = 2800 \text{m} = 2.8 \times 10^6 \text{mm}$，$\rho = 7.8 \text{g/cm}^3 = 7.8 \times 10^{-5} \text{N/mm}^3$，$D = 2.2 \text{mm}$。

求：δ。

解：

$$\delta = \rho H + \frac{G_\text{重}}{\frac{\pi D^2}{4}} = 7.8 \times 10^{-5} \times 2.8 \times 10^6 + \frac{180}{\frac{2.2^2 \pi}{4}} = 222.20 \text{N/mm}^2$$

答：井口钢丝承受的拉应力为 222.20N/mm²。

[例 6-25]　在某井测压时，井口压力为 22MPa，钢丝防喷盒的直径为 52mm，求作用在防喷盒上的上顶力是多大？

已知：$p_\text{井口} = 22 \text{MPa} = 22 \times 10^6 \text{Pa}$，$D = 52 \text{mm} = 52 \times 10^{-3} \text{m}$。

求：F。

解：

$$F = A p_\text{井口} = \frac{p_\text{井口} \pi D^2}{4} = \frac{\pi 22 \times 10^6 \times 52^2 \times 10^{-6}}{4} \approx 46721.87 \text{N} = 46.722 \text{kN}$$

答：作用在防喷盒上的上顶力是 46.722kN。

[例 6-26]　某井油层中部深度为 3150m，下压力计实测数据为 0m，2400m，2900m 和 3000m 处的压力分别为 24.50MPa，29.00MPa，33.20MPa 和 34.00MPa，求该井油层中部压力？

已知：$H_1 = 3000 \text{m}$，$H_2 = 2900 \text{m}$，$H_\text{中} = 3150 \text{m}$，$p_1 = 34.00 \text{MPa}$，$p_2 = 33.20 \text{MPa}$。

求：$p_\text{中}$。

解：先求出井筒压力梯度

$$p_{梯} = \frac{p_1 - p_2}{H_1 - H_2} = \frac{34.00 - 33.20}{3000 - 2900} = 0.008\text{MPa/m}$$

用外延法求油层中部压力：

$$p_{中} = p_1 + p_{梯}(H_{中} - H_1) = 34.00 + 0.008 \times (3150 - 3000) = 35.2\text{MPa}$$

答：该井油层中部压力为 35.2MPa。

[例 6-27] 探液面的测试资料见表 6-6。

表 6-6 探液面的测试资料

梯度停点深度（m）	0	1300	1500	1600	1700	1800	1900
压力值（MPa）	10.00	10.23	10.29	10.32	11.1	11.92	12.83

计算 1300~1500m 段的压力梯度（MPa/100m）？通过计算梯度确定气液界面在哪 100m 段内？计算液面深度？

已知：$H_1 = 0\text{m}$，$H_2 = 1300\text{m}$，$H_3 = 1500\text{m}$，$H_4 = 1600\text{m}$，$H_5 = 1700\text{m}$，$H_6 = 1800\text{m}$，$H_7 = 1900\text{m}$，$p_1 = 10.00\text{MPa}$，$p_2 = 10.23\text{MPa}$，$p_3 = 10.29\text{MPa}$，$p_4 = 10.32\text{MPa}$，$p_5 = 11.1\text{MPa}$，$p_6 = 11.92\text{MPa}$，$p_7 = 12.83\text{MPa}$。

求：(1) 1300~1500m 段的压力梯度 $p_{梯2}$；(2) 气液界面在哪 100m 段内？(3) H_D。

解：(1) 计算各段的压力梯度。

$$p_{梯1} = \frac{p_2 - p_1}{H_2 - H_1} = \frac{10.23 - 10.00}{1300 - 0} \times 100 = 0.018\text{MPa/100m}$$

$$p_{梯2} = \frac{p_3 - p_2}{H_3 - H_2} = \frac{10.29 - 10.23}{1500 - 1300} \times 100 = 0.03\text{MPa/100m}$$

$$p_{梯3} = \frac{p_4 - p_3}{H_4 - H_3} = \frac{10.32 - 10.29}{1600 - 1500} \times 100 = 0.03\text{MPa/100m}$$

$$p_{梯4} = \frac{p_5 - p_4}{H_5 - H_4} = \frac{11.1 - 10.32}{1700 - 1600} \times 100 = 0.78\text{MPa/100m}$$

$$p_{梯5} = \frac{p_6 - p_5}{H_6 - H_5} = \frac{11.92 - 11.1}{1800 - 1700} \times 100 = 0.82\text{MPa/100m}$$

$$p_{梯6} = \frac{p_7 - p_6}{H_7 - H_6} = \frac{12.83 - 11.92}{1900 - 1800} \times 100 = 0.91\text{MPa/100m}$$

(2) 确定气液界面。

比较各段的压力梯度，$p_{梯4}$ 产生"突变"，所以气液界面为 1600~1700m。

(3) 计算液面深度。

先求纯液柱井段的压力梯度：

$$p_{梯} = \frac{p_7 - p_4}{H_7 - H_4} = \frac{12.83 - 10.32}{1900 - 1600} \times 100 = 0.84\text{MPa/100m}$$

$$H_D = H_5 - \frac{p_5 - p_4}{p_{梯}} \times 100 = 1700 - \frac{11.1 - 10.32}{0.84} \times 100 = 1607.1\text{m}$$

答：1300~1500m 段的压力梯度为 0.03MPa/100m；通过计算梯度确定气液界面在 1600~1700m 的 100m 段内；计算液面深度为 1607.1m。

[**例 6-28**] 在某井温度校正计算时，只测得了下入深度 2500m 处的最高温度为 80℃，该油田地温增温率为 40m/℃，那么在 1800m 处的温度是多少？

已知：$H_1 = 2500$m，$H_2 = 1800$m，$M = 40$m/℃，$T_1 = 80$℃。

求：T_2。

解：由地温梯度计算公式 $T_{地梯} = \frac{1}{M} = \frac{T_{中} - T_0}{H_{中} - H_0}$，得：

$$\frac{1}{M} = \frac{T_1 - T_2}{H_1 - H_2}$$

即

$$\frac{1}{40} = \frac{80 - T_2}{2500 - 1800}$$

解之，得 $T_2 = 62.5$℃。

答：在 1800m 处的温度是 62.5℃。

[**例 6-29**] 某取样器的取样容积为 400mL，设计需取样 1300mL，需准备几只这样的取样器？

已知：$V_{液} = 1300$mL，$V = 400$mL。

求：n。

解：

$$n = \frac{V_{液}}{V} = \frac{1300}{400} = 3.25 \text{ 只} \approx 4 \text{ 只}$$

答：需准备 4 只这样的取样器。

[**例 6-30**] 试井作业时，马丁—戴克指示读数是 1780lbf，那么它是多少千牛？

解：因为 1lbf = 0.4536kgf，1kgf = 10N = 10^{-2}kN，所以

$$1780\text{lbf} = 1780 \times 0.4536 \times 10^{-2} = 8.07\text{kN}$$

答：1780 lbf 是 8.07kN。

[**例 6-31**] 电缆下井作业时，马丁—戴克指示电缆拉力为 9kN，已知井下仪器和工具串及电缆总重为 10.76kN，求防喷装置对电缆的摩擦阻力是多少？如在这一深度下上起电缆，那么马丁—戴克指示值是多少？（不考虑上顶力，摩擦力大小不变）

解：摩擦力

$$f = 10.76 - 9 = 1.76\text{kN}$$

马丁—戴克指示值

$$F = 10.76 + 1.76 = 12.52\text{kN}$$

答：防喷装置对电缆的摩擦阻力是 1.76kN；马丁—戴克指示值是 12.52kN。

[例 6-32] 已知井内落物是 $m_压 = 6$ kg 的压力计和一根质量 $m_加 = 11.2$ kg 的加重杆，以及直径 $d = 2.00$ mm 的长 $L = 1800$ m 的试井钢丝，求落物总质量？（钢丝密度 $\rho = 7.8$ g/cm³）

解：先求断落钢丝的体积

$$V = \pi d^2 L \div 4 = \pi(2 \times 10^{-3})^2 \times 1800 \div 4 = 5.655 \times 10^{-3} \text{m}^3$$

断落钢丝质量

$$m_丝 = V\rho = 5.655 \times 10^{-3} \times 7.8 \times 10^3 = 44.11 \text{kg}$$

落物总质量

$$m = m_压 + m_加 + m_丝 = 6 + 11.2 + 44.11 = 61.31 \text{kg}$$

答：落物总质量是 61.31kg。

[例 6-33] 通过校验曲线只能得到 22℃ 和 90℃ 温度条件下的压力值，而测量下入深度为 2000m 处的最高温度为 78℃，地温梯度采用 3℃/100m 来推算油井不同深度的温度值，求 1900m 和 1750m 处的温度分别是多少？

已知：$H_1 = 1750$m，$H_2 = 1900$m，$H_3 = 2000$m，$T_3 = 78$℃，$T_{地梯} = 3$℃/100m。

求：T_1 和 T_2。

解：

$$T_1 = T_3 - T_{地梯} \times \frac{H_3 - H_1}{100} = 78 - 3 \times \frac{2000 - 1750}{100} = 70.5℃$$

$$T_2 = T_3 - T_{地梯} \times \frac{H_3 - H_2}{100} = 78 - 3 \times \frac{2000 - 1900}{100} = 75℃$$

答：1900m 和 1750m 处的温度分别是 75℃ 和 70.5℃。

[例 6-34] 活塞式压力计工作时，作用在活塞面积上的力所产生的压强为 20MPa，那么液压容器内所产生的压强是多少？

解：因为由液压传递原理（即帕斯卡原理）：力的传递处处相等可知，液压容器内所产生的压强与作用在活塞面积上的力所产生的压强相等。所以：

$$p_{活塞} = p_{容器} = 20 \text{MPa}$$

答：液压容器内所产生的压强是 20MPa。

[例 6-35] 某温度计上限为 50℃，下限为 25℃，被测温度为 40℃，而实际被测温度标准值为 39.8℃，求该温度计折合相对误差是多少？

已知：$T = 40$℃，$T_0 = 39.8$℃，$T_{max} = 50$℃，$T_{min} = 25$℃。

求：$T_{折合}$。

解：

$$T_{折合} = \frac{T - T_0}{T_{max} - T_{min}} \times 100\% = \frac{40 - 39.8}{50 - 25} \times 100\% = 0.8\%$$

答：该温度计折合相对误差是 0.8%。

[例 6-36] 采用钟控式取样器进行取样作业时，地面调试钟机的时间 $T = 11:40$，调试

钟机控制阀关闭的时间 $t=4\mathrm{h}$，求应在什么时间上起取样器？

解：因为采用钟机控制的取样器进行取样时，确定钟机控制仪器已关闭 15~20min 后方可上起仪器，所以，钟机控制仪器关闭的时间 $T_\text{关}=T+t=11:40:00+4:00:00=15:40:00$

上起时间为 15:55:00 至 16:00:00。

答：应在 15:55:00 以后上起取样器。

[例 6-37] 用三等精度活塞压力计校验工业压力表，已知压力表量程为 10MPa，精度等级为 1.5 级，校验数据见表 6-7，问此表是否合格？

表 6-7 校验数据

校验压力（MPa）	0	2	4	6	8	10
压力表示值（MPa）	0	1.89	3.97	6.01	8.05	10.12

解：应用公式"绝对误差=测量值-真值"，求各点的绝对误差值分别为：0，0.11MPa，0.03MPa，0.01MPa，0.05MPa 和 0.12MPa。

由上面计算结果得知最大绝对误差为 0.12MPa。

最大允许基本误差=压力表量程×压力表精度等级=10×（±1.5%）= ±0.15MPa

因为 0.12MPa<0.15MPa，所以此表的精度等级是合格的。

答：此表合格。

[例 6-38] 经分析带有 900m 钢丝的压力计断落在 2300m 处的油管内，压力计带加重杆长为 2m。在打捞作业前，先要预算钢丝断头在油管中的位置，已知此钢丝在油管内每百米盘缩 10m，求钢丝断头在油管中的位置。

已知：$L=900\mathrm{m}$，$L_1=2\mathrm{m}$，$H_\text{断}=2300\mathrm{m}$，$k=10\mathrm{m}/100\mathrm{m}$。

求：H。

解：先求断落钢丝盘缩后占油管深度：

$$H' = L - kL = 900 - 10 \div 100 \times 900 = 810\mathrm{m}$$

再求钢丝断头在油管中的位置：

$$H = H_\text{断} - L_1 - H' = 2300 - 2 - 810 = 1488\mathrm{m}$$

答：钢丝断头在油管中的位置为 1488m。

[例 6-39] 在打捞作业前需计算落物质量，已知落物质量 $G_\text{重}=100\mathrm{kg}$，落物停落在 2700m 处，设计打捞工具串总质量为 25kg，能否采用直径为 1.6mm 的钢丝进行打捞作业？（直径为 1.6mm 的钢丝抗拉极限为 3.63~4.31kN；钢丝密度为 $7.8\mathrm{t/m^3}$）

已知：$m_\text{串}=25\mathrm{kg}$，$G_\text{重}=100\mathrm{kg}$，$H=2700\mathrm{m}$，$d=1.6\mathrm{mm}=1.6\times10^{-3}\mathrm{m}$，$\rho=7.8\mathrm{t/m^3}=7.8\times10^3\mathrm{kg/m^3}$，$k_\text{抗}=3.63\sim4.31\mathrm{kN}$。

求：最大拉力 F。

解：先求打捞落物所下放钢丝质量

$$m_\text{丝} = V\rho = \frac{\pi d^2 H \rho}{4} = \frac{\pi(1.6\times10^{-3})^2 \times 2700 \times 7.8 \times 10^3}{4} = 42.34\mathrm{kg}$$

再计算钢丝承受的最大拉力

$$F = m_\text{丝} + m_\text{串} + G_\text{重} = 42.34 + 25 + 100 = 167.34\mathrm{kgf} \approx 1.673\mathrm{kN}$$

因为 1.673kN 小于钢丝抗拉极限 3.63~4.31kN，所以可以用此钢丝进行打捞作业。

答：可以用此钢丝进行打捞作业。

[例 6-40] 测试用的录井钢丝，直径为 2.2mm，其抗拉强度为 7kN，取安全系数为 5，求钢丝的许用应力和极限应力。

已知：$D=2.2\text{mm}=2.2\times10^{-3}\text{m}$，$P=7\text{kN}=7\times10^3\text{N}$，$n=5$。

求：$\delta_{许用}$ 和 $\delta_{极限}$。

解：先求钢丝的极限应力

$$\delta_{极限}=\frac{P}{A}=\frac{4P}{\pi D^2}=\frac{4\times7\times10^3}{(2.2\times10^{-3})^2\pi}=1.84146\times10^9\text{Pa}=1841.46\text{MPa}$$

再求钢丝的许用应力

$$\delta_{许用}=\frac{\delta_{极限}}{n}=\frac{1841.46}{5}=368.29\text{MPa}$$

答：钢丝的许用应力是 368.29MPa；极限应力是 1841.46MPa。

[例 6-41] 某井拟选用机械压力计测压，已知测试井油压为 10.75MPa，油层中部深度 2512m，井筒流体相对密度 $0.96\times10^4\text{N/m}^3$。请选择压力计的量程。

已知：$p_0=10.75\text{MPa}$ $H=2512\text{m}$ $\rho=0.96\times10^4\text{N/m}^3$

求：$p_{量程}$。

解：

$$p_{量程}=\left(p_0+\frac{H\rho}{100}\right)\times80\%=\left(10.75+\frac{2512\times0.96\times10^4}{100}\times10^{-6}\right)\times80\%=10.99\text{MPa}$$

$$\frac{10.99}{70\%~80\%}=13.7~15.7\text{MPa}$$

所以应选择 15 MPa 的压力计合适。

答：选择压力计的量程为 15MPa。

[例 6-42] 某井拟选用机械压力计测压，已知测试井油压为 10.75MPa，油层中部深度 2512m。请选择压力计的量程。

已知：$p_0=10.75\text{MPa}$，$H=2512\text{m}$，$\rho=1\times10^4\text{N/m}^3$。

求：$p_{量程}$。

解：

$$p_{量程}=\left(p_0+\frac{H\rho}{100}\right)\times80\%=\left(10.75+\frac{2512\times1\times10^4}{100}\times10^{-6}\right)\times80\%=11.00\text{MPa}$$

$$\frac{11.00}{70\%~80\%}=13.8~15.7\text{MPa}$$

所以应选择 15MPa 的压力计合适。

答：选择压力计的量程为 15MPa。

第七章 井下作业相关知识与计算

第一节 常见的井下作业环节

一、相关概念及其计算公式

1. 三项设计

1) 地质方案设计

井下作业地质方案设计是根据油田开发需要，结合油田综合调整方案的要求，针对油水井油藏地质因素而编制的。它由发包方地质专业部门编制。主要包括以下内容：

(1) 油田名称、井号、井别；
(2) 原因分析、施工项目、施工目的、效果预测；
(3) 基础数据；
(4) 生产数据；
(5) 地质要求。

2) 工艺设计

工艺设计是根据不同的施工项目，优化施工工艺，计算施工参数，合理选择施工材料、设备和工具，以保证地质方案设计的顺利实施，由发包方工艺技术部门或委托第三方编制。主要包括以下内容：

(1) 油田名称、井号、井别；
(2) 施工项目、施工目的、施工层段；
(3) 基础数据；
(4) 生产数据；
(5) 施工工艺和施工技术参数；
(6) 井下管柱结构和地面设备；
(7) 施工要求及安全措施。

3) 施工设计

施工设计是根据地质方案设计和工艺设计的要求而编制的，主要内容是合理确定施工步骤，保证达到施工目的。它是由承包方负责编制的，主要有以下内容：

(1) 油田名称、井号、井别；
(2) 施工项目、施工目的、施工层段；
(3) 基础数据；
(4) 生产数据；
(5) 施工准备；
(6) 施工步骤；

（7）施工要求和安全注意事项。

2. 组配管柱

组配管柱是指按照施工设计给出的下井管柱的规范、下井工具的数量和顺序、各工具的下入深度等参数，在地面丈量、计算、组配的过程。采油、采气、注水、油层改造和修井施工都要下入不同结构的管柱，并通过下入井内的工具来完成施工设计目标。各种不同的下井管柱都需要在地面预先组配好，并严格按照下井顺序编号，在油管桥上摆放整齐，按顺序下入井内。

（1）管柱结构应满足各种施工设计和施工目的的要求，密封可靠，施工作业方便。注水井在射孔井段顶界以上 10~15m 处设一级保护套管封隔器。

（2）封隔器卡点应选择在套管光滑部位，避开套管接箍和射孔炮眼及管外窜槽井段，满足分层管柱的要求。

（3）封隔器卡点符合设计深度。

（4）按照施工设计精确配出封隔器卡点、卡距、油管的下入深度。卡点深度与设计深度误差不超过 ±0.2m。

（5）下井管柱要有下井工具、管柱结构示意图，注明各种下井工具的名称、规范、型号及下井深度。

（6）管柱配好后要与下井工具出厂合格证、作业设计书、油管记录对照，核实无差错方可下井。

（7）注水管柱完成深度应在油层射孔井段底界 10m 以下。计算方法：完成深度＝油补距+油管挂长度+油管挂短节长度+油管累计长度+工作筒长度+喇叭口长度+其他工具长度。

（8）找水管柱：完成深度应在射孔井段顶界以上 5~10m。计算方法同（7）。

（9）机械采油井管柱按设计的泵挂深度和尾管完成深度组配。计算方法：

泵挂深度=油补距+油管长度+油管挂短节长度+油管累计长度+泵筒吸入口以上工具长度。

（10）分层管柱。

①单级封隔器管柱：完成深度=油补距+油管挂长度+油管挂短节长度+卡点以上油管累计长度+配产器长度+封隔器长度+配产器长度+卡点以下油管累计长度+丝堵长度。

②多级封隔器卡距间管柱：卡距长度＝上封隔器密封件上端面以下长度+中间下井工具长度+中间油管累计长度+下封隔器密封件上端面以上长度。

（11）偏心配水管柱。

①偏心活动式管柱自上到下由封隔器、偏心配水器、封隔器、偏心配水器、撞击筒、挡球短节及底部球与球座组成。

②底部球座（挡球）深度必须在射孔井段底界 10m 以下，对使用撞击筒的偏心管柱，撞击筒深度应在射孔井段底界 5m 以下。

③偏心管柱相邻两级偏心配水器之间距离不小于 8m，下面一级偏心配水器与撞击筒之间距离不小于 10m，撞击筒与尾管底部距离不大于 5m。

④上面一级配水器与油管工作筒的距离大于 8m。

3. 压井和替喷

压井是将具有一定性能和数量的液体泵入井内，依靠泵入液体的液柱压力相对平衡地层压力，使地层中的流体在一定时间内不能流入井筒，以便完成某项作业施工。

替喷是通过具有一定性能的流体将井内的压井工作液置换出来，并使油井、气井恢复产能的过程。

1) 压井工作液密度

压井工作液的密度计算公式:

$$\gamma = \frac{p \times 102}{H}(1 + k) \tag{7-1}$$

式中 γ——压井工作液密度,kg/m³;
p——油水井近期静压,MPa;
H——油层中部深度,m;
k——附加量,作业施工取 0~15%,大修施工取 15%~30%。

2) 压井工作液用量

压井工作液用量计算公式:

$$V = \pi r^2 h (1 + k) \tag{7-2}$$

式中 V——压井工作液用量,m³;
r——套管内径半径,m;
h——压井深度,m;
k——附加量,取 15%~30%。

3) 替喷工作液用量

替喷工作液用量计算公式:

$$V = 2\pi r^2 h (1 + k) \tag{7-3}$$

式中 V——替喷工作液用量,m³;
r——套管内径半径,m;
h——压井深度,m;
k——附加量,取 0~15%。

4. 冲砂的水力计算

冲砂时为使携砂液将砂子带到地面,液流在井内上返速度必须大于最大直径的砂粒在携砂液中的下沉速度,推荐速度比大于或等于 2。计算式为:

$$v_{砂} = v_{液} - v_{降} \tag{7-4}$$

即 $\quad v_{实} \geqslant 2v_{降}$

式中 $v_{砂}$——冲砂时砂粒在上升速度,m/min;
$v_{液}$——冲砂时冲砂工作液上返速度,m/min;
$v_{降}$——砂粒在静止冲砂工作液中的自由下沉速度,m/min;
$v_{实}$——保持砂子上升所需要的最低液流速度,m/min。

冲砂时泵车的最小排量为:

$$Q_{泵} = 2A v_{降} \tag{7-5}$$

式中 $Q_{泵}$——泵车排量,m³/min;
A——冲砂工作液上返流动截面积,m²;
$v_{降}$——砂粒在静止冲砂工作液中的自由下沉速度,m/min。

在固定排量下冲砂,井底砂粒返到地面的时间为:

$$t_{实} = \frac{H}{\dfrac{Q_{泵}}{A} - v_{降}} \tag{7-6}$$

式中 $t_{实}$——冲砂时井底砂粒返到地面的时间,min;
H——井深,m;
$Q_{泵}$——冲砂时实际泵入排量,m³/min;
A——冲砂工作液上返流动截面积,m²;
$v_{降}$——砂粒在静止冲砂工作液中的自由下沉速度,m/min。

二、例题

[**例7-1**] 某井施工设计注水管柱图,如图7-1所示。

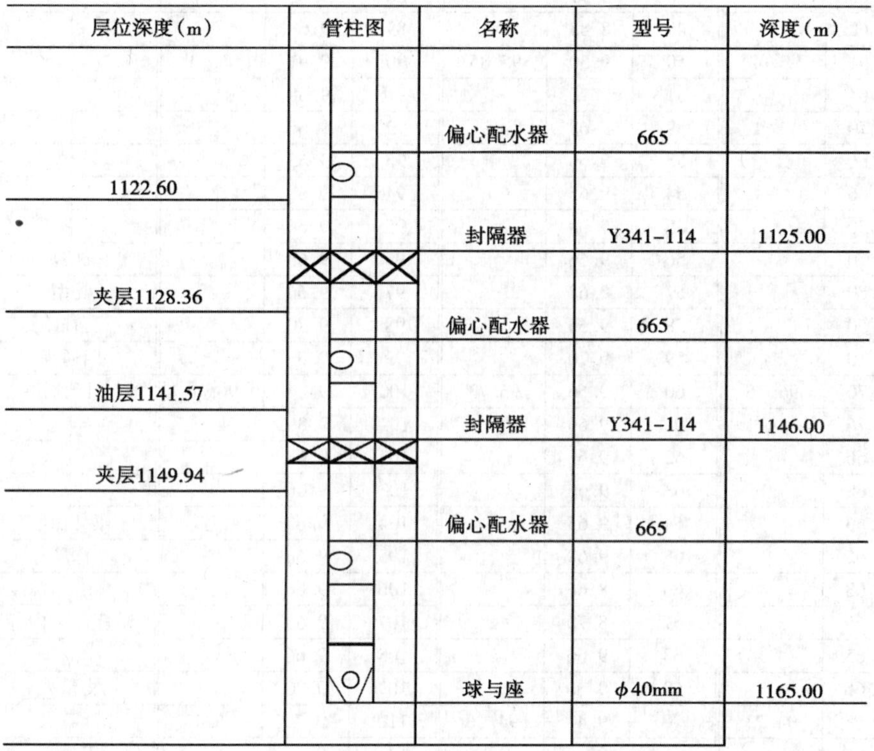

层位深度(m)	管柱图	名称	型号	深度(m)
		偏心配水器	665	
1122.60		封隔器	Y341-114	1125.00
夹层1128.36		偏心配水器	665	
油层1141.57		封隔器	Y341-114	1146.00
夹层1149.94		偏心配水器	665	
		球与座	φ40mm	1165.00

图7-1 某井施工设计注水管柱图

(1) 由施工设计得知:套管规范×壁厚为 φ139.7mm×7.72mm;人工井底深度:1211.36m;射孔井段1117.22~1155.56m;套补距:2.50m;四通高度:0.32m;油管长度:0.22m;套管接箍深度:1123.90m,1133.64m,1143.49m,1152.98m。

(2) 丈量下井工具长度:
①配水器长度为0.95m。
②封隔器长度为1.15m。

243

③球与座长度为0.25m。

(3) 丈量油管长度：

油管桥上共有油管124根，长度见表7-1。

表7-1 丈量的油管记录

2010年6月8日

序号	长度(m)	累计长度(m)	序号	长度(m)	累计长度(m)	序号	长度(m)	累计长度(m)	序号	长度(m)	累计长度(m)
1	9.68		41	9.66		81	9.66		121	9.65	
2	9.66		42	9.68		82	9.66		122	9.63	
3	9.82		43	9.66		83	9.43		123	9.32	
4	9.68		44	9.65		84	9.68		124	9.65	38.25
5	9.66		45	9.68		85	9.66				
6	9.65		46	9.60		86	9.65				
7	9.68		47	9.68		87	9.68				
8	9.60		48	9.91		88	9.60				
9	9.68		49	8.83		89	9.68				
10	9.91	97.02	50	9.50	95.85	90	9.91	96.61			
11	9.64		51	9.70		91	9.68				
12	9.70		52	9.68		92	9.66				
13	9.66		53	9.66		93	9.65				
14	9.66		54	9.65		94	9.68				
15	9.70		55	9.68		95	9.66				
16	9.70		56	9.66		96	9.68		规范		φ62mm
17	9.80		57	9.68		97	9.66		类型		
18	9.50		58	9.66		98	9.70		套补距		2.50m
19	9.70		59	9.70		99	9.53		四通高		0.32m
20	9.70	96.76	60	9.66	96.73	100	9.44	96.34	油管挂		0.22m
21	9.76		61	9.66		101	9.36				
22	9.66		62	9.68		102	9.68				
23	9.68		63	9.66		103	9.66				
24	9.66		64	9.65		104	9.65		累计深度		
25	9.65		65	9.68		105	9.68		深度		
26	9.68		66	8.66		106	9.66			深度	
27	8.65		67	8.70		107	9.68		球座	内径	40mm
28	8.65		68	9.66		108	9.66				
29	9.66		69	9.30		109	9.70		丈量人		×××
30	9.68	94.73	70	9.41	94.06	110	9.70	96.43	计算人		×××
31	9.65		71	9.65		111	9.65		审核人		×××
32	9.65		72	9.68		112	9.66				
33	8.65		73	9.66		113	9.66				
34	9.32		74	8.70		114	8.32				
35	8.90		75	9.66		115	9.63				
36	9.65		76	9.66		116	8.23				
37	9.68		77	9.51		117	9.68				
38	9.66		78	9.66		118	9.66				
39	9.68		79	9.65		119	9.38				
40	9.66	94.50	80	9.66	95.49	120	9.66	93.53			

施工单位：井下××作业队　　　　　　　　　　　　　　　　队长：×××

(4) 计量两级封隔器所用油管长度。

本题中下井工具设计深度为下井工具的上接头深度，管柱底部的下井工具设计深度为下井工具的底部深度。有的企业标准规定设计下井封隔器深度为封隔器密封件上端面深度，其计算方法大同小异，可按本书介绍的方法修改导出。

油管长度 = 下级封隔器设计深度 – 上级封隔器设计深度 – 封隔器长度 – 配水器长度
= 1146.00 – 1125.00 – 1.15 – 0.95 = 18.90m

(5) 计算第二级封隔器至管柱底部所用油管长度。

油管长度 = 球与座设计深度 – 第二级封隔器设计深度 – 封隔器长度 – 配水器长度 – 球与座长度
= 1165.00 – 1146.00 – 1.15 – 0.95 – 0.25 = 16.65m

(6) 计算油管挂至第一级封隔器间所用油管长度。

油管长度 = 第一级封隔器设计深度 – 油管挂长度 – 配水器长度 – 套补距 + 四通高度
= 1125.00 – 0.22 – 0.95 – 2.50 + 0.32 = 1121.65m

(7) 选油管（油管记录见表7-2）。

表7-2 某井油管记录

2010年6月8日

序号	长度(m)	累计长度(m)	序号	长度(m)	累计长度(m)	序号	长度(m)	累计长度(m)	序号	长度(m)	累计长度(m)
1	9.68		21	9.76		41	9.66		61	9.66	
2	9.66		22	9.66		42	9.68		62	9.68	
3	9.82		23	9.68		43	9.66		63	9.66	
4	9.68		24	9.66		44	9.65		64	9.65	
5	9.66		25	9.65		45	9.68		65	9.68	
6	9.65		26	9.68		46	9.60		66	8.66	
7	9.68		27	8.65		47	9.68		67	8.70	
8	9.60		28	8.65		48	9.91		68	9.66	
9	9.68		29	9.66		49	8.83		69	9.30	
10	9.91	97.02	30	9.68	94.73	50	9.50	95.85	70	9.41	94.06
11	9.64		31	9.65		51	9.70		71	9.65	
12	9.70		32	9.65		52	9.68		72	9.68	
13	9.66		33	8.65		53	9.66		73	9.66	
14	9.66		34	9.32		54	9.65		74	8.70	
15	9.70		35	8.90		55	9.68		75	9.66	
16	9.70		36	9.65		56	9.66		76	9.66	
17	9.80		37	9.68		57	9.68		77	9.51	
18	9.50		38	9.66		58	9.66		78	9.66	
19	9.70		39	9.68		59	9.70		79	9.65	
20	9.70	96.76	40	9.66	94.50	60	9.66	96.73	80	9.66	95.49

续表

序号	长度(m)	累计长度(m)	序号	长度(m)	累计长度(m)	序号	长度(m)	累计长度(m)	序号	长度(m)	累计长度(m)
81	9.66		100	9.44	96.34	封	1.15		四通高		0.32m
82	9.66		101	9.36		118	9.66	1135.68	油管挂		0.22m
83	9.43		102	9.68		配水	0.95				
84	9.68		103	9.66		119	9.63	1146.26			
85	9.66		104	9.65		封	1.15				
86	9.65		105	9.68		120	8.23	1155.64	累计深度		
87	9.68		106	9.66		配水	0.95		深度		
88	9.60		107	9.68		121	8.32		球座	深度	1165.16m
89	9.68		108	9.66		球座	0.25	1165.16		内径	40mm
90	9.91	96.61	109	9.70							
91	9.68		110	9.70	96.43				丈量人		×××
92	9.66		111	9.65					计算人		×××
93	9.65		112	9.66					审核人		×××
94	9.68		113	9.66							
95	9.66		114	9.68							
96	9.68		115	9.38							
97	9.66		116	9.65	1114.60	规范		φ62mm			
98	9.70		配水	0.95		类型					
99	9.53		117	9.32	1124.87	套补距		2.50m			

施工单位：井下××作业队　　　　　　　　　　　　　　　　　　　　　　　　　队长：×××

①先选两级封隔器间所用的油管18.90m，选出第115根油管9.63m和第118根油管9.66m，两根油管长度为19.29m，与计算长度相差0.39m，查设计夹层厚度在允许误差范围之内。

②选第二级封隔器至底部球座间所用油管16.65m，选出第116根油管8.23m，第114根油管8.32m，两根油管长度为16.55m，与计算长度相差0.10m，在允许误差范围之内。

③选油管挂至第一级封隔器间所用油管长度1121.65m，选第1~113根油管、第117、第119、第121和第123根油管，共选117根油管，长度为1121.52，与设计长度相差0.13m，在允许误差范围之内。全井共用油管121根，余下未用油管第120、第122和第124共3根。

（8）填写油管记录。

按组配好的管柱顺序填写油管记录，计算下井工具深度，与施工设计深度核对后，第一级封隔器实配深度为1135.68m，在夹层中部，与套管接箍1133.64m，相距2.04m，符合设计要求。第二级封隔器实配深度为1146.26m，在夹层中部，与套管接箍1143.49m相距2.79m，符合设计要求。底部球与座实配深度1165.16m，在射孔井段底界1155.56m，以下9.60m，符合设计要求和质量标准规定。

（9）管记录顺序排油管。

按油管记录顺序在油管桥上排好油管，连接下井工具，将余下不用的3根油管抬出油管桥 2m 以外。重新丈量油管，核对无误后开始下油管。组配好的油管记录见表 7-2。

[**例 7-2**] 已知某井砂面深度 2000m，套管内径 0.124m，用外径为 0.073m 的油管正冲砂，井内最大砂粒 1.2mm，冲砂时泵的排量为 0.3m³/min，求井底砂粒上返到地面的时间。

解：查表得 $v_{降}$ = 0.105×60m/min，H = 2000m，$Q_{泵}$ = 0.3m³/min。

砂粒上返的截面：

$$A = \frac{0.124^2 - 0.073^2}{4} \times \pi = 0.007887 \text{m}^2$$

$$t_{实} = \frac{H}{\frac{Q_{泵}}{A} - v_{解}} = \frac{2000}{\frac{0.3}{0.007887} - 0.105 \times 60} = 63 \text{min}$$

答：在 0.3m³/min 的冲砂排量下，井底砂粒上返到地面的时间为 63min。

[**例 7-3**] 某井拟进行冲砂作业，设计用 2in 管柱冲砂，排量为 50m³/h，试求冲砂液的上返速度是多少？

解：2in 油管内径 D = 50mm = 0.05m，其截面积 $F = \frac{\pi D^2}{4}$；有：

$$v = \frac{Q}{3600F} = \frac{50}{\frac{3600 \times 0.05^2 \pi}{4}} = 7.07 \text{m/s}$$

答：冲砂液的上返速度是 7.07m/s。

[**例 7-4**] 某井深 1000m，油层压力 10MPa，平衡不稳定安全系数取 1.1，拟定用盐水压井，计算压井液的密度。

解：由 $p_{液柱} = p_{油层} K = \frac{H \rho_L}{100}$，得

$$\rho_L = \frac{100 p_{油层} K}{H} = \frac{100 \times 1.1 \times 10}{1000} = 1.1 \text{t/m}^3$$

答：压井液的密度为 1.1t/m³。

第二节　测　卡　点

一、相关概念及其计算公式

1. 卡点深度

卡点深度是指井下落物被卡部位最上部的深度。卡点的测定就是对这一深度的测定。

2. 测定卡点深度的意义

（1）可以确定大修施工中管住倒扣时的悬重，即确定管柱的中和点。施工中能准确地从卡点处倒开，减少打捞次数。

（2）可以确定管柱切割的准确位置，能保证切割时在卡点上部 1~2m 处切断。

（3）判断套管损坏的准确位置，有利于对套管损坏部位的修复。

(4) 判断管柱被卡类型，有利于事故的处理。

3. 测卡点操作步骤

(1) 检查井架、绷绳、地锚、游动系统、提升系统等部位是否完好，指重表是否灵活好用。

(2) 将吊卡扣在最后一根下井管柱上，挂上吊环。

(3) 上提管柱，当上提负荷比井内管柱悬重稍大时停止上提，记录第一次上提拉力，记为 P_1。

(4) 在与防喷器法兰上平面平齐位置的油管上做第一个标记，作为 A 点。

(5) 继续上提管柱，当上提负荷第一次上提拉力为 50kN 时，停止上提，记录第二次上提拉力，记为 P_2。

(6) 在与防喷器法兰上平面平齐位置的油管上做第二个标记，作为 B 点。

(7) 用钢卷尺测量标记 A 与标记 B 之间的距离。记为 λ_1。

(8) 继续上提管柱，当上提负荷第二次上提拉力为 50kN 时，停止上提，记录第三次上提拉力，记为 P_3。

(9) 在与防喷器法兰上平面平齐位置的油管上做第三个标记，作为 C 点。

(10) 用钢卷尺测量标记 A 与标记 C 之间的距离。记为 λ_2。

(11) 继续上提管柱，当上提负荷第三次上提拉力 50kN 时，停止上提，记录第四次上提拉力，记为 P_4。

(12) 在与防喷器法兰上平面平齐位置的油管上做第四个标记，作为 D 点。

(13) 用钢卷尺测量标记 A 与标记 D 之间的距离。记为 λ_3。

(14) 下放管柱，卸掉提升系统负荷。

(15) 计算三次上提拉伸拉力及三次平均拉伸拉力，单位为 kN。

$$第一次上提拉伸拉力 P_a = P_2 - P_1 \tag{7-7}$$

$$第二次上提拉伸拉力 P_b = P_3 - P_1 \tag{7-8}$$

$$第三次上提拉伸拉力 P_c = P_4 - P_1 \tag{7-9}$$

$$平均拉伸拉力 P = \frac{P_a + P_b + P_c}{3} \tag{7-10}$$

(16) 计算三次上提拉伸的平均油管伸长量，单位为 cm：

$$\lambda = \frac{\lambda_1 + \lambda_2 + \lambda_3}{3} \tag{7-11}$$

(17) 计算卡点位置用下式：

$$L = \frac{K\lambda}{P} \tag{7-12}$$

式中　L——卡点深度，m；
　　　K——计算系数，常用值可查表 7-3 求得；
　　　λ——油管平均伸长，cm；
　　　P——油管平均拉伸拉力，kN。

表 7-3　各种类型管类计算系数表

管类	外径（mm）	壁厚（mm）	K	管类	外径（mm）	壁厚（mm）	K
钻杆	73	9	3800	油管	73	5.5	2450
油管	60	5	1800	油管	89	6.5	3750

4. 卡点的测定和计算

1）卡点的测定方法

井下工艺管柱遇卡有各种原因，而准确地测得卡点深度，对于打捞解卡是非常重要的。目前测卡点常用的方法有：测卡仪测卡法、计算法（又分为理论计算法和经验公式计算法）。

2）理论计算法

理论计算法的理论依据是虎克定律，即

$$L = \frac{EF\lambda}{P} \tag{7-13}$$

式中　L——卡点深度，m；

　　　E——钢材弹性模数，为 $2.1 \times 10^4 \mathrm{kN/cm^2}$；

　　　F——管柱环形截面积，$\mathrm{cm^2}$；

　　　λ——油管平均伸长，cm；

　　　P——油管平均拉伸拉力，kN。

3）经验公式计算法

其计算公式同式（7-12）。

二、例题

[例 7-5]　某井用经验提拉法推算卡点。喇叭口深度为 2000m，第一次上提 250kN，油管挂高出井口 30cm，第二次上提 400kN，油管挂高出井口 125cm，计算卡点深度（井内为 ϕ73mm 平式油管）。

已知：$E = 2.1 \times 10^4 \mathrm{kN/cm^2}$，$\lambda_1 = 30\mathrm{cm}$，$\lambda_2 = 125\mathrm{cm}$，$P_1 = 250\mathrm{kN}$，$P_2 = 400\mathrm{kN}$。

求：L。

解：解法一

依据公式 $L = \frac{EF\lambda}{P}$，有

油管环形截面积：

$$F = \pi \frac{D^2 - d^2}{4} = \pi \frac{7.3^2 - 6.2^2}{4} = 11.663 \mathrm{cm^2}$$

油管平均伸长：

$$\lambda = \lambda_2 - \lambda_1 = 125 - 30 = 95 \mathrm{cm}$$

油管平均拉伸拉力：

$$P = P_2 - P_1 = 400 - 250 = 150 \mathrm{kN}$$

故

$$L = \frac{EF\lambda}{P} = \frac{2.1 \times 10^4 \times 11.663 \times 95}{150} = 155117.9 \text{cm} \approx 1551\text{m}$$

解法二

依据公式 $L = \frac{K\lambda}{P}$，有

查表可知 $K = 2450$。

油管平均伸长：

$$\lambda = \lambda_2 - \lambda_1 = 125 - 30 = 95\text{cm}$$

油管平均拉伸拉力：

$$P = P_2 - P_1 = 400 - 250 = 150\text{kN}$$

$$L = \frac{K\lambda}{P} = \frac{2450 \times 95}{150} = 1551.67\text{m}$$

答：计算卡点深度约 1551m。

[例7-6] 某井井深 1800m，使用 ϕ140mm，壁厚 9.7mm 国产套管。该井出砂严重，使用 ϕ62mm 油管（截面积为 11.65cm^2）冲砂至 1750m 发生油管折断事故，落鱼长 800m，鱼顶深 950m。处理落物打捞时，下入 2⅞in 钻杆（截面积为 18.1cm^2）打捞发生卡钻事故。据计算在拉力 $P = 12000\text{kgf}$ 时，钻具伸长量 $\lambda = 65\text{cm}$，试计算卡点深度是多少？求出被卡油管长度是多少？

解：由题给鱼顶 950m 可知下入钻杆长度 $L_1 = 950\text{m}$。

依据卡点深度理论计算公式 $L = \frac{EF\lambda}{P}$ 可得在拉力作用下 950m 钻杆的伸长量：

$$\lambda_1 = \frac{L_1 P}{EF_1} = \frac{95000 \times 12000}{2.1 \times 10^6 \times 18.1} = 30\text{cm}$$

求油管伸长量：

$$\lambda_2 = \lambda - \lambda_1 = 65 - 30 = 35\text{cm}$$

油管未卡部分伸长量：

$$L_2 = \frac{EF\lambda_2}{P} = \frac{2.1 \times 10^6 \times 11.65 \times 35}{12000} = 71356\text{cm} \approx 713.6\text{m}$$

卡点深度为：

$$L = L_1 + L_2 = 950 + 713.6 = 1663.6\text{m}$$

被卡油管长度：

$$\Delta L = H - L = 1750 - 1663.6 = 86.4\text{m}$$

答：卡点深度是 1663.6m；被卡油管长度是 86.4m。

[**例7-7**] 某井井深1500m,井内φ62mm油管1450m,生产中途发现油管被砂卡住。测定时,第一次上提拉力为8tf,油管伸长量40cm;第二次上提拉力为10tf,油管伸长量50cm;第三次上提拉力为12tf,油管伸长量60cm,φ62mm油管计算系数K=245,求卡点位置是多少?

解:

三次上提的平均拉力:

$$P = \frac{P_1 + P_2 + P_3}{3} = \frac{8 + 10 + 12}{3} = 10\text{tf}$$

三次上提的平均伸长量:

$$\lambda = \frac{\lambda_1 + \lambda_2 + \lambda_3}{3} = \frac{40 + 50 + 60}{3} = 50\text{cm}$$

依据卡点深度计算经验公式,有:

$$L = \frac{K\lambda}{P} = \frac{245 \times 50}{10} = 1225\text{m}$$

答:卡点位置在1225m。

[**例7-8**] 某井发生井下落物事故,已知该井套管内径144mm,套补距2.24m,四通高0.32m,为了弄清落物鱼头情况,下入外径114mm铅模打印,铅模长0.57m,下入油管117根长1109m,铅模遇阻时方余4m,试用两种方法计算出鱼顶的深度。

解:(1)用油补距公式求鱼顶深度。

$$h_{油} = h_{套} - h_{四} = 2.24 - 0.32 = 1.92\text{m}$$

$$H_{顶} = h_{油} + H_{管柱} + H_{工具} - H_{方余} = 1.92 + 1109 + 0.57 - 4 = 1107.49\text{m}$$

(2)用套补距公式求鱼顶深度。

$$H_{顶} = h_{套} - h_{四} + H_{管柱} + H_{工具} - H_{方余} = 2.24 - 0.32 + 1109 + 0.57 - 4 = 1107.49\text{m}$$

答:用两种方法计算出鱼顶的深度为1107.49m。

[**例7-9**] 某井下入φ62mm油管2000m,由于油层出砂严重将油管卡住,用清水循环压井处理事故,现用10tf上提拉力倒扣,问估计在何位置倒开?

解:上提拉力$P = 10\text{tf} = 10^4\text{kgf}$。

查技术手册知,φ62mm油管在清水中单位长度重量$q = 8.30\text{kgf/m}$

依据中和点深度计算公式,有:

$$L = \frac{P}{q} = \frac{10^4}{8.30} = 1205\text{m}$$

答:估计倒扣时油管将在1205m处倒开。

第三节 其他井下作业相关概念

一、相关概念及其计算公式

1. 水力活塞泵的工况压力系统分析法

水力活塞泵采油井的工况可以采用压力系统分析（即节点分析法）进行诊断。为了得出比较精确的定量分析数据，需要进行计算机程序计算，其核心是计算泵吸入压力 p_4。

（1）对于开式系统：

$$p_4 = \left(1 + \frac{E}{p}\right) \times p_3 - \frac{E}{p(p_s + G_1 H_p - F_1 - F_p)} \tag{7-14}$$

式中　p_4——泵吸入压力，MPa；
　　　E/p——泵压力比的倒数；
　　　p_3——泵出口压力，MPa；
　　　p_s——井口工作压力，MPa；
　　　G_1——动力液静液柱平均压力梯度，MPa/m；
　　　H_p——泵深，m；
　　　F_1——动力油管水力摩阻，MPa；
　　　F_p——泵内摩阻，MPa。

（2）对于闭式系统：

$$p_4 = p_3 - \frac{E}{p}[p_s + (G_1 - G_2)H_p - F_1 - F_2 - F_p - p_6] \tag{7-15}$$

式中　G_2——乏动力液静液柱平均压力梯度，MPa/m；
　　　F_2——乏动力液油管内水力摩阻，MPa；
　　　p_6——乏动力液井口回压，MPa；
其余符号含义同前文。

2. 气举排水采气工艺原理

气举排水采气工艺是借助外来高压气源或压缩机排出的高压天然气注入井内，通过注气点与原井筒内液体混合，降低井底回压，增加生产压差，同时也增加气液的流速，从而提高天然气的携液能力，达到排水采气的目的。

气举装置中，井底流动压力可用下式表示，它用于阀的安置深度及阀的间距的计算：

$$p_{wf} = p_{tf} + G_{tL} + G_{fb}(D - L) \tag{7-16}$$

式中　p_{wf}——井底流压，MPa；
　　　p_{tf}——井口流压，MPa；
　　　G_{tL}——注气点以上的平均流压梯度，MPa/m；
　　　G_{fb}——注气点以下的平均流压梯度，MPa/m；
　　　D——井深，m；
　　　L——注气点深度，m。

3. 确定酸液用量

酸液的浓度是由酸液配方确定的，酸液配方是经过室内试验，包括溶蚀试验、配伍试验、缓蚀试验、岩心伤害试验等得到的。酸液用量是根据处理半径、油层厚度和油层有效孔隙度来确定，其计算公式为：

$$V = \pi(R^2 - r^2)h\phi \tag{7-17}$$

式中　V——酸液用量，m^3；
　　　R——酸化半径，m；
　　　r——钻头半径，m；
　　　h——油层厚度，m；
　　　ϕ——油层有效孔隙度，%。

4. 井下各种压力的概念及计算

1) 静液柱压力

静液柱压力是由静止液体重力产生的压力。静液柱压力同样可以用计算圆柱体压力的方法来计算，其公式为：

$$p = \frac{\rho g H}{1000} \tag{7-18}$$

式中　p——静液柱压力，MPa；
　　　g——重力加速度，9.81m/s²；
　　　ρ——液体密度，g/cm³；
　　　H——液柱高度，m。

对井深需要特别注意的是，井深必须用垂直井深，而不是测量井深（管柱下入深度）。静液柱压力的大小仅取决于流体的密度和液柱的垂直高度，与井筒尺寸无关。

2) 当量流体密度

工程上为了方便起见，常使用当量流体密度这一概念。地层某一位置的当量流体密度是这一点以上各种压力之和（静液柱压力、回压、环空压力损失等）折算成流体密度，称为这一点的当量流体密度（简称当量密度）。其计算公式为：

$$\rho_e = \frac{1000p}{9.81H} \tag{7-19}$$

式中　p——作用于该点的总压力，MPa；
　　　ρ_e——当量流体密度，g/cm³。

在作业中，计算井下某点的当量流体密度时，由于在大部分情况下都有井内流体的静液柱压力作用于该处，所以上述公式可以写成以下形式：

$$\rho_e = \frac{1000p}{9.81H} + \rho \tag{7-20}$$

式中　p——作用于该点的不包括静液柱压力的其他压力，MPa。

把地层压力折算成流体密度，称为地层压力当量密度。

3) 压力梯度

压力梯度是指每增加单位垂直深度压力的变化值，即每米垂直井深压力的变化值或每

10m垂直井深压力的变化值。其计算公式为：

$$G = \frac{p}{H} = \rho g \tag{7-21}$$

式中　　G——压力梯度，kPa/m；

　　　　p——压力，kPa 或 MPa；

　　　　H——深度，m 或 10m。

4）各种工况下的井底压力

在一口井的各种作业中，始终有压力作用于井底，主要来自井内流体的液柱压力；同时，井内流体沿环空上返过程中所消耗的泵压也作用于井壁，这个压力即循环修井液时的环空压力损失，通常很小。其他还有侵入井内的地层流体的压力、激动压力、抽汲压力、地面回压等。在不同作业情况下，井底压力是不一样的。

（1）静止状态（空井）时：井底压力=静液柱压力；

（2）正常循环时：井底压力=静液柱压力+压力损失；

（3）起管柱时：井底压力=静液柱压力-抽汲压力；

（4）下管柱时：井底压力=静液柱压力+激动压力；

（5）节流循环时：井底压力=静液柱压力+环形空间压力损失+井口回压；

（6）溢流关井时：井底压力=静液柱压力+井口回压。

从以上几种情况看，起管柱时井底压力最小，发生井喷的可能性较大；尤其是起管柱且不及时向井内灌修井液的情况最为危险。

二、例题

[例7-10]　某井拟进行酸化处理，处理半径为0.8m，处理段的油层有效厚度为15m，油层有效孔隙度为20%，试求酸液用量是多少？

解：

$$V = \pi(R^2 - r^2)h\phi = (0.8^2 - 0.1^2) \times 15 \times 20\%\pi = 5.93 \text{m}^3$$

答：酸液用量是5.93m³。

[例7-11]　某井深1200m，用清水压裂液，排量为72m³/h，井口压力为25MPa时形成裂缝，已知该井用2½in光油管压裂，在该排量下油管压力损失为18MPa/km，求该井的油层破裂压力是多少？

解：

$$p_{摩阻} = \frac{18 \times 1200}{1000} = 21.6 \text{MPa}$$

$$p_{液柱} = \frac{10 \times 1200}{1000} = 12 \text{MPa}$$

$$p_{破} = p_{液柱} + p_{井口} - p_{摩阻} = 12 + 25 - 21.6 = 15.4 \text{MPa}$$

答：该井的油层破裂压力是15.4MPa。

[例7-12]　某井拟用水玻璃加氯化钙堵水，封堵半径为2m，封堵层孔隙度为25%，封堵层射开厚度为10m，计算堵剂用量是多少？若水玻璃溶液和氯化钙溶液的体积比是3:5，

计算各需两种溶液多少？写出反应方程式。

解：
$$堵剂用量 V = \pi(R^2 - r^2)h\phi = (2^2 - 0.1^2) \times 10 \times 25\%\pi = 31.4m^3$$

$$V_水 = \frac{3V}{8} = \frac{31.4 \times 3}{8} = 11.85m^3$$

$$V_氯 = \frac{5V}{8} = \frac{31.4 \times 5}{8} = 19.55m^3$$

反应方程式：
$$Na_2SiO_3 + CaCl_2 =\!=\!= CaSiO_3 + 2NaCl$$

答：堵剂用量是 $31.4m^3$；若水玻璃溶液和氯化钙溶液的体积比是 3:5，分别需两种溶液 $11.85m^3$ 和 $19.55m^3$；反应方程式如上述。

[例 7-13] 某井在处理井下卡钻事故时，用密度为 $1.2t/m^3$ 钻井液压井未压住，需将钻井液密度加大到 $1.4t/m^3$，重晶石密度为 $4t/m^3$。问每立方米原有钻井液需加入多少重晶石？若全井共需钻井液 $60m^3$，需要多少重晶石？

解：解法一
每立方米原有钻井液需加重晶石：
$$1.4 - 1.2 = 0.2t$$

$60m^3$ 需加重晶石：
$$0.2 \times 60 = 12t$$

解法二：
$60m^3$ 需加重晶石：
$$(1.4 - 1.2) \times 60 = 12t$$

每立方米原有钻井液需加重晶石：
$$\frac{12}{60} = 0.2t$$

答：每立方米原有钻井液需加入 $0.2t$ 重晶石；若全井共需钻井液 $60m^3$，需要 $12t$ 重晶石。

[例 7-14] 如果修井液密度是 $1.05g/cm^3$，垂直井深为 2000m，求井筒静液柱压力是多少？

解：根据静液柱压力公式，有：
$$p = \frac{\rho g H}{1000} = \frac{1.05 \times 9.81 \times 2000}{1000} = 20.601MPa$$

答：井筒静液柱压力为 $20.601MPa$。

[例 7-15] 如果修井液密度是 $1.05g/cm^3$，垂直井深为 2000m，溢流关井后的油管压力是 $1.86MPa$，求关井井底压力是多少？

解：根据溢流关井时井底压力公式得（由上题可知静液柱压力为20.601 MPa）：

关井井底压力＝静液柱压力＋井口回压＝20.601＋1.86＝22.461MPa

答：关井井底压力为22.461 MPa。

[**例7-16**] 某地层压力为21.86MPa，该地层中部深度是2050m，求：（1）该地层的压力梯度是多少？（2）如果用当量密度表示压力梯度，又是多少？

解：（1）根据压力梯度公式，得：

$$G = \frac{p}{H} = \frac{21.86}{2050} \approx 10.66 \text{kPa/m}$$

（2）根据当量流体密度公式，得：

$$\rho_e = \frac{1000p}{9.81H} = \frac{1000 \times 21.86}{9.81 \times 2050} = \frac{21860}{20110.5} \approx 1.09 \text{g/cm}^3$$

用当量密度表示压力梯度，为：

$$G = \rho_e g = 1.09 \times 9.81 \approx 10.67 \text{kPa/m}$$

答：（1）该地层的压力梯度为10.66kPa/m；（2）用当时密度表示压力梯度为10.67 kPa/m。

附 表

附表1 本书常用名词符号一览表

序号	名词	符号	序号	名词	符号
1	原油相对密度	d_o	32	最终采收率	E_R
2	原油密度	ρ_o	33	可采储量	N_C
3	混合液密度	ρ_L	34	剩余可采储量	N_y
4	天然气密度	ρ_g	35	单储系数	N_β
5	地层水密度	ρ_w	36	单位面积储量	N_A
6	原油体积系数	B_o	37	地质储量	N
7	地层水体积系数	B_w	38	天然气储量	G
8	天然气体积系数	B_g	39	含油面积	A_o
9	原油压缩系数	C_o	40	含气面积	A_g
10	地层水压缩系数	C_w	41	油田储量丰度	Ω_o
11	天然气压缩系数	C_g	42	气田储量丰度	Ω_g
12	钢材密度	ρ_G	43	输差	K
13	原始含水饱和度	S_{wi}	44	井口产油量	q_{ow}
14	含油饱和度	S_o	45	核实产油量	q_{or}
15	含水饱和度	S_w	46	采油指数	J_o
16	含气饱和度	S_g	47	采液指数	J_L
17	束缚水饱和度	S_{wr}	48	采水指数	J_w
18	（有效）孔隙度	ϕ	49	采气指数	J_g
19	绝度孔隙度	ϕ_t	50	比采油指数	J_{oh}
20	渗透率	K	51	比采液指数	J_{Lh}
21	油相渗透率	K_o	52	比采水指数	J_{wh}
22	水相渗透率	K_w	53	比采气指数	J_{gh}
23	气相渗透率	K_g	54	吸水指数	I_w
24	油相相对渗透率	K_{ro}	55	比吸水指数	I'_w
25	水相相对渗透率	K_{rw}	56	视吸水指数	I''_w
26	气相相对渗透率	K_{rg}	57	水油比	W_{OR}
27	供给半径	R_K	58	电流	I
28	井筒半径	r_c	59	电压	U
29	采出程度	R	60	驴头最大载荷（静载荷）	P_{max}
30	采收率	E	61	驴头最小载荷	P_{min}
31	无水采收率	E_{RO}	62	冲程损失	λ

续表

序号	名词	符号	序号	名词	符号
63	冲程	s	100	酸敏指数	I_a
64	冲数（冲次）	n	101	碱敏指数	I_b
65	动力仪力比	f_a	102	体积敏感指数	I_q
66	抽油杆截面积	$f_{杆}$	103	注采比	R_{IP}
67	油管环状截面积	$f_{管}$	104	累积注采比	R_{IPC}
68	油层中部深度	$H_{中}$	105	地下亏空	V_k
69	减速箱输出轴扭矩	M	106	存水率	R_w
70	减速箱传动比	$I_{减}$	107	水驱指数	R_{wo}
71	皮带传动比	$I_{皮}$	108	水驱油效率	α_v
72	抽油杆许用应力	$\sigma_{许}$	109	采油速度	v_D
73	抽油杆折算应力	$\sigma_{折}$	110	采液速度	v_L
74	抽油杆最大应力	$\sigma_{最大}$	111	采气速度	v_g
75	抽油杆最小应力	$\sigma_{最小}$	112	老井综合递减率	D_Z
76	防冲距	$H_{防}$	113	老井自然递减率	D_I
77	活塞以上液柱重量	$P_{液}$	114	含水率（综合含水）	f_w
78	抽油杆柱在井液中的重量	$P'_{杆}$	115	平均含水	$\bar{f}_w$
79	抽油杆柱在空气中的重量	$P_{杆}$	116	含水上升速度	f_{wv}
80	各种效率	η	117	含水上升率	I_{Nw}
81	原油溶解系数	α	118	井网密度	f
82	溶解气油比	R_{si}	119	采油时率	T_{OK}
83	（生产）气油比	E_{go}	120	注水时率	T_{WK}
84	油气层（有效）厚度	h	121	功率因数	$\cos\phi$
85	压力差	Δp	122	采油强度	Q_{ot}
86	原始地层压力	p_i	123	采液强度	Q_{Lt}
87	静压（地层压力）	p_e	124	采水强度	Q_{wt}
88	流压	p_{wf}	125	采气强度	Q_{gt}
89	油压	p_o	126	注水强度	h'_w
90	套压	p_t	127	静液面	H_J
91	沉没压力	p_c	128	动液面	H_D
92	静水柱压力	p_w	129	泵挂深度	H_B
93	注水井井底压力	p_{ws}	130	沉没度	H_C
94	启动压力	$p_{启}$	131	水淹厚度	h_w
95	压力梯度	K_p	132	水淹厚度系数	α_h
96	压力系数	α_p	133	扫油面积系数	α_A
97	渗透率伤害率	D_K	134	单层突进系数	α_K
98	临界盐度	S_c	135	平面突进系数	α_p
99	水敏指数	I_{ww}	136	深井泵充满系数	β

续表

序号	名词	符号	序号	名词	符号
137	注水井（层）吸水百分数	$K_{吸}$	149	日产液	q_L
138	轴功率	$N_{轴}$	150	日产油	q_o
139	有效功率	$N_{有效}$	151	日产水	q_w
140	电动机输入功率	$N_{输入}$	152	日产气	q_g
141	电动机输出功率	$N_{输出}$	153	深井泵泵径	D
142	注水系统单耗	DH_1	154	深井泵理论排量	$Q_{理}$
143	注水站单耗	DH_2	155	饱和压力	p_b
144	注水机组单耗	DH_3	156	油层顶界深度	$H_{顶}$
145	产液	Q_L	157	油层底界深度	$H_{底}$
146	产油	Q_o	158	声速	v
147	产水	Q_w	159	回声仪马达走纸速度	v'
148	产气	Q_g	160	动力仪减程比	I_S

附表2　国际单位制的基本单位

量的名称	单位名称	单位符号	量的名称	单位名称	单位符号
长度	米	m	热力学单位	开［尔文］	K
质量	千克（公斤）	kg	物质的量	摩［尔］	mol
时间	秒	s	发光强度	坎［德拉］	cd
电流	安［培］	A			

注：（　）内文字为前者同义词，［　］内文字在不致混淆时可省略。

附表3　国际单位制中具有专门名称的导出单位

量的名称	单位名称	单位符号	其他表示式例
频率	赫［兹］	Hz	s^{-1}
力、重力	牛［顿］	N	$kg \cdot m/s^2$
压力、压强、应力	帕［斯卡］	Pa	N/m^2
能［量］、功、热量	焦［耳］	J	$N \cdot m$
功率、辐［射能］通量	瓦［特］	W	J/s
电荷［量］	库［仑］	C	$s \cdot A$
电压、电动势、电位（电势）	伏［特］	V	W/A
电容	法［拉］	F	C/V
电阻	欧［姆］	Ω	V/A
电导	西［门子］	S	A/V
磁通［量］	韦［伯］	Wb	$V \cdot s$
磁通［量］密度、磁感应强度	特［斯拉］	T	Wb/m^2

续表

量的名称	单位名称	单位符号	其他表示式例
电感	亨[利]	H	Wb/A
摄氏温度	摄氏度	℃	
光通量	流[明]	lm	Cd·Sr
[光]照度	勒[克斯]	lX	Lm/m²
[放射性]活度	贝可[勒尔]	Bq	s^{-1}
吸收剂量	戈[瑞]	Gv	J/kg
剂量当量	希[沃特]	Sv	J/kg

附表4 国际单位制的辅助单位

量的名称	单位名称	单位符号
[平面]角	弧度	Rad
立体角	球面度	Sr

注：[ ]内文字在不致混淆时可省略。

附表5 国家选定的非国际单位制的法定计量单位

量的名称	单位名称	单位符号	换算关系	说明
时间	分 [小]时 日（天）	min h d	1min = 60s 1h = 60min = 3600s 1d = 24h = 86400s	
正平面角	度 [角]分 [角]秒	(°) (′) (″)	1° = 60′ = (π/180) rad 1′ = 60″ = (π/10800) rad 1″ = (π/648000) rad	
旋转速度	转每分	r/min	1r/min = (1/60) s^{-1}	
长度	海里	n mile	1n mile = 1852m	只用于航海
速度	节	kn	1kn = 1nmile/h = (1852/3600) m/s	只用于航行
质量	吨 原子质量单位	t u	1t = 1000Kg 1u = 1.6605655×10^{-27} kg	
体积，容积	升	L (l)	1L = 1dm^3 = 10^{-3} m^3	
能	电子伏	eV	1eV = 1.6021892×10^{-27}J	
级差	分贝	dB		
线密度	特[克斯]	tex	1tex = 1g/km	

注：（1）周、月、年（年的符号为a）为一般常用时间单位。
（2）角度单位度、分、秒的符号，在组合单位中，应采用（°）（′）（″）的形式，例如不用°/s 而用（°）/s。
（3）升的符号中，小写字母 l 为备用符号。
（4）r 为"转"的符号。
（5）人们在生活和贸易中，习惯把质量称为重量。
（6）[ ]内文字在不致混淆时可省略，（ ）内文字为前者同义词。

附表6 常用单位换算

长度	体积
1 米 (m) = 10 分米 (dm) = 100 厘米 (cm) = 1000 毫米 (mm) = 10000 丝米 (dmm) = 100000 忽米 (cmm) = 1000000 微米 (μm) = 3.2808 英尺 (ft) = 39.3701 英寸 (in) = 3.93701×10^4 密耳 (mil) = 1.0936 码 (yd) = 6.2137×10^{-4} 英里 (mile) = 5.3396×10^{-4} 海里 (nmile) 1 英尺 (ft) = 12 英寸 (in) = 96 英分 1 码 (yd) = 3 英尺 (ft) 1 英寸 (in) 2.54 厘米 (cm) 1 杆 (rad) 16.5 英尺 (ft) 1 链 = 66 英尺 (ft) = 20.1168 米 (m) 1 英里 (mile) = 5280 英尺 (ft) = 1760 码 注：工厂惯称忽米叫丝或道，即： 1 丝 = 1 道 = 0.01mm	1 米^3 (m^3) = 10^3 分米^3 (dm^3) = 10^3 升 (L) = 10^6 厘米^3 (cm^3) = 10^9 毫米^3 (mm^3) = 35.3147 立方英尺 (ft^3) = 6.102361×10^4 立方英寸 (in^3) = 1.30795 立方码 (yd^3) = 219..969 英加仑 (Uk gal) = 264.172 美加仑 (Us gal) = 6.28982 桶 (bbl) 1 美夸脱 (qt) = 0.946 升 (L) 1 美品脱 (pt) = 0.473 升 (L) 1 美吉耳 (gi) = 0.118 升 (L) 1 英加仑 (gal) = 4.546 升 (L)
面积	质量
1 米^2 (m^2) = 100 分米^2 (dm^2) = 10000 厘米^2 (cm^2) = 1000000 毫米^2 (mm^2) = 1×10^{-4} 公顷 (ha) = 1×10^{-2} 公亩 (a) = 0.15×10^{-2} 亩 = 10.764 平方英尺 (ft^2) = 1.549907×10^{-5} 平方英寸 (in^2) = 1.19599 平方码 (yd^2) = 2.47105×10^{-4} 英亩 (acre) = 3.86102×10^{-7} 平方英里 (mile^2) 1 公顷 (ha) = 2.471 英亩 (acre) 1 平方英里 (mile^2) = 2.590 平方公里 (km^2) 1 英亩 (acre) = 0.4047 公顷 (ha) 1 平方英尺 (ft^2) = 0.093 米^2 (m^2) 1 平方英寸 (in^2) = 6.452 厘米^2 (cm^2) 1 平方码 (yd^2) = 0.8361 米^2 (m^2)	1 千克 (kg) = 1×10^{-3} 吨 (t) = 0.984207 英吨 (ton) = 1.10231 美吨 (USton) = 2.205 磅 (lb) = 35.273 盎司 (oz) 1 盎司 (oz) = 28.350 克 (g) 1 磅 (lb) = 454 克 (g) 1 格令 ( ) = 0.0648 克 (g) 1 吨 (t) = 10^3 克 (g) 1 克 (g) = 10^3 毫克 (mg) = 10^6 微克 (μg)
	密度
	1 千克/米^3 (kg/m^3) = 1×10^{-3} 克/厘米^3 (g/cm^3) = 6.2428×10^{-2} 磅/英尺^3 (lb/ft^3) = 3.6127×10^{-5} 磅/英寸^3 (lb/in^3) = 8.3454×10^{-3} 磅/美加仑 (lb/Us gal) = 1.0022×10^{-2} 磅/英加仑 (lb/Uk gal) = 0.350508 磅/(石油)桶 (lb/bbl) 1 磅/(英尺^3) (lb/ft^3) = 61.02 千克/米^3 (kg/m^3) 1 磅/英寸^3 (lb/in^3) = 27679.9 千克/米^3 (kg/m^3) 1 磅/美加仑 (lb/Us gal) = 119.826 千克/米^3 (kg/m^3) 1 磅/英加仑 (lb/Uk gal) = 99.776 千克/米^3 (kg/m^3) 1 磅/(石油)桶 (lb/bbl) = 2.853 千克/米^3 (kg/m^3) 注：$\rho_{15.5℃}$ = 142/(132+API°) $\rho_{15.5℃}$ ——15.5℃时原油相对密度 API° —— API 原油相对密度
运动黏度	
1 米^2/秒 (m^2/s) = 10.7639 英尺^2/秒 (ft^2/s) = 1×10^4 斯 (St) 1 厘斯 (eSt) = 10^{-6} 米^2/秒 (m^2/s) = 1 毫米^2/秒 (mm^2/s)	

续表

动力黏度	传热系数
1 帕·秒（Pa·s）= 10 泊（P） = $1×10^3$ 厘泊（cP） = $1×10^3$ 克/（厘米·秒）[g/（cm·s）] = 0.101972 千克力·秒/米^2（kgf·s/m^2） = $2.088541×10^{-2}$ 磅力秒/英尺^2（lbf·s/ft^2）	1 瓦/（米^2·开尔文）[W/（m^2·K）] = 1 瓦/（米^2·摄氏度）[W/（m^2·℃）] = 0.61428 千卡/（米^2·时·℃） 　[kcal/（m^2·h·℃）] = 0.17611 英热单位/（英尺^2·时·℉） 　[Btu/（ft^2·h·℉）] = $1×10^3$ 尔格/（厘米^2·秒·开尔文） 　[erg/（cm^2·s·K）] 1 米^2·时·℃/千卡（m^2·h·℃/kcal） 　= 0.86000 米^2·开尔文/瓦（m^2·K/W） 1 千卡/（米^2·时）（kcal/m^2·h） 　= 1.16279 瓦/米^2（W/m^2）

力	
1 牛顿（N）= 0.102 千克力（kgf） 　　　　= 0.225 磅力（lbf） 　　　　= $1×10^5$ 达因（dyn） 　　　　= 3.59694 盎司力（ozf） 　　　　= $0.101972×10^{-5}$ 吨力（tf）	

	热导率
压力	
1 帕（Pa）= 10 达因/厘米^2（dyn/cm^2） = $1×10^{-5}$ 巴（bal） = 0.101972 千克力/米^2（kgf/m^2） = 0.101972 毫米水柱（mmH$_2$O） = $7.50062×10^{-5}$ 毫米汞柱（mmHg） = $9.86923×10^{-6}$ 标准大气压（atm） = $10.1972×10^{-6}$ 工程大气压（at） = $1×10^{-8}$ 牛顿/米^2（N/m^2） = $1.45038×10^{-6}$ 磅力/英寸^2（lbf/in^2） = $2.08854×10^{-2}$ 磅力/英尺^2（lbf/ft^2）	1 瓦/（米·开尔文）[W/（m·K）] = 1 牛顿/（秒·开尔文）[N/（s·K）] = 1 焦耳/（米·秒·开尔文）[J/（m·s·K）] = 0.859845 千卡/（米·时·摄氏度） 　[kcal/（m·h·℃）] = 0.859845 千卡/（米·时·开尔文） 　[kcal/（m·h·K）] = 0.5779 英热单位/（英尺^2·时·℉） 　[Btu/（ft^2·h·℉）]

温度	
开尔文（K）= 摄氏度（℃）+ 273.15 　　　　= $\frac{5}{9}$×[华氏度（℉）+ 459.67] 　　　　= $\frac{5}{9}$×[兰氏度（℉）] 摄氏度（℃）= $\frac{5}{9}$×[华氏度（℉）− 32]	

	比热容
热功	
1 焦耳（J）= 0.2389 卡（cal） = $0.2389×10^{-3}$ 大卡（kcal） = 0.10204 千克力米（kgf·m） = $2.778×10^{-7}$ 千瓦小时（kW·h） = $3.777×10^{-7}$ 米制马力小时（hp·h） = $3.723×10^{-7}$ 英制马力小时（UK hp·h） = 0.73756 英尺磅力（ft·lbf） = 23.7304 英尺磅达（ft·pdl） = $9.48×10^{-4}$ 英热单位（Btu） = $1×10^7$ 尔格（erg） = 0.238846 卡路里（cal） = $0.624146×10^{19}$ 电子伏特（eV） = $0.986923×10^{-2}$ 升标准大气压（l·atm）	焦耳/（千克·开尔文）[J/（kg·K）] = $1×10^{-3}$ 焦耳/（克·开尔文）[J/（g·K）] = $1×10^4$ 尔格/（克·开尔文）[erg/（g·K）] = 0.238846 千卡/（千克·开尔文） 　[kcal/（kg·K）] = 0.238846 英热单位/（磅·华氏度） 　[Btu/（lb·℉）] = 0.185863 英尺·磅力/（磅·华氏度） 　[ft·lbf/（lb·℉）] 注：几种常见物的比热容[kJ/（kg·K）]： 紫铜（0℃）0.461 黄铜（0℃）0.377 银（0℃）0.235 铝（0℃）0.921 钢（$c≈0.5\%$，20℃）0.465 　（$c≈1.0\%$，20℃）0.473 　（$c≈1.5\%$，20℃）0.486

续表

热当量	油气产量
1 桶（bbl）原油 = 5800 立方英尺（ft³）天然气（按平均热值计算）	1 桶（bbl） = 0.137 吨（t）（全球平均原油相对密度，按 0.864 估算）
1 千克（kg）原油 = 1.4286 千克（kg）标准煤	1 吨（t） = 7.3 桶（bbl）（全球平均原油相对密度，按 0.864 估算）
1 立方米（m³）天然气 = 1.3300 千克（kg）标准煤	1 桶/日（bpd） = 50 吨/年（t/a）（原油，全球平均）
1 吨（t）原油 = 1074 立方米（m³）天然气	1 千立方英尺/日（Mcfd） 　= 28032 立方米/日（m³/d） 　= 1.0336×10⁴ 立方米/年（m³/a）
功率	1 百万立方英尺/日（MMcfd） 　= 2.832×10⁴ 立方米/日（m³/d） 　= 1033.55×10⁴ 立方米/年（m³/a）
1 瓦（W） 　= 1.0197×10⁴ 克力厘米每秒（gf·cm/s） 　= 0.73756 英尺磅力每秒（ft·lbf/s） 　= 0.10197 千克力米每秒（Kgf·m/s） 　= 1.35962×10⁻³ 马力（hp） 　= 1.34102×10⁻³ 英马力（hp） 　= 3.41214 英热单位/时（Btu/h）	10×10⁸ 立方英尺/日（bcfd） 　= 0.2832×10⁸ 立方米/日（m³/d） 　= 103.36×10⁸ 立方米/年（m³/a）
速度	1×10¹² 立方英尺/日（tcfd） 　= 283.2×10⁸ 立方米/日（m³/d） 　= 10.336×10¹² 立方米/年（m³/a）
1 米/秒（m/s） = 3.2808 英尺/秒（ft/s） 　　　　　　= 2.2369 英里/时（mile/h）	
渗透率	
1 达西（D） = 1000 毫达西（mD） 　　　　 = 0.9807 平方微米（μm²） 　　　　 = 0.9807×10⁻¹² 平方米（m²）	**气油比**
地温梯度	1 立方英尺/桶（cuft/bbl） 　= 0.2067 立方米/吨（m³/t）（全球平均原油相对密度，按 0.864 估算）
1 ℉/100 英尺（ft） = 1.8 ℃/100 米（℃/100m） 1 ℃/公里（km） = 2.9 ℉/100 英里（℉/100mile） 　　　　　　　 = 0.055 ℉/100 英尺（℉/100ft）	1 立方英尺/桶（cuft/bbl） 　= 0.1781 立方米/立方米（m³/m³）

附表 7　常用物质相对密度

	物质	相对密度		物质	相对密度
化工材料	纯碱（Na_2CO_3）	2.53	矿石	干砂	1.4~1.6
	烧碱（NaOH）	2.13		泥岩	1.5~2.0
	丹宁（NaT）	1.69		页岩	1.9~2.6
	氯化钙（$CaCl_2$）	2.5		砂岩	2.0~2.7
	氢氧化钙[$Ca(OH)_2$]	1.3		灰岩（$CaCO_3$）	2.6~2.8
	氯化钠固体（NaCl）	2.17		重晶石	4.0~4.5
	硝酸（HNO_3）（100%）	1.153		水玻璃	2~2.4
	硫酸（H_2SO_4）	1.83		黏土	1.6~2.9
	盐酸（HCl）	1.20		硫黄（s）	2.07
	氟氢酸（HF）	1.11~1.13		褐煤	1.20~1.40

续表

物质		相对密度	物质		相对密度
金属	钢	7.85	气体	空气	0.00129
	铅	11.3~11.9		天然气	0.000603
	铝	2.7		硫化氢（H_2S）	0.0011906
	黄铜	8.5~8.6	建筑材料	红砖	1.56
	汞	13.559		水泥	3.15
油料	石油（原油）	0.82		生石灰块（CaO）	1.1
	汽油	0.70~0.75		生石灰粉（CaO）	1.2
	煤油	0.79~0.82		石膏（$CaSO_4$）	2.2~2.4
	柴油	0.86~0.87		玻璃丝	0.12~0.492
	机油	0.90~0.91		耐火黏土砖	0.27~2.00
	凝析油	0.68~0.79	木材	枕木	0.522
	橡胶	0.93		杉木	0.29
	硬橡胶	1.80	其他	水（H_2O）	1
	润滑油	0.899		酒精（C_2H_5OH）	0.79
	变压器油	0.866		甘油	1.26

附表 8 可燃性气体和空气、氧气混合的爆炸范围表

气体（蒸气）		混合物中气体的含量（体积百分比）(%)	
		与空气混合	与氧混合
CO	一氧化碳	12.5~75	13~96
H_2	氢	4.1~75	4.5~95
H_2S	硫化氢	4.3~45.4	
NH_3	氨	15.7~27.4	14.8~79
CH_4	甲烷	5.0~15.0	5~60
CH_3OH	甲醇	6.0~36.5	
C_2H_4	乙烯	3.0~33.5	
C_2H_6	乙烷	3.0~14	3~80
C_2H_5OH	乙醇（酒精）	4.0~18	4~50
C_3H_6	丙烯	2.2~11.1	
C_3H_8	丙烷	2.1~9.5	
C_2H_2	乙炔	2.3~82	2.8~93
$CH_3CH_2CH_2CH_3$	丁烷	1.5~8.5	
$C_4H_{10}O$	乙醚	1.8~40	
C_6H_6	苯	1.5~80	

注：混合物的爆炸仅限于气体成分在以上指定的范围内。

附表9 矿物硬度表

矿物	莫氏硬度	绝对硬度（kg/cm^2）
滑石	1	500
石膏	2	1400
岩盐	2	2000
方解石	3	9200
萤石	4	11000
重燧石	4	17000
轻燧石	4	21000
磷灰石	5	23700
长石	6	25300~27400
石英	7	30800
黄玉	8	52500
刚玉	9	115000
金刚石	10	

附表10 石油开发工业废水最高容许排放量

类别	占总废水量的百分数（%）	
	第一级	第二级
一	10	20
二	25	40

附表11 石油开发工业水污染（有毒有害物质）最高容许排放浓度

编号	项目	浓度（g/m^3）
1	汞及其无机化合物（按 Hg 计）	0.05
2	镉及其无机化合物（按 Cd 计）	0.1
3	六价铬化合物（按 Cr^{6+} 计）	0.5
4	砷及其无机化合物（按 As 计）	0.5
5	铅及其无机化合物（按 Pb 计）	1.0

附表12 石油开发工业水污染物（一般有害物质）最高容许排放浓度

编号	项目	各级别最高允许排放量（g/m^3）			
		第一级		第二级	
		一	二	一	二
1	pH 值	6~9	6~9	6~9	6~9
2	石油类	10	10	30	30
3	悬浮物	100	200	200	500
4	挥发性酚	0.5	0.5	1	1
5	硫化物	1	1	1	5
6	化学需氧量	100	100	100	100

注：(1) 石油开发工业水排放第一级是指：新建、扩建、改建企业，自标准实行之日起立即执行的标准和现有企业的奋斗目标。
(2) 石油开发工业水排放第二级是指：现有企业，自标准实行之日起立即执行的标准。

附表 13　新污染源大气污染物排放限值

序号	污染物	最高允许排放 浓度（mg/m³）	排气筒高度（m）	最高允许排放速率（kg/h） 二级	最高允许排放速率（kg/h） 三级	无组织排放 控制点	无组织排放 浓度限值（mg/m³）
1	二氧化硫	960（硫、二氧化硫、硫酸和其他含硫化合物生产）	15	2.6	3.5	周界外浓度最高点	0.4
			20	4.3	6.6		
			30	15	22		
			40	25	38		
			50	39	58		
		550（硫、二氧化硫、硫酸和其他含硫化合物使用）	60	55	83		
			70	77	120		
			80	110	160		
			90	130	200		
			100	170	270		
2	颗粒物	18（炭黑尘、染料尘）	15	0.51	0.74	周界外浓度最高点	肉眼不可见
			20	0.85	1.3		
			30	3.4	5.0		
			40	5.8	8.5		
		60（玻璃棉尘、石英粉尘、矿渣棉尘）	15	1.9	2.6	周界外浓度最高点	1.0
			20	3.1	4.5		
			30	12	18		
			40	21	31		
		120（其他）	15	3.5	5.0	周界外浓度最高点	1.0
			20	5.9	8.5		
			30	23	34		
			40	39	59		
			50	60	94		
			60	85	130		
3	苯	12	15	0.50	0.80		0.4
			20	0.90	1.3		
			30	2.9	4.4		
			40	5.6	7.6		
4	甲苯	40	15	3.1	4.7		2.4
			20	5.2	7.9		
			30	18	27		
			40	30	46		
5	二甲苯	70	15	1.0	1.5		1.2
			20	1.7	2.6		
			30	5.9	8.8		
			40	10	15		

续表

序号	污染物	最高允许排放				无组织排放	
		浓度 (mg/m³)	排气筒高度 (m)	最高允许排放速率（kg/h）		控制点	浓度限值（mg/m³）
				二级	三级		
6	酚类	100	15	0.1	0.15	周界外浓度最高点	0.088
			20	0.17	0.26		
			30	0.58	0.88		
			40	1.0	1.5		
			50	1.5	2.3		
			60	2.2	3.3		
7	甲醛	25	15	0.26	0.39	周界外浓度最高点	0.20
			20	0.43	0.65		
			30	1.4	2.2		
			40	2.6	3.8		
			50	3.8	5.9		
			60	5.4	8.3		
8	乙醛	125	15	0.050	0.80	周界外浓度最高点	0.040
			20	0.090	0.13		
			30	0.29	0.44		
			40	0.50	0.77		
			50	0.77	1.2		
			60	1.1	1.6		
9	丙烯睛	22	15	0.77	1.2	周界外浓度最高点	0.60
			20	1.3	2.0		
			30	4.4	6.6		
			40	7.5	11		
			50	12	18		
			60	16	25		
10	丙烯醛	16	15	0.52	0.78	周界外浓度最高点	0.40
			20	0.87	1.3		
			30	2.9	4.4		
			40	5.0	7.6		
			50	7.7	12		
			60	11	17		
11	甲醇	190	15	5.1	7.8	周界外浓度最高点	12
			20	8.6	13		
			30	29	44		
			40	50	70		
			50	77	120		
			60	100	170		

续表

序号	污染物	最高允许排放 浓度（mg/m³）	排气筒高度（m）	最高允许排放速率（kg/h） 二级	三级	无组织排放 控制点	浓度限值（mg/m³）
12	苯胺类	20	15	0.52	0.78	周界外浓度最高点	0.40
			20	0.87	1.3		
			30	2.9	4.4		
			40	5.0	7.6		
			50	7.7	12		
			60	11	17		
13	氯苯类	60	15	0.52	0.78	周界外浓度最高点	0.40
			20	0.87	1.3		
			30	2.5	3.8		
			40	4.3	6.5		
			50	6.6	9.9		
			60	9.3	14		
			70	13	20		
			80	18	27		
			90	23	35		
			100	29	44		
14	硝基苯类	16	15	0.050	0.080	周界外浓度最高点	0.040
			20	0.090	0.13		
			30	0.29	0.44		
			40	0.50	0.77		
			50	0.77	1.2		
			60	1.1	1.6		
15	氯乙烯	36	15	0.77	1.2	周界外浓度最高点	0.60
			20	1.3	2.0		
			30	4.4	6.6		
			40	7.5	11		
			50	12	18		
			60	16	25		
16	沥青烟	140（吹制沥青）	15	0.18	0.27	生产设备不得有明显的无组织排放存在	
			20	0.30	0.45		
			30	1.3	2.0		
		40（熔炼、浸涂）	40	2.3	3.5		
			50	5.6	5.4		
		75（建筑搅拌）	60	7.4	7.5		
			70	10	11		
			80		15		

续表

序号	污染物	最高允许排放				无组织排放	
		浓度（mg/m³）	排气筒高度（m）	最高允许排放速率（kg/h）		控制点	浓度限值（mg/m³）
				二级	三级		
17	非甲烷类总烃	120（使用溶剂汽油或其他混合烃类物质）	15	10	16	周界外浓度最高点	4.0
			20	17	27		
			30	53	83		
			40	100	150		

注：（1）最高允许排放速率、现有污染源分为一级、二级、三级，新污染源分为二级、三级。
（2）按污染源所在的环境空气质量功能区类别，执行相应级别的排放速率标准。
（3）位于一类区的污染源执行一级标准；位于二类区的污染源执行二级标准；位于三类区的污染源执行三级标准。

附表14 土壤安全抗压强度表

土壤类别	抗压强度（kgf/cm²）
须爆炸尚能挖出的页岩及中等砂岩	9.75~14.6
以镐头不易挖动的胶结砂岩及砾岩	7.8~9.75
以镐头不易挖动的软岩石及崩散的矿石	4.87~9.75
以镐头不易挖动的致密砂岩及砾岩	4.87~5.85
以镐头不易挖动的硬黏土	3.9~4.87
粗砂岩及砾岩	3.9~4.87
松中、粗砂岩及细的致密砂岩	2.92~3.9
用铁锹可以挖动的中等黏土	1.95~3.9
细松砂岩	0.98~1.95
软黏土	1.46

参考文献

叶庆全，袁敏编.2009.油田开发常用名词解释［M］.北京：石油工业出版社.

全国石油系统青工技术比赛汇编.1990.全国石油系统青工技术比赛汇编［M］.山东济南：山东科学技术出版社.

邹艳霞.2006.石油工人技术培训系列丛书采油工艺技术［M］.北京：石油工业出版社.

万仁溥.2003.采油工程手册（精要本）［M］.北京：石油工业出版社.

金毓荪.1989.采油工人岗位练兵问答［M］.北京：石油工业出版社.

东北输油管线指挥部辽宁第二管理处绥中泵站.1979.输油工人技术问答［M］.北京：石油工业出版社.

赵大松，王式彤.石油工人技术培训考核手册：泵修工［R］.中国石油天然气总公司.

刘永超，沈秀通.1983.有杆泵抽油技术问答［M］.北京：石油工业出版社.

中国石油天然气总公司职业技能鉴定指导中心.2009.石油石化职业技能鉴定试题集：潜油电泵作业工［M］.北京：石油工业出版社.

中国石油天然气集团公司人事服务中心.2004.职业技能鉴定培训教程与鉴定试题集：采油工［M］.北京：石油工业出版社.

中国石油天然气集团公司人事服务中心.2004.职业技能鉴定培训教程与鉴定试题集：采油地质工［M］.北京：石油工业出版社.

中国石油天然气集团公司人事服务中心.2004.职业技能鉴定培训教程与鉴定试题集：井下作业工［M］.北京：石油工业出版社.

中国石油天然气集团公司人事服务中心.2004.职业技能鉴定培训教程与鉴定试题集：注水泵工［M］.北京：石油工业出版社.

中国石油天然气集团公司人事服务中心.2004.职业技能鉴定培训教程与鉴定试题集：抽油机安装工［M］.北京：石油工业出版社.

中国石油天然气集团公司人事服务中心.2005.职业技能鉴定培训教程与鉴定试题集：采气测试工［M］.北京：石油工业出版社.

吴奇.2003.中国石油工程监督系列培训教材：井下作业监督［M］.北京：石油工业出版社.

《石油天然气井下作业井控》编写组.2008.中国石油员工培训系列教材：石油天然气井下作业井控［M］.北京：石油工业出版社.

《井下作业技术数据手册》编写组.2000.井下作业技术数据手册［M］.北京：石油工业出版社.

罗英俊，万仁溥.2004.采油技术手册［M］.3版.北京：石油工业出版社.

何登龙，郑伟，徐忠强.2009.注水泵工技术问答［M］.北京：石油工业出版社.

《采油技术手册》编写组.1977.采油技术手册［M］.北京：石油工业出版社.